Familienrecht und Insolvenz

Europäische Hochschulschriften

European University Studies

Publications Universitaires Européennes

Reihe II **Rechtswissenschaft**

Series II Law

Série II Droit

Band/Volume **5510**

Kim Laura Frank

Familienrecht und Insolvenz

Zur Vereinbarkeit zweier Rechtsbereiche

PL ACADEMIC RESEARCH

Bibliografische Information der Deutschen Nationalbibliothek
Die Deutsche Nationalbibliothek verzeichnet diese Publikation in der Deutschen Nationalbibliografie; detaillierte bibliografische Daten sind im Internet über http://dnb.d-nb.de abrufbar.

Zugl.: Frankfurt (Main), Univ., Diss. 2012

Gedruckt auf alterungsbeständigem,
säurefreiem Papier.

D 30
ISSN 0531-7312
ISBN 978-3-631-62901-7 (Print)
E-ISBN 978-3-653-03572-8 (E-Book)
DOI 10.3726/978-3-653-03572-8

PL Academic Research ist ein Imprint der Peter Lang GmbH.
Peter Lang – Frankfurt am Main · Bern · Bruxelles · New York · Oxford · Warszawa · Wien

www.peterlang.de

Meinen Eltern

Vorwort

Die vorliegende Arbeit lag dem Fachbereich Rechtswissenschaft der Johann Wofgang Goethe Universität, Frankfurt am Main, im Sommersemester 2012 als Dissertation vor. Rechtsprechung und Schrifttum sind bis zum Frühjahr 2012 berücksichtigt.

Mein besonderer Dank gilt meiner Doktormutter, Frau Professor Dr. Martina Wellenhofer, die mir in jeder Phase meiner Arbeit stets beratend zur Seite stand. Danken möchte ich auch Herrn Professor Dr. Peter von Wilmovsky für die zeitnahe Ausfertigung des Zweitgutachtens und seine konstruktiven Anregungen.

Ein Dank der ganz besonderen Art gebührt meinen Eltern, Christine Frank und Anton Leist, die mich stets unterstützt haben und ohne die die vorliegende Dissertation sowie das ihr vorangegangene Studium der Rechtswissenschaften nicht möglich gewesen wäre. Ihnen ist die Arbeit gewidmet. Meinem lieben Freund David Rath danke ich für die stete Unterstützung auf dem gemeinsamen Wege.

Frankfurt am Main, im Juni 2013 Kim Laura Frank

Inhaltsverzeichnis

Abkürzungsverzeichnis

a.A.	andere Ansicht
a.a.O.	am angegebenen Ort
abl.	ablehnend
Abs.	Absatz
Abschn.	Abschnitt
AcP	Archiv für die civilistische Praxis
a.F.	alte Fassung
Allg.	Allgemein
AnfG.	Anfechtungsgesetz
Anh.	Anhang
Anm.	Anmerkung
ArbRspr.	Arbeitsrechtsrechtsprechung
Art.	Artikel
Aufl.	Auflage
BAG	Bundesarbeitsgericht
BayOblG	Bayerisches Oberstes Landgericht
BayOblGZ	Zeitschrift des Bayerischen Obersten Landesgerichts
BB	Betriebsberater
Bd.	Band
Begr.	Begründung
BerlKo	Berliner Kommentar
BFH	Bundesfinanzgerichtshof
BFHE	Entscheidungen des Bundesfinanzgerichtshofs
BGB	Bürgerliches Gesetzbuch
BGBl.	Bundesgesetzblatt
BGH	Bundesgerichtshof
BGHZ	Entscheidungen des Bundesgerichtshof für Zivilsachen
BR-Drucks.	Bundesrat-Drucksache
BT-Drucks.	Bundestag-Drucksache
BStBl.	Bundessteuerblatt
BVerfG	Entscheidungen des Bundesverfassungsgerichts

bzgl. ....bezüglich
bzw. ....beziehungsweise

ca. ....circa

DB ....Der Betrieb
ders. ....derselbe
dies. ....dieselbe, dieselben
d.h. ....das heißt
DEuFamR.........................Deutsches und Europäisches Familienrecht
DNotZ ....Deutsche Notar-Zeitschrift
Drucks. ....Drucksache

DStR ....Deutsche Steuerrechtszeitschrift
Dt. ....Deutsch/Deutscher
DZWiR ....Deutsche Zeitschrift für Wirtschafts- und Insolvenzrecht

€ ....Euro
EFG ....Entscheidungen der Finanzgerichte
etc. ....et cetera
Einl. ....Einleitung
evtl. ....eventuell

f. ....folgende
FamRB ....Familien Rechts Berater
FamRZ ....Familienrechtszeitschrift
ff. ....fortfolgende
FF ....Forum Familien- und Erbrecht
FG ....Finanzgericht
Fn. ....Fußnote
FPR ....Familie Partnerschaft Recht
FK-InsO ....Frankfurter Kommentar zur Insolvenzordnung
FS ....Festschrift
FuR ....Familie und Recht

GG ....Grundgesetz
GS ....Gedächtnisschrift

HamKo	Hamburger Kommentar zur Insolvenzordnung
HK-InsO	Heidelberger Kommentar zur Insolvenzordnung
h.M.	herrschende Meinung
Hinw.	Hinweis
Hrsg.	Herausgeber
Hs.	Halbsatz
InsO	Insolvenzordnung
InVo.	Insolvenz und Vollstreckung
i.S.d.	im Sinne des, im Sinne der
i.S.v.	im Sinne von
i.V.m.	in Verbindung mit
JA	Juristische Arbeitsblätter
JAmt	Das Jugentamt, Zeitschrift für Jugendhilfe und Familienrecht
JR	Juristische Rundschau
Jura	Juristische Ausbildung
JurBüro	Das Juristische Büro
JuS	Juristische Schulung
JW	Juristische Wochenschrift
JZ	Juristenzeitung
KG	Kammergericht
KO	Konkursordnung
Kölner Schrift	Kölner Schrift zur Insolvenzordnung
KTS	Zeitschrift für Konkurs- Treuhand- und Schiedsgerichtsweseb, seit 1989 Zeitschrift für Insolvenzrecht, Konkurs, Treuhand, Sanierung.
KWG	Kreditwesengesetz
LG	Landgericht
LZ	Leipziger Zeitschrift für Deutsches Recht
m. Anm.	mit Anmerkung
MDR	Monatsschrift für deutsches Recht
MittBayNot	Mitteilungen des Bayerischen Notarvereins

MittRhNotK .... Mitteilungen der Rheinischen Notarskammer
MüKo .... Münchener Kommentar zum Bürgerlichen Gesetzbuch
MüKo-InsO .... Münchener Kommentar zur Insolvenzordnung
MüKo-ZPO .... Münchener Kommentar zur Zivilprozessordnung
m.w.N. .... mit weiteren Nachweisen

n.F. .... neue Fassung
NJ .... Neue Justiz
NJW .... Neue Juristische Wochenzeitschrift
NJW-RR .... Neue Juristische Wochenzeitschrift – Rechtsprechungs Report
Nr. .... Nummer
NZI .... Neue Zeitschrift für das Insolvenzrecht

OLG .... Oberlandesgericht
OLGZ .... Entscheidungen der Oberlandesgerichte in Zivilsachen

RAG .... Reichsarbeitsgericht
RefE .... Referentenentwurf
ReformE .... Reformentwurf
RegE .... Regierungsentwurf
RG .... Reichsgericht
RGBl. .... Reichsgesetzblatt
RG DR .... Reichsgericht Deutsches Recht
RGSt. .... Entscheidungen des Reichsgerichts in Strafsachen
RGRK .... Reichsgerichtsräte-Kommentar zum BGB
RGZ .... Entscheidungen des Reichsgerichtshof in Zivilsachen
Rn. .... Randnummer(n)
RPfleger .... Rechtspfleger
Rspr. .... Rechtsprechung
RuW .... Recht und Wirtschaft

S. .... Satz, Seite(n), siehe
st. Rspr. .... ständige Rechtsprechung

StGB .... Strafgesetzbuch

teilw. .... teilweise

Überbl. .... Überblick
Urt. .... Urteil

v. .... vor, von
VAG .... Gesetz über die Beaufsichtigung der privaten Versicherungs-unternehmen und Bausparkassen (Versicherungsaufsichtsgesetz)
vgl. .... Vergleiche
Vorbem. .... Vorbemerkung
VwVfG .... Verwaltungsverfahrensgesetz

WM .... Wertpapier-Mitteilungen

z.B. .... zum Beispiel
ZErb .... Zeitschrift für Steuer- und Erbrechtspraxis
ZEV .... Zeitschrift für Erbrecht und Vermögensnachfolge
ZFE .... Zeitschrift für Famlien- und Erbrecht
ZfF .... Zeitschrift für das Fürsorgewesen
Ziff. .... Ziffer
ZInsO .... Zeitschrift für das gesamte Insolvenzrecht
ZIP .... Zeitschrift für Wirtschaftsrecht und Insolvenzpraxis
ZPO .... Zivilprozessordnung
ZVI .... Zeitschrift für Verbraucher-Insolvenzrecht
ZZP .... Zeitschrift für Zivilprozess

Hinsichtlich der oben nicht aufgeführten Abkürzungen wird auf Kirchner, Abkürzungsverzeichnis der Rechtssprache, 7. Auflage, 2012 (bearb. von Cornelie Butz) verwiesen.

§ 1 Eheverträge im Spannungsfeld zwischen autonomer Vertragsgestaltungsfreiheit und zwingenden insolvenzrechtlichen Schutzzwecken

A. Einführung und Problemaufriss

Prägendes Kennzeichen unserer auf der Willensfreiheit der Privatrechtsakteure basierenden Privatrechtsordnung ist der Grundsatz der Privatautonomie. Dieser Grundsatz gewährleistet das freie und eigenverantwortliche Gestalten von Rechten bzw. Rechtsgeschäften nach eigener Vorstellung im Rahmen der Rechtsordnung.[1] In seiner auf die Figur des Vertrages bezogenen Ausprägung als Vertragsfreiheit sichert er den Privatrechtsakteuren die autonome Gestaltung ihrer Rechtsverhältnisse sowohl mit Blick auf die Entscheidung über das Eingehen vertraglicher Bindungen (Abschlussfreiheit) als auch deren inhaltliche Ausgestaltung (Inhaltsfreiheit). Die Anerkennung privatautonomer Vertragsgestaltungsmacht dient dabei allerdings nicht alleinig der Gewährung eines Selbstentfaltungsraumes, in welchem die Willkürfreiheit der Privatrechtssubjekte regiert. Um staatliche Anerkennung und damit rechtliche Verbindlichkeit zu erlangen, müssen vertragliche Regelungen in einer sich aus den Entscheidungen des Grundgesetzes konstituierenden Werteordnung im Einklang mit elementaren Wertungen stehen, die der Staat im Sinne der Gemeinschaft vorgibt.[2] Diese Verwiesenheit vertraglicher Regelungen auf eine Werteordnung hat besonders prägnant bereits *Schmidt-*

---

1 *Larenz*, Allgemeiner Teil des Bürgerlichen Rechts, § 1 Rn. 2, *Palandt/Ellenberger*, Vor. § 104, Rn. 1.

2 Siehe etwa *Fastrich*, Richterliche Inhaltskontrolle im Privatrecht, S. 36 f.

Rimpler mit seiner berühmten Wendung von der „Richtigkeitsgewähr" des Vertrages ausgedrückt: Sind Verträge das Ergebnis eines gemeinsamen Vertragswillens, verbürge dieser die „Richtigkeit"[3] im Sinne eines zumindest subjektiv gerechten Interessenausgleichs.

Die staatliche Reglementierungs- und Kontrolldichte privatautonomer Rechtsverhältnisse steht dabei in Abhängigkeit zu einer Vielzahl von Faktoren, die die jeweiligen Regelungsbereiche vorgeben und steht damit insgesamt im Zeichen der Kompensation gestörter Vertragsabschlussmechanismen, die die erstrebte Richtigkeitsgewähr nicht zu bieten vermögen; auch die staatlichen Interventionsinstrumente, die der Begrenzung autonomer Gestaltungsmacht dienen, variieren mit Blick auf den jeweilig zu regulierenden Sachbereich.

Das Güterstandsrecht ist dabei traditionell ein Rechtsgebiet, welches ein hohes Maß an Vertragsfreiheit gewährt, die nur vereinzelt durch zwingende Rechtsgrundsätze begrenzt wird.[4] Geprägt wird das Güterstandsrecht daher vor allem durch nicht zwingende, dispositive Regelungen. Derartige Regelungen stellen bloße Lösungsvorschläge des Gesetzgebers dar, deren Anwendbarkeit auf ein Vertragsverhältnis zur Disposition des gemeinsamen Vertragswillens steht. Den Vertragsparteien steht es damit frei, diese Lösungsvorschläge des Gesetzgebers abzuändern oder auch gänzlich abzubedingen. Schweigen die Parteien allerdings, greifen diese Regelungen als „rettender Lückenbüßer"[5] ein und vervollständigen den insoweit – bewusst oder unbewusst – lückenhaften Vertrag. Dispositives Recht dient damit auch im Bereiche des Familienrechts – rechtsökonomisch gesprochen – der Reduzierung von Transaktionskosten und dient damit vornehmlich der Zweckmäßigkeit.[6]

---

3 *Schmidt-Rimpler*, AcP 147 (1941), 130 ff.

4 BVerfG FamRZ 1994, S. 151, 153; *Langenfeld*, Sonderheft DNotZ 1995, S. 167.

5 *Bülow*, AcP 64 (1881), 1, 73.

6 Ausführlich zu der Bedeutung dispositiven Rechts *Cziupka*, Dispositives Vertragsrecht, *passim*.

Wie zu zeigen sein wird, tritt daneben aber zunehmend eine weitere Funktion: Weil dispositive Regelungen selbst Ausfluss gesetzgeberischer Werte sind, wird ihnen eine Leitbildfunktion zugesprochen, die ihre Bedeutung im Rahmen der Inhaltskontrolle von Eheverträgen gewinnt und damit zu einer Verwischung der Grenzen zwischen dispositivem und zwingendem Recht führt.

Bedient sich der Gesetzgeber demgegenüber der Regelungstechnik des Einsatzes zwingenden Rechts, geschieht dies entweder zum Schutze der Vertragsparteien vor sich selbst oder zum Schutze vertragsfremder Dritter.[7] Ersteres Motiv für zwingende Regelungen liegt im Bereich des *Rechtspaternalismus*[8] – mit ihnen strebt der Gesetzgeber nach Kompensation von Selbstbestimmungsdefiziten „strukturell“ unterlegener Vertragsparteien. Letzteres Motiv basiert auf Schutzdefiziten vertragsfremder Dritter, können diese nicht am Vertragsabschlussmechanismus partizipieren: entfaltet der Vertrag ihnen gegenüber nicht die erstrebte Richtigkeitsgewähr. Insgesamt steht zwingendes Recht damit im Zeichen der sog. *Materialisierung des Privatrechts*; es ist vor allem in Fällen des „Vertragsversagens“ um die Anreicherung der Vertragsverhältnisse mit Regelungen bemüht, die mit staatlichen Wertungen unterfüttert sind.

Untersuchungen der Grenzen der Vertragsfreiheit im Familienrecht fanden denn auch bislang konsequent verstärkt unter dem Blickwinkel der Vertragsparität statt. Vor allem der Schutz des schwächeren Vertragspartners beschneidet, als sich aus der Verfassung ergebenes Gebot, nach der Rechtsprechung des Bundesverfassungsgerichts die Privatautonomie. Traditionelle Einschränkungen in der Gestaltungsfreiheit, die im Wesentlichen durch die finanzielle Abhängigkeit der Ehefrau begründet wurden,

---

7 *Cziupka*, Dispositives Vertragsrecht, S. 35.

8 *Enderlein*, Rechtspaternalismus und Vertragsrecht, *passim.*

werden jedoch mehr und mehr aufgegeben und machen zunehmend dem Prinzip der Eigenverantwortung Platz.[9]

Die vorliegende Untersuchung setzt sich in diesem Rahmen mit den Wechselwirkungen zwischen der Vertragsfreiheit bei Eheverträgen einerseits und den insolvenzrechtlichen Regelungen andererseits auseinander; insolvenzrechtliche Regelungen stellen dabei im Gegensatz zum vor allem dispositiven Güterstandsrecht überwiegend zwingendes Recht dar, dienen sie doch dem Schutz einer unbestimmten Vielzahl Dritter bei Vermögensverfall des Schuldners.[10] Diese aufzuzeigenden Wechselwirkungen zwischen dem Familien- und Insolvenzrecht sind in der bisherigen Literatur lediglich vereinzelt behandelt worden.[11] Dabei bietet das Insolvenzrecht, insbesondere im Bereich der Verbraucherinsolvenz, mehrere praktisch überaus relevante Berührungspunkte, die eine rechtliche Analyse der Schnittstellen der beiden Rechtsgebiete erforderlich machen.

Das hier zu behandelnde Thema steht denn auch im Zeichen einer ansteigenden praktischen Bedeutung. In den letzten Jahren kam es zu einer Zunahme sowohl von Scheidungen wie auch von Mangelfällen und damit

---

9 *Schwab*, DNotZ Sonderheft 2001, S. 9, 11; BVerfG FamRZ 2001, S. 343; über die Frage der Entwicklung von Privatautonomie und Vertragsfreiheit im Eherecht, vgl. vertiefend *Hofer*, From status to contract, S. 1.

10 Jaeger/*Gerhardt*, InsO, § 2 Rn. 6.

11 *Apfelbacher*, Ehebedingte Zuwendungen und Ehegatten Eigenheimgesellschaft, S. 137; *App*, FamRZ 1996, S. 1523; *Hayler*, Rechtsfolgen ehebedingter Zuwendungen im Verhältnis zu Dritten, S. 198; *Struck*, AcP 187 (1987), S. 405; *Seier*, ZFE 2003, S. 260; *Häsemeyer*, Insolvenzrecht, S. 632; *Keller*, NZI 2007, S. 316; *ders.*, NZI 2007, S. 143; *Braun*, NJW 2000, S. 97; *Wohlgemuth*, FamRZ 2005, S. 2035; *Hauß*, FamRZ 2006, S. 306; *ders.*, FamRZ 2006, S. 1496; *ders.*, MDR 2002, S. 1163; *Uhlenbruck*, KTS 1999, S. 413; *ders.*, FamRZ 1998, S. 1473, *Gerhardt*, AcP 200 (2000), S. 426; *ders.*, GS Lüderitz 2000, S. 189; *Stumpe*, Verbraucherinsolvenz als aktives Instrument familienrechtlicher Unterhaltsgestaltung, S. 57; *Pape*, AnwBl 2009, S. 582; *Melchers*, FamRZ 2001, S. 1509; *ders.*, NJW 2008, 806; *Holzapfel*, Ehegattenschenkungen und Gläubigerschutz, S. 19. *Kohte*, Kölner Schrift, S. 781; *Schwarz*, ZVI 2006, S. 380; *Niepmann*, MDR 2005, S. 785.

Insolvenzen[12] – insbesondere im Rahmen der verschiedenen und aktuellen Finanzkrisen der letzten Jahre. Mit Blick auf die europäische Finanzlage sind zudem kommende wirtschaftliche Krisen mit Wahrscheinlichkeit zu erwarten. Zwar hat sich das Insolvenzrecht in den Krisenjahren bewährt, jedoch auch seine Schwächen gezeigt. Die Bundesregierung plant daher in der kommenden Legislaturperiode als vordringliches Ziel die Reform der Insolvenzordnung. Dabei soll unter anderem im Rahmen der Verbraucherinsolvenz die lange Wohlverhaltensperiode zwecks Restschuldbefreiung verkürzt und ein neues Sanierungsverfahren eingeführt werden, welches dem Insolvenzverfahren vorgelagert sein soll.[13]

Der besondere Einfluss des Insolvenzrechts auf den Bereich des Familienrechts zeigt sich sowohl im Verbraucherinsolvenz- als auch im Regelverfahren. Nach statistischen Erhebungen gab es im Jahr 2009 in der Bundesrepublik Deutschland bereits ca. vier Millionen überschuldete Haushalte bzw. sechs Millionen Schuldner, die zahlungsunfähig im Sinne

12 Zunahme von Scheidungen und zur Entschuldung mittelloser Personen: RegE des Gesetzes zur Entschuldung mittelloser Personen, zur Stärkung der Gläubigerrechte sowie zur Regelung der Insolvenzfestigkeit von Lizenzen, S. 1 ff.; *Andreß*, Statistisches Material, S. 9; *Wellenhofer*, DJB, Aktuelle Informationen 2006, Heft 1, S. 1, 2; Pressemitteilung des BMJ vom 07.09.2005, abrufbar unter www.bmj.de; Dem Statistisches Bundesamt, Stat. Jahrbuch 2007, S. 28 folgend werden jährlich ca. 200.000 Ehen geschieden. Steigende Anzahl der überschuldeten Haushalte, so z.B. bereits 2006 ca. 8, 1 % aller Haushalte, vgl. *Stumpe*, Verbraucherinsolvenz als aktives Instrument familienrechtlicher Unterhaltsgestaltung, S. 5, Fn. 18 und steigende Anzahl der Ehescheidungen, vgl. Mitteilungen des Statistischen Bundesamtes, FamRZ 2004, S. 1943; Statistisches Bundesamt, Statistisches Jahrbuch 2005 für die Bundesrepublik Deutschland, Anstieg der Anzahl der Mangelfälle, vgl. 2. Armuts- und Reichtumsbericht der Bundesregierung S. XXVIII, www.bmas.de; Pressemitteilung des BMJ vom 1. Nov. 2004, FamRZ 2004; 1939. Teilweise wird der Mangelfall auch als unterhaltsrechtlicher Normalfall bezeichnet, vgl. *Peschel-Gutzeit*, 14. Deutscher Familiengerichtstag, S. 37, 39; *Viefhues/Kleinwegener*, ZFE 2003, S. 100; *Eickelberg*, RNotZ 2009, S. 1, 2 f.; *Menne*, KindPrax 2005, S. 174; *Gerhardt*, FuR 2005, S. 529.

13 www.bmj.de/DE/Buerger/wirtschaftHandel/Insolvenzrechtsreform/insolvenzrecht_node.html.

der Insolvenzordnung sind. Seit Inkrafttreten der Insolvenzordnung – insbesondere seitdem das Insolvenzverfahren durch das Verbraucherinsolvenzverfahren für Jedermann seit dem 1. Dezember 2001 zugänglich ist – hatten im Jahr 2009 bereits ca. 800.000 Schuldner die Eröffnung des Insolvenzverfahrens über ihr Vermögen beantragt.[14]

Unberücksichtigt bei diesen Zahlen sind jedoch die unterhaltsbedürftigen Familienmitglieder der „Insolvenzler", welche das finanzielle Schicksal jeweils mittragen müssen. Dies verdeutlicht, wie relevant das Insolvenzrecht im interfamiliären Bereich ist. *Leipold* sieht sogar einen unmittelbaren Zusammenhang zwischen dem wirtschaftlichen Zusammenbruch eines der Ehegatten und dem Scheitern der Ehe.[15] Die Aussage, „nichts ist riskanter als die Eingehung einer Ehe"[16], scheint sich unter diesem Blickwinkel zu bewahrheiten. Konflikte sind vorprogrammiert, prallen doch insolvenzrechtliche Regelungen, die den Gläubigerschutz im Auge haben und familieninterne Interessen aufeinander.[17] Dies wird besonders virulent aufgrund der grundsätzlichen Gleichrangigkeit von Insolvenzordnung und Familienrecht. Denn dem deutschen Insolvenzrecht kommt weder ein Vorrang gegenüber dem allgemeinen Zivilrecht noch insbesondere gegenüber dem Familienrecht zu.

Mit der Zunahme von Scheidungen und Insolvenzverfahren geht zudem einher, dass die Schnittstellen von insolvenz- und familienrechtlichen Regelungen und deren Analyse immer mehr an Bedeutung für Praktiker in ihrem jeweiligen Fachgebiet – dem Familien- oder Insolvenzrecht – gewinnen.[18] Die bisherigen diesbezüglichen Untersuchungen fühlen sich thematisch jedoch sehr oft entweder dem einen oder dem anderen Rechtsgebiet verbunden. Die offenkundigen Berührungspunkte werden von Vertretern beider Rechtsgebiete kontrovers

---

14 *Pape*, AnwBl. 2009, S. 582.

15 *Leipold,* FS Gaul, S. 367, 373.

16 *Hahne,* DNotZ 2004, S. 84.

17 Zunahme von Scheidungen: RegE S. 1; *Andreß*, Statistisches Material, S. 9.

18 *Staudinger/Rauscher,* (2004) Vor. §§ 1564 ff., Rn. 36 ff.

diskutiert.[19] So hat der Gesetzgeber nach der Ansicht *Uhlenbrucks* bei der Entwicklung der Insolvenzordnung dem besonderen staatlichen Schutzbedürfnis von Ehe und Familie nicht ausreichend Rechnung getragen.[20] Diese Kritik bezieht sich insbesondere auf das rechtliche Schicksal von Unterhaltsansprüchen im Insolvenzverfahren. Im Rahmen der Diskussion um Unterhalt und Insolvenz wird in der Literatur darauf hingewiesen, dass die wenigsten, die sich mit Familienrecht beschäftigen, zugleich mit der Insolvenzordnung Erfahrung haben.[21] Die Insolvenzordnung und deren Instrumente gehören bislang „nicht zur orchestralen Stammbesetzung des Familienrechtlers“[22]. In Theorie und Praxis spielten Unterhaltsansprüche im Insolvenzrecht in der Vergangenheit keine große Rolle. Eine lange Rechtstradition besteht nicht. Etwaige Unterhaltsansprüche des insolventen Schuldners wurden bisher eher beiläufig behandelt und bei der Debatte zur Insolvenzrechtsreform spielten Unterhaltsansprüche demgemäß eine untergeordnete Rolle.[23]

Das jetzt geltende Insolvenzrecht räumt den Unterhaltsansprüchen im Vergleich zur vorher geltenden Konkursordnung von 1877 allerdings bereits einen wesentlich höheren Stellenwert ein, so dass bei einer Auseinandersetzung mit den Schnittstellen der beiden Rechtsgebiete auch dieser Gesichtspunkt der gewandelten gesetzgeberischen Vorgaben Be-

---

19 Lediglich *Gerhardt* veröffentlichte in der AcP 2000, S. 426 ff. einen Aufsatz über das Zusammenspiel und die wechselseitigen Wirkungen von Insolvenzrecht und dem Bürgerlichen Gesetzbuch als Ganzes. Er definiert hier die „Wechselbeziehung“ als bildlich gesprochenes Spannungsfeld zwischen zwei Polen, wobei von beiden Polen Impulse ausgingen, die sich auf den anderen Pol auswirken würden. Dieses Bild treffe auf die Relation zwischen Insolvenzrecht und Bürgerlichem Recht bzw. Familienrecht zu. So beeinflusse die insolvenzrechtliche Sichtweise die Auslegung des materiellen Rechts, vgl. *Gerhardt*, AcP 200 (2000), S. 426, 437. Diesem Bild folge ich in meiner Darstellung.

20 *Uhlenbruck*, KTS 1999, S. 413, 416.

21 *Krause*, FamRZ 2005, S. 1725.

22 *Hauß*, FamRZ 2006, S. 1497.

23 *Gessner/Rhode/Strate/Ziegert*, Die Praxis der Konkursabwicklung in der BRD, S. 54 f., 200 ff.; *Kölner Schrift/Kohte*, S. 781, Rn. 1.

rücksichtigung finden muss. Die Rechtsprechungsänderung des BGH in Bezug auf die Obliegenheit zur Einleitung eines Insolvenzverfahrens wegen Unterhaltsschulden hat weiterhin zur Folge, dass sich nun auch Familienrechtsanwälte und Familienrichter vertieft mit dem Insolvenzrecht und der Pfändbarkeit von Arbeitseinkommen auseinandersetzen müssen. Hinzu kommt, dass unterhaltsrechtliche Mangelfälle in Anbetracht der andauernd bestehenden schwierigen wirtschaftlichen Gesamtlage eher noch zunehmen. Gesellschaftliche Veränderungen und sich wandelnde Wertvorstellungen untermauern diese Entwicklung und kommen in den umfassenden Reformen des deutschen Familienrechts seit Anfang 2008 zum Ausdruck.[24] Anders als in den anderen Büchern des BGB ist im vierten Buch des BGB fast keine der ursprünglichen Vorschriften mehr in Kraft.[25]

Ein Anliegen dieser Dissertation ist es somit, eine Analyse dieses speziellen Bereiches der Schnittstellen zwischen familienrechtlichen Ansprüchen der Ehegatten untereinander und den Gläubigerrechten vorzunehmen. Zum Zwecke der besseren praktischen Verwertbarkeit der gefundenen Ergebnisse sollen insbesondere die in den Abschnitten vorangestellten Fallbeispiele sowie die dazu angebotenen Lösungsvorschläge dienen.

Diese Dissertation versucht damit, die bestehenden Konflikte zwischen dem Familien- und Insolvenzrecht mit besonderem Augenmerk auf ehevertragliche Vereinbarungen aufzuzeigen und Lösungsansätze zu erarbeiten, mit denen diese Konflikte gelöst werden können.

---

24 *Wellenhofer*, JuS 2009, S. 673 ff.; *Menne*, FPR 2005, S. 323, 324 zur Unterhaltsrechtsreform.

25 Zum Wertewandel der europäischen Ehe vgl. *Pawlowski*, DEuFamR 2000, S. 2, 19 ff., zum gesellschaftlichen Wandel und dem gesetzgeberischen Handlungsbedarf, *Wellenhofer*, JURA 2008, S. 647, 648.

B. Grundlagen der ehevertraglichen Gestaltung

Um das hier zu analysierende Spannungsfeld näher zu betrachten, bedarf es zuvor eines Blickes auf die Grundlagen der ehevertraglichen Gestaltung als besondere Ausprägung der Vertragsfreiheit. Der in § 1408 Bürgerliches Gesetzbuch (folgend BGB) geregelte Ehevertrag ist ein besonderes Rechtsinstitut zur Regelung der güterrechtlichen Verhältnisse der Ehegatten.[26] Darüber hinaus gelten nach dem allgemein anerkannten funktional erweiterten Ehebegriff[27] alle ehebezogenen familienrechtlichen Vereinbarungen mit allgemeiner Ehewirkung als Eheverträge. Mit diesen Regelungen häufig verbunden sind schuldrechtliche und sachenrechtliche Vertragsbestimmungen.[28]

I. Regelungsgegenstände

Modifikationen der gesetzlichen Regelungen durch die Ehegatten können in verschiedenen Bereichen erfolgen. Ein Ehevertrag kann gemäß § 1408 Abs. 1, 2. Hs. BGB bereits vor der Eheschließung, jedoch auch jederzeit während der Ehe zwischen den Parteien vereinbart werden; insoweit besteht keine zeitliche Dispositionsbeschränkung. Inhaltlich können insbesondere das eheliche Güterrecht, der Unterhalt und der Versorgungsausgleich auf vertraglicher Ebene geregelt werden. Die Wirkungen solcher Eheverträge treten dabei grundsätzlich bei Beendigung der Ehe ein.[29]

---

26 *MüKo/Kanzleiter*, § 1408 Rn. 2.

27 BVerfG FamRZ 2001, S. 343, 345; *Bergschneider,* FamRZ 2001, S. 1337, 1337.

28 *Langenfeld*, Handbuch der Eheverträge und Scheidungsvereinbarungen, Rn. 3; *Bergschneider*, Verträge in Familiensachen, Rn. 3 ff.

29 *Palandt/Brudermüller*, § 1408 Rn. 1 ff.

1. Güterrecht

a) Zugewinngemeinschaft

Vereinbaren die Parteien nichts anderes, machen sie also von ihrer privatautonomen Gestaltungsmacht keinen Gebrauch, so gilt als gesetzliches Regelmodell der Güterstand der Zugewinngemeinschaft, der in den §§ 1363 bis 1390 BGB geregelt ist. Der Güterstand der Zugewinngemeinschaft führt für die Ehegatten während der Dauer der Ehe zu getrennten Vermögensmassen, lediglich bei Beendigung der Ehe findet gemäß § 1363 Abs. 2, S. 2 BGB und im Fall des Todes einer der Ehegatten ein Ausgleich des Zugewinns statt.[30] Die Ehegatten verwalten konsequent ihre Vermögensmassen gemäß § 1364 BGB getrennt und werden aufgrund oder im Laufe der Ehe nicht zum Mitberechtigten bzw. Mitverpflichteten über das Vermögen des jeweils anderen.[31] Eine gegenseitige Haftung besteht folglich nicht.

Lediglich eine absolute Verfügungsbeschränkung durchbricht den Grundsatz der selbständigen Vermögensverwaltung: Verfügungen über das Vermögen als Ganzes bedürfen gemäß § 1365 BGB der Zustimmung des jeweils anderen Ehegatten.

Der Güterstand der Zugewinngemeinschaft wird von einer Vielzahl von Paaren, die einen Ehevertrag schließen, modifiziert. Daher ist dieser Bereich der Güterstandsregelungen unter dem Blickwinkel der Ausübung ehevertraglicher Dispositionsbefugnis besonders relevant.[32] Die Disposi-

---

30 Vgl. *Waldner*, Eheverträge, Scheidungs- und Partnerschaftsvereinbarungen für die notarielle und anwaltliche Praxis, S. 47 ff. Rn. 37 ff., S. 51 Rn. 41.

31 *MüKo/Koch,* § 1364 Rn. 1.

32 *Simone Stach* nennt in ihrer Dissertation „Eheverträge, Gesetz und Rechtstatsachen", S. 62 f., eine Anzahl von 99,8 % aller Eheverträge bei einer Untersuchung von 1250 Eheverträgen. Die Gütertrennung wurde dabei in 98 % aller Fälle vereinbart, Gütergemeinschaft in 0,2% aller Fälle und 1,8 % vereinbarten Zugewinngemeinschaft.

tionsbefugnis der Ehegatten ist insoweit gerechtfertigt, weil die vertraglichen Vereinbarungen in der Regel weder Dritte noch die Allgemeinheit belasten und damit keines der aufgezeigten Gesichtspunkte für den Einsatz zwingenden Rechts greift.[33] Dabei können sowohl Einzelheiten als auch der gesetzliche Güterstand als Ganzes abbedungen und abweichend vom Gesetz geregelt werden.[34] Anstelle des Güterstands der Zugewinngemeinschaft können auch die Güterstände der Gütergemeinschaft und der Gütertrennung vereinbart werden. Insoweit bietet der Gesetzgeber den Ehegatten verschiedene Regelungsmodelle, wobei der Güterstand der Zugewinngemeinschaft, wie bereits erwähnt, gilt, sofern die Ehegatten nicht in eines der anderen Regelungsmodelle hinein-optieren.

b) Modifizierung des Zugewinngemeinschaft

Häufig wird ehevertraglich – trotz der Möglichkeit der Vereinbarung der Gütertrennung bzw. Gütergemeinschaft – eine modifizierte Zugewinngemeinschaft ausbedungen. Einzelheiten des Zugewinns werden individuell an die ehelichen Lebensverhältnisse und Gewohnheiten oder Wünsche angepasst. Insoweit werden die bestehenden dispositiven, notwendigerweise typisierenden Regelungen an die individuellen Präferenzen der Ehegatten angepasst; die Ehegatten gleichen damit auf dezentraler Regelungsebene die unvermeidbaren, teils groben Typisierungen, die der Gesetzgeber beim Erlass dispositiver Normen vornehmen muss, aus. So kann etwa der Ausgleich des Zugewinns bedingt, befristet oder für den Fall der Scheidung ausgeschlossen werden. Der Zugewinnausgleich kann zudem auf einen bestimmten Betrag festgelegt oder auf eine Partei beschränkt werden.

Ebenso kann das Anfangs- und das Endvermögen, welches gemäß § 1373 BGB bei der Berechnung der Höhe des Zugewinns zu Grunde

---

33 BGH FamRZ 2004, S. 601, 605; *Büttner,* FamRZ 1998, S. 1, 2.

34 *Waldner*, Eheverträge, Scheidungs- und Partnerschaftsvereinbarungen für die notarielle und anwaltliche Praxis, S. 45, Rn. 33.

gelegt wird, vertraglich bestimmt werden. Die Parteien haben die Möglichkeit, konkret bestehende oder erwartete Schulden bei der Berechnung des Anfangsvermögens zu berücksichtigen, indem ein bestimmtes negatives Anfangsvermögen festgesetzt wird; alternativ können sie vereinbaren, das Anfangsvermögen auf Null zu setzen und damit bestehende Schulden nicht in den Zugewinnausgleich fallen zu lassen.

Unterbleiben privatautonome Regelungen, so fallen seit der Reform des Zugewinnausgleichsrechts[35] auch abgetragene Schulden unter die gesetzliche Zugewinnausgleichsverpflichtung. Vor Reform des Zugewinnausgleichsrechts bestand hingegen die Vermutung des § 1374 Abs. 1, S. 2 BGB (a.F.), welche das Anfangsvermögen mindestens mit Null ansetzte.[36] Danach fiel das Abtragen von Schulden grundsätzlich nicht mit in den Zugewinn eines Ehegatten. Trug also ein Ehegatte im Laufe der Ehe seinen bei Eheschließung bestehenden Schuldenberg ab, so wurde diese gemeinsame eheliche Leistung meist nicht durch den Zugewinn ausgeglichen. Sinn und Zweck des § 1374 Abs. 1 BGB war es, den ausgleichspflichtigen Ehegatten bei Fälligkeit des Zugewinnausgleichs im Scheidungsfall nicht wiederum in Schulden zu stürzen. Diese Regelung wurde jedoch abgeschafft, da sie zu Ungerechtigkeiten beim Zugewinnausgleich führte. Halfen Ehegatten dabei Schulden abzutragen, so wurde dieser fiktive Zugewinn in Form der Reduktion der Schulden nicht ausgeglichen.

c) Gütertrennung

Gemäß § 1408 Abs. 1 BGB besteht die Möglichkeit, vor bzw. während der Ehe den gesetzlichen Güterstand der Zugewinngemeinschaft in notariell beglaubigter Form vertraglich aufzuheben. Gütertrennung kann

---

35 Entwurf des Gesetzes zur Strukturreform des Versorgungsausgleichs, Beschluss des Bundestages am 20.08.2008, inkraft getreten am 01.09.2009, BT-Drucks. 16/10144.

36 *Heintschel-Heinegg/Gerhardt*, Materielles Scheidungsrecht, S. 223, Rn. 200.

sowohl durch Ehevertrag vereinbart werden als auch kraft Gesetzes eintreten. Ersteres ist der Fall, wenn die Ehegatten den Zugewinnausgleich, die Zugewinngemeinschaft oder den Versorgungsausgleich ausschließen. Kraft Gesetzes kann durch die widerlegliche Auslegungsregel des § 1414 BGB Gütertrennung eintreten. Grund hierfür ist die Überlegung, dass die Ehegatten, die sich nicht gegenseitig bedenken wollen, im Umkehrschluss auch nicht von dem anderen profitieren sollen. [37]

Die Gütertrennung hat zur Folge, dass sich die Ehegatten grundsätzlich vermögensrechtlich so gegenüberstehen, als seien sie nicht verheiratet. Güterrechtliche Vereinbarungen stehen mit dem Güterstand der Gütertrennung in einem Ausschließlichkeitsverhältnis.[38] Insoweit bestehen also Grenzen der ehevertraglichen Gestaltungsfreiheit der Ehegatten. Diese erstrecken sich allerdings nicht auf Unterhaltsvereinbarungen; diese sind unabhängig von der Vereinbarung des Güterstands möglich.

d) Gütergemeinschaft

Weiterhin besteht für die Ehegatten die Option der Vereinbarung der Gütergemeinschaft gemäß §§ 1415 ff. BGB. Dieser Güterstand wird rechtstatsächlich in der Praxis jedoch recht selten vereinbart.[39]

Die Ehegatten bilden – sofern sie sich für dieses gesetzliche Regelungsmodell entscheiden – gemäß § 1419 BGB eine Gesamthandsgemeinschaft; das Vermögen der Ehegatten wird in ein Gesamt-, Sonder- und Vorbehaltsgut unterteilt. Das Vermögen, welches die Ehegatten während ihrer Ehe erwerben, wird grundsätzlich gemeinschaftliches

---

37 H.M: Begründung zum Regierungsentwurf II § 1639; *Lange,* FamRZ 1964, S. 547; *Zimmermann,* BB 1969, S. 965, 971; a.A. *Diederichsen,* NJW 1977, S. 217, 223; *von Maydell,* FamRZ 1977, S. 172, 181; *MüKo/Kanzleiter,* § 1414 Rn. 1 ff.

38 *MüKo/Kanzleiter*, § 1414 Rn. 5 f.

39 *MüKo/Kanzleiter,* Vor § 1415 Rn. 21, siehe auch die zitierte Studie in der Dissertation von *Simone Stach,* Eheverträge, Gesetz und Rechtstatsachen, S. 62.

Vermögen, es ist Gesamtgut.[40] Gemäß §§ 1417 und 1418 BGB gibt es daneben das Sonder- und das Vorbehaltsgut. Hier besteht eine selbstständige Verwaltung des jeweiligen Ehegatten bezüglich der Gegenstände, die im jeweilig alleinigen Eigentum verbleiben. Das Vorbehaltsgut entsteht entweder durch eine entsprechende ehevertragliche Regelung, durch letztwillige Verfügungen oder durch unentgeltliche Zuwendungen.[41] Beim Vorbehaltsgut besteht außerdem gemäß § 1418 Abs. 2 Nr. 3 BGB das Prinzip der dinglichen Surrogation.

Für die Haftung im Außenverhältnis gilt, dass sich die Gläubiger beider Ehegatten aus dem Gesamtgut befriedigen können; gemäß §§ 1437, 421 ff. BGB haften die Ehegatten persönlich als Gesamtschuldner. Eine Haftung einzelner Vermögensmassen zugunsten Dritter kann ehevertraglich lediglich erweitert, nicht aber eingeschränkt werden. Auch die Verfügungsbeschränkungen der §§ 1423 ff. BGB können nicht mit absoluter Wirkung gegenüber Dritten erweitert, sondern lediglich *inter partes* zwischen den Ehegatten eingeschränkt werden.[42]

2. Versorgungsausgleich

Neben dem Güterstandsrecht steht als weitere Säule des Scheidungsfolgenrechts das Versorgungsausgleichsrecht. Dieses wurde zum 1. September 2009 durch das Gesetz zur Strukturreform des Versorgungsausgleichs[43] grundlegend novelliert. Allerdings bestehen insoweit

40 *MüKo/Kanzleiter*, § 1419 Rn. 2.

41 *Höland/Sethe/Notarkammer Sachsen-Anhalt/Weckerle*, Eheverträge und Scheidungsfolgenvereinbarungen, S. 71.

42 *MüKo/Kanzleiter*, § 1437 Rn. 2-8.

43 Entwurf eines Gesetzes zur Strukturreform des Versorgungsausgleichs (VAStrRefG), BT-Drucks. 16/10144 v. 20.08.2008; Beschlussempfehlung und Bericht des Rechtsausschusses, BT.Drucks. 16/11903; zum Gesetzesbeschluss s. BR-Drucks. 128/09 v. 12.02.2009; vgl auch Pressemitteilung des BMJ vom 21.05.2008 unter http://bmj.de; *Eichenhofer,* FamRZ 2008, S. 950.

langfristige Übergangsregelungen, so dass zunächst kurz auf die alte Regelung eingegangen werden soll, bevor die neue erläutert wird.

a) Alte Rechtslage

Gemäß § 1408 Abs. 2 BGB bestand nach alter Rechtslage die Möglichkeit der ehevertraglichen Regelung des Versorgungsausgleichs. Der Versorgungsausgleich umfasste Anrechte auf Versorgung wegen Alters oder Erwerbsunfähigkeit.[44] Nach § 1587 Abs. 1 BGB mussten diese Versorgungsanrechte, soweit sie in der Ehezeit begründet wurden, grundsätzlich zwischen den Ehegatten ausgeglichen werden. Der Versorgungsausgleich sollte insbesondere ehebedingte Versorgungsnachteile ausgleichen, die ein Ehegatte wegen der Kindeserziehung auf sich nimmt. Der Versorgungsausgleich stellte folglich einen „vorweggenommenen Altersunterhalt"[45] dar, der damit begründet wurde, dass die Vorsorgerechte nach einer Scheidung nicht mehr gemeinsam genutzt werden könnten und somit ausgeglichen werden müssen.[46] Dies war eine Ausprägung des Halbteilungsprinzips.[47]

Der Versorgungsausgleich konnte nach h.M. sowohl modifiziert[48] als auch komplett ausgeschlossen werden. Daneben konnte der Versorgungsausgleich auch befristet und bedingt, einseitig ausgeschlossen und der Höhe nach begrenzt werden.[49] Insoweit bestand eine umfassende Dispositionsbefugnis. Zu beachten war jedoch, dass mit dem kompletten

---

44 *Palandt/Brudermüller,* § 1408 Rn.1 ff.; *MüKo/Kanzleiter,* § 1408 Rn. 18 ff.

45 BVerfG 53, S. 257 ff.

46 *Eichenhofer,* DNotZ 1994, S. 213, 214.

47 *Erman/Wellenhofer,* Vor § 1587 Rn. 2.

48 BGH FamRZ 1990, S. 273; 1986, S. 890, 892 (Leitentscheidung); OLG Koblenz FamRZ 1986, S. 273; *Diederichsen,* NJW 1977, S. 223; *Soergel/Gaul,* § 1408 Rn. 30.

49 *MüKo/Kanzleiter,* § 1408 Rn. 22 f.; *Soergel/Gaul,* § 1408 Rn. 29 f.; *Diederichsen,* NJW 1977, S. 223; *Eichenhofer,* DNotZ 1994, S. 213, 218 ff.; *Hahne,* DNotZ 2004, S. 84, 87.

Ausschluss des Versorgungsausgleichs – soweit nicht anders durch die Parteien geregelt – kraft gesetzlicher Vermutung des § 1414 S. 2 Alt. 2 BGB Gütertrennung eintrat.[50] Im Umkehrschluss hatte jedoch die Vereinbarung von Gütertrennung nicht automatisch den Ausschluss des Versorgungsausgleichs zur Folge.[51]

Die Pflicht zum Versorgungsausgleich konnte vor der Ehe und während der Ehe (auch rückwirkend) ausgeschlossen werden. Die Dispositionsbefugnis endete jedoch gemäß § 1408 Abs. 2 S. 2 BGB ein Jahr vor Stellung des Antrags auf Scheidung. Diese Regelung sollte sicherstellen, dass die Möglichkeit des Ausschlusses des Versorgungsausgleichs nicht von einer Seite mit Blick auf eine folgende Scheidung missbraucht wird.[52] Der Versorgungsausgleich war äquivalent zur Scheidung durchzuführen.[53]

b) Gesetz zur Reform des Versorgungsausgleichs

Durch das neue Versorgungsausgleichsgesetz sollte der Versorgungsausgleich strukturell reformiert und vereinfacht werden, indem die Verrechnungsmethode novelliert und auf Bagatellausgleiche verzichtet wird. Es findet nunmehr keine Saldierung aller Anrechte statt, welches dann zu dem bisherigen Einmalausgleich führt.[54] Nach § 1 VersAusglG sind die in der Ehezeit erworbenen Anteile von Anrechten jeweils zur Hälfte zwischen den geschiedenen Ehegatten zu teilen. Es kommt nunmehr zu einem „Hin-und-Her-Ausgleich", woraus regelmäßig beiderseitige Ausgleichsansprüche folgen.

---

50 *MüKo/Kanzleiter*, § 1414 Rn. 4 ff.; *Palandt/Brudermüller*, § 1414 Rn. 1.

51 *Eichenhofer*, DNotZ 1994, S. 213, 216.

52 BT-Drucks 7/4694, S. 13.

53 *Eichenhofer*, DnotZ 1994, S. 213, 214; Die Vereinbarung hat gem. § 623 ZPO vor oder gleichzeitig mit der Scheidung zu erfolgen, OLG Köln NJW-RR 1999, S. 1161, 1161.

54 Vgl. weiterführend *Wellenhofer,* JuS 2009, S. 673, 677; *Bergner*, NJW 2009, S. 1169 ff.

In Bezug auf die ehevertragliche Abdingbarkeit des Versorgungsausgleichs hat sich nichts geändert. Diese besteht unverändert. Mit der Reform wurden allerdings die formellen und materiellen Voraussetzungen für Vereinbarungen über den Versorgungsausgleich in den §§ 6 bis 8 VersAusglG nunmehr zusammengefasst. § 1408 Abs. 2 BGB enthält nur noch einen Verweis auf diese Vorschriften. Unterschiedliche Regelungstatbestände entfallen somit. Die bislang teilweise schwierige Abgrenzung zwischen Vereinbarungen i.S.d. § 1408 Abs. 2 BGB und des mittlerweile aufgehobenen § 1587o BGB wurde entbehrlich. Zugleich wird die ohnehin leicht zu umgehende Frist des § 1408 Abs. 2 S. 2 BGB aufgegeben. Wirksame Vereinbarungen zum Versorgungsausgleich können damit nach § 6 Abs. 1 VersAusglG jederzeit getroffen werden.

Der erforderliche Schutz der Eheleute wird nach wie vor durch Formvorschriften (§ 7 VersAusglG) sowie die richterliche Prüfung der materiellen Wirksamkeit im Verfahren durch § 8 Abs. 1 VersAusglG erreicht; das richterliche Genehmigungserfordernis entfällt nunmehr. Die ehelichen Vereinbarungen müssen danach einer Inhalts- und Ausübungskontrolle standhalten. Durch diese Regelung ist der Gesetzgeber der Rechtsprechung des BVerfG[55] und des BGH[56] gefolgt. Wegen dieser bereits nach geltendem Recht regelmäßig durchzuführenden Inhalts- und Ausübungskontrolle, auf die § 8 Abs. 1 VersAusglG Bezug nimmt, bedarf es der bisher erforderlichen Genehmigung nach § 1587o Abs. 2 S. 3 BGB nicht mehr.

3. Unterhalt

Im Bereich des Unterhaltsrechts ist zwischen Ehegatten- und Kindesunterhalt (bzw. Verwandtenunterhalt) zu differenzieren. Der Ehegattenunterhalt lässt sich weiterhin in Familienunterhalt, Trennungsunterhalt und nachehelichem Unterhalt unterteilen.

---

55 BVerfG FamRZ 2001, S. 343.
56 BGH FamRZ 2004, S. 601.

a) Familien- und Trennungsunterhalt

Der Familienunterhalt ist ab Eheschließung bis zur Trennung der Ehegatten während der ganzen Laufzeit der Ehe zu leisten und umfasst gemäß § 1360a BGB die Kosten des Haushalts und des gemeinsamen Lebensbedarfs. Der gemeinsame Lebensbedarf berücksichtigt die unterhaltsberechtigten gemeinsamen Kinder und die individuellen Verhältnisse der Ehegatten.[57] Die Pflicht zum Familienunterhalt besteht auch, wenn die Ehegatten Gütertrennung vereinbart haben; sie ist mithin unabhängig vom Güterstand. Der Familienunterhalt kann gemäß §§ 1360, 1360a BGB lediglich begrenzt vertraglich modifiziert werden. Selbst ein teilweiser Verzicht wäre gemäß §§ 134, 397 BGB nichtig, da § 1360a Abs. 3 BGB auf § 1614 BGB verweist. Diese Rechtsfolge wird mit der sittlichen Verpflichtung zur Unterhaltszahlung und dem öffentlichen Interesse hieran begründet und stellt zwingendes Recht dar.[58] Lediglich Abreden über die Art und die Weise der Unterhaltsgewährung oder die angemessene Höhe können getroffen werden.

Der Trennungsunterhalt wird für die Zeit ab Trennung der Eheleute bis zur Scheidung gewährt. Im Gegensatz zum nachehelichen Unterhalt gilt das Prinzip der ehelichen Solidarität im Vergleich zum nachehelichen Unterhalt noch stärker. Die Höhe des Trennungsunterhalts orientiert sich stärker an dem Familienunterhalt, um die Möglichkeit der Versöhnung zwischen den getrennten Ehegatten zu erhöhen und somit ein Abwenden der Scheidung zu fördern.[59]

Gemäß § 1361 Abs. 2 BGB besteht zudem lediglich eine eingeschränkte Erwerbsobliegenheit des Unterhaltsbegünstigten, das Prinzip der Angemessenheit der Erwerbstätigkeit gemäß § 1574 Abs. 1 BGB findet keine Anwendung. Auf den Trennungsunterhalt kann zudem für die Zu-

---

57 *MüKo/Weber/Monecke,* § 1360a Rn. 2 ff.; *Heintschel-Heinegg/Gerhardt,* Materielles Scheidungsrecht, S. 72, Rn. 179.

58 *Palandt/Brudermüller*, § 1614 Rn. 1.

59 *Heintschel-Heinegg/Gerhardt*, Materielles Scheidungsrecht, S. 73 f. Rn. 185 f.

kunft nicht verzichtet werden, vgl. § 1361 Abs. 4 S. 3 i.V.m. §§ 1360a Abs. 3, 1614 BGB. Für die Zukunft sind, wie beim Familienunterhalt, lediglich Vereinbarungen über Art und Höhe des Unterhalts zulässig soweit sie den geschuldeten Unterhalt nicht erheblich unterschreiten. Die Rechtsprechung[60] hat hier einen Richtwert von ca. 30 % des geschuldeten Unterhalts aufgestellt.

Streitig ist, ob ein „*pactum de non petendo*" bezüglich des Trennungsunterhalts zulässig ist, d.h. eine vertragliche Zusicherung, den Anspruch auf Trennungsunterhalt nicht gerichtlich geltend zu machen.[61] Dadurch würde jedoch die Indisponibilität des Trennungsunterhalts umgangen werden. Die Zulässigkeit einer derartigen Vereinbarung ist mit der herrschenden Meinung daher abzulehnen.

b) Nachehelicher Unterhalt

aa) Überblick

Gemäß § 1569 BGB besteht nach der Scheidung der Grundsatz der wirtschaftlichen Eigenverantwortung. Dieser Grundsatz wird durch das Prinzip der nachehelichen Solidarität allerdings teilweise durchbrochen. Sieben Unterhaltstatbestände (§§ 1570 bis 1576 BGB) regeln abschließend den nachehelichen Unterhalt. Die Regelungssystematik folgt dabei einem Regel-Ausnahme-Verhältnis und soll dem sozial schwächeren Ehepartner ehebedingte Nachteile ausgleichen. Gleichwohl setzen die Unterhaltstatbestände keine Kausalität zwischen der Bedürftigkeit und der Ehe voraus[62] und die Bedürfnislage des Unterhaltsberechtigten muss nicht

---

60 KG Berlin FamRZ 1997, S. 627; so auch *Schwackenberg,* FPR 2001, S. 107 ff.

61 Pro: OLG Köln FamRZ 2000, S. 609; *Bergschneider,* FamRZ 2000, S. 609 f.; contra: *Deisenhofer,* FamRZ 2000, S. 1368 ff.; *Bäumel,* FPR 2001, S. 111, 112 f.

62 *Hahne,* DNotZ 2004, S. 84, 86.

zwangsläufig bereits zum Zeitpunkt der Rechtskraft der Scheidung vorliegen, sondern kann auch zeitlich später eintreten.[63]

Die Unterhaltstatbestände nach den §§ 1570 ff. BGB setzen eine Unterhaltspflicht wegen Betreuung eines Kindes, wegen Alters, Krankheit oder Gebrechen und (im Rahmen eines Auffangtatbestandes) aus Billigkeitsgründen voraus. Daneben besteht bis zur Erlangung einer angemessenen Erwerbstätigkeit und für den Fall der Wiederaufnahme einer abgebrochenen Ausbildung ein Anspruch auf Unterhalt. Weiterhin fordert ein Unterhaltsanspruch nach § 1581 BGB die Leistungsfähigkeit des Verpflichteten.

bb) Ausschluss der Unterhaltspflicht

Gemäß § 1585c BGB sind Vereinbarungen über den nachehelichen Unterhalt, im Unterschied zu Familien- und Trennungsunterhalt, grundsätzlich erlaubt. Der nacheheliche Unterhalt kann sowohl vollständig ausgeschlossen werden, als auch aufschiebend oder auflösend bedingt und zeitlich befristet und in seiner Höhe beschränkt bzw. konkretisiert werden.[64] Schranken ergeben sich jedoch aus Gesetzwidrigkeit (§ 134 BGB), aus Sittenwidrigkeit (§ 138 BGB), der Anfechtbarkeit wegen Irrtums oder arglistiger Täuschung (§§ 119, 123 BGB) und der notwendigerweise vorbehaltenen Widerruflichkeit in der Vereinbarung.[65] Daneben kann der Ausschluss der Unterhaltspflicht auch anpassungsbedürftig sein oder ein Berufen auf die Vereinbarung gegen Treu und Glauben verstoßen.

---

63 In der Literatur wird das System der Unterhaltstatbestände teilweise grundsätzlich in Frage gestellt, siehe *Diederichsen,* FamRZ 1992, S. 1, 10; *Goebel,* FamRZ 2003, S. 1513, 1515.

64 *Palandt/Brudermüller,* § 1585c Rn. 8; BGH, FamRZ 1997, S. 873.

65 KG FamRZ 1999, S. 1277, 1278.

Ein Unterhaltsverzicht stellt einen *Erlassvertrag* nach § 397 BGB dar, eine einseitige Erklärung ist nicht ausreichend.[66] Streitig ist lediglich, ob der grundsätzliche Unterhaltsanspruch bei Unwirksamkeit des Erlassvertrages wieder auflebt, oder ob es sich dann um einen Anspruch auf Unterhalt „*sui generis*" handelt.[67]

c) Unterhaltsrechtsreform vom Januar 2008

Vor dem Hintergrund der gesellschaftlichen Entwicklungen und dem Wandel der Wertevorstellungen seit der letzten familienrechtlichen Novellierung von 1976 trat am 1. Januar 2008 eine umfangreiche Reform des Unterhaltsrechts[68] in Kraft. Reformziel war insbesondere die Stärkung des Prinzips der Eigenverantwortung der geschiedenen Ehepartner nach der Ehe bzw. die Festigung des Grundsatzes der primären Selbstversorgung und damit die Erweiterung der Erwerbsobliegenheit.[69] Bei der Unterhaltshöhe ist der Maßstab der ehelichen Lebensverhältnisse nur noch eingeschränkt anwendbar, es soll vielmehr nun auf die konkret individuellen Lebensumstände abgestellt werden. Außerdem wurden die Möglichkeiten der richterlichen Beschränkung der Dauer und Höhe des Unterhalts durch einen neuen konzentrierten § 1578b BGB in Bezug auf alle Unterhaltstatbestände erweitert. Nunmehr ist die Beschränkung von Unterhaltsansprüchen nach objektiven Billigkeitserwägungen und insbe-

---

66 OLG Stuttgart FamRZ 1999, S. 1136, BGH FamRZ 1985, 787; *Gitter*, DNotZ 1984, S. 595, 610 ff.

67 Vgl. *Hess,* FamRZ 1996, S. 981.

68 BT-Drucks 16/1830, Beschluss des Bundestages vom 09.11.2007; *Frank,* FamRZ 2004, S. 841, 846; *Peschel-Gutzeit,* NJW 2005, S. 193, 195; *Schwab,* FamRZ 2005, S. 1417, 1217; *Menne*, FPR 2005, S. 323, 324; Überblick der Rechtsprechung des BGH zum Unterhaltsrechtsreformgesetz und Rechenbeispiele vgl. *Dose*, JAmt 08, 557; *Borth*, FamRZ 2006, S. 815; *Gutjahr*, NJW 2008, S. 1985 ff.

69 *Menne*, FPR 2005, S. 323, 325 ; kritisch *Wellenhofer*, DJB Aktuelle Informationen 2006, Heft 1, S. 1, 4 ff.

sondere nach dem Maßstab von lediglich „ehebedingten Nachteilen" erleichtert.[70]

Schließlich wurde durch die Reform die Rangfolge der Unterhaltsberechtigten zu Gunsten minderjähriger Kinder und lediger Mütter verändert. Diese Änderung des § 1609 BGB ist besonders für den Mangelfall von Bedeutung, d.h. wenn nicht alle Unterhaltsberechtigten befriedigt werden können.[71]

II. Grenzen ehevertraglicher Vereinbarungen

Wie bereits angedeutet wurde, besteht zwar im Familienrecht ein Primat autonomer ehevertraglicher Gestaltungsmöglichkeiten, was insbesondere durch die dispositive Ausgestaltung der gesetzlichen Regelungsmuster deutlich wird. Abseits der strikten Limitierung der Gestaltungsmöglichkeiten durch zwingendes Recht zum Schutze der Parteien selbst oder vertragsfremder Dritter wird aber eine Beschränkung der Gestaltungsmacht zunehmend auch auf judikativer Ebene vollzogen. Das Instrument, das zu dieser judikativen Einschränkung der Gestaltungsfreiheit eingesetzt wird, ist die Inhaltskontrolle ehevertraglicher Regelungen.

Die grundsätzlich gewachsene Zugänglichkeit ehevertraglicher Regelungen für richterliche Inhaltskontrollen basiert auf einer allgemein im Privatrecht zu beobachtenden Entwicklung, die unter dem Terminus der „Materialisierung" Gegenstand zahlreicher wissenschaftlicher Kontroversen über die grundsätzliche Ausrichtung des Privatrechts ist. Grundgedanke dieser Materialisierung ist die (Wieder-)Herstellung der Funktionsbedingungen eines richtigkeitsverbürgenden Vertragsabsschlussmechanismus, der unter bestimmten Voraussetzungen als gestört angesehen wird, so dass die rein formale Vertragsfreiheit eines Korrektivs bedarf. Diese Materialisierung vollzieht sich dabei nicht allein mittels einer Verstärkung zwingender Regelungen, mit denen materielle

70 BT-Drucks. 16/1830, S. 18
71 *Born*, NJW 2008, S. 1, 2; *Schwab*, FamRZ 2005, S. 1417, 1422 f.

Gerechtigkeit in die Vertragsbeziehungen einzuführen versucht wird, sondern auch mittels einer inhaltlichen Kontrolle des Ergebnisses ehevertraglicher Regelungen. Das Produkt autonomer Gestaltung wird damit selbst einer Kontrolle anhand heteronomer, materialer Kriterien unterworfen. Gerechtfertigt wird eine solche Beschränkung der Vertragsfreiheit mit Verweis auf eine infolge einer gestörten Vertragsparität entstandenen Vereinbarung, die als solche Ausdruck eines defizitären gemeinsamen Vertragswillens ist. Liegen die überwiegend situativen Voraussetzungen einer solchen gestörten Vertragsparität vor, wird die formale Vertragsfreiheit in diesem Sinne durch eine Kontrolle ihres Inhaltes materialisiert.

Zum Zwecke der Gewinnung eines Bewertungsmaßstabes im Rahmen einer solchen Inhaltskontrolle wird dabei auf das dispositive Recht zurückgegriffen. Dient es vornehmlich der Erleichterung vertraglicher Regelungen durch Zurverfügungstellung abdingbarer Regelungsmuster, wird hier diese genuine Funktion quasi verkehrt und unter Betonung der Wertentscheidungen, die im dispositiven Recht zum Ausdruck kommen, dieses als materiales Bewertungsmittel vertraglicher Vereinbarungen umfunktioniert. Auf diese Art wird die Dispositivität dieser Regelungen partiell zurückgenommen; diese können sich mithin im Einzelfall gegenüber privaten Regelungsversuchen durchsetzen.

1. Verfassungsrechtliche Beurteilung ehevertraglicher Vereinbarungen

In diesem Sinne setzte das BVerfG[72] im Jahre 2001 für die Inhaltskontrolle von Eheverträgen neue Maßstäbe. Das Gericht hatte zu entscheiden, inwieweit Zivilgerichte von Verfassungs wegen verpflichtet sind, Ehever-

72 Entscheidung des BVerfG vom 06.02.2001, NJW 2001, S. 957 = FamRZ 2001, S. 343 = MDR 2001, S. 392; Entscheidung des BVerfG vom 29.03.2001, NJW 2001, S. 2248 = FamRZ 2001, S. 985.

träge, insbesondere einen darin enthaltenen Unterhaltsverzicht, einer richterlichen Inhaltskontrolle zu unterziehen.[73]

Das BVerfG führte in seiner Entscheidung vom 6. Februar 2001[74] erstmals Grundrechte als Prüfungsmaßstab bei Eheverträgen ein. Über das Einfallstor der Generalklauseln der §§ 138, 242 BGB leitete das BVerfG aus den Artt. 6 Abs. 1 und 3 Abs. 2,[75] 6 Abs. 2 S. 1,[76] 6 Abs. 4[77] GG zum einen den Anspruch auf Schutz vor unangemessener Benachteiligung durch einen Ehevertrag ab sowie zum anderen den Anspruch eines Kindes auf Schutz vor verantwortungsloser Ausübung des Elternrechts. Nach der Entscheidung des BVerfG besteht zwar auch im Ehevertragsrecht grundsätzlich Vertragsfreiheit; sofern jedoch einem Vertragspartner besonders einseitige vertragliche Lasten aufgebürdet werden bzw. die Verhandlungsposition der Vertragspartner derart ungleich verteilt sind, dass ein Vertragspartner den Inhalt des Vertrages einseitig bestimmen kann, komme dem Recht eine Kontrollfunktion für die Wahrung der Grundrechtspositionen beider Vertragspartner zu. Art. 6 Abs. 2 GG zeige zudem die Grenze vertraglicher Abreden der Eltern auf, nicht gegen die Interessen des Kindes handeln zu dürfen.[78] Im Übrigen dürfe der Ehevertrag den Grundsatz, dass die Ehe eine gleichberechtigte Partnerschaft ist, nicht konterkarieren. Dies sei zu befürchten, sofern das Produkt der ehevertraglichen Verhandlung Resultat einer auf ungleichen Verhandlungspositionen basierenden, einseitigen Dominanz sein, die den Interessen der anderen Partei massiv zuwider laufe.

Die damit verbundene Aufforderung des BVerfG an die Instanzgerichte zur inhaltlichen Kontrolle solcher Eheverträge, die Ausdruck einer gestör-

---

73 *Gageik*, RNotZ 2004, S. 295, 296 f.; *Goebel*, FamRZ 2003, S. 1513.

74 BVerfG (2001-1 BvR 12/92) FamRZ 2001, S. 343 ff. = NJW 2001, S. 957 ff.; kritisch: *Bergschneider*, FamRZ 2001, S. 1337, 1338.

75 Ehe als gleichberechtigte Partnerschaft.

76 Gemeinsame Elternverantwortung.

77 Recht der werdenden Mutter auf Schutz vor unangemessener Benachteiligung.

78 BVerfG FamRZ 2001, S. 345, 347.

ten Vertragsparität sind, gerate nicht in einen Grundsatzkonflikt mit der ehevertraglichen Gestaltungsfreiheit, wie sie durch Art. 6 Abs. 1 GG verbürgt ist; da – wie das BVerfG betont –verfassungsrechtlichen Schutz allein eine Ehe verdiene, in welcher sich Mann und Frau als gleichberechtigte Partner gegenüber stehen, nicht aber eine solche, die die Dominanz eines der Ehegatten widerspiegelt; insoweit bestünden „immanente" Schranken der Ehevertragsfreiheit, die im Wege der richterlichen Inhaltskontrolle des Einzelfalles, gerade weil der Einsatz zwingenden Rechts der unendlichen Vielfalt möglicher Gestaltungsformen nicht gerecht werden könne, abgesteckt werden müssen.

Zum Anlass für die Eröffnung der Inhaltskontrolle werden dabei situative Defizite beim Vertragsschlussmechanismus genommen, wie etwa die Schwangerschaft einer bis dahin unverheirateten Frau, um sodann im Rahmen dieser damit eröffneten Inhaltskontrolle die inhaltliche Ausgestaltung des derart unter einem potentiell prozeduralen Mangel leidenden Ehevertrages anhand materieller Kriterien zu bewerten – diese Kriterien aber werden, wie ausgeführt, dem jeweiligen Leitbild der dispositiven Normen entnommen, von denen der Ehevertrag abweicht; auf diese Weise können sich die an sich dispositiven Regelungen im Einzelfall als zwingend erweisen.

In seinem Beschluss vom 29. März 2001[79] hob das BVerfG in Anwendung dieser Prämissen eine Entscheidung des OLG München mit dem Hinweis auf, dieses habe dem Anspruch der Ehefrau auf Schutz vor unangemessener Benachteiligung durch den Ehevertrag, der aus Art. 2 Abs. 1 i.V.m. 6 Abs. 4 GG herzuleiten sei, nicht ausreichend Genüge getan.

Folglich sind Freistellungsvereinbarungen in Bezug auf den Kindesunterhalt – und damit der (möglicherweise lediglich teilweise) Verzicht auf Betreuungsunterhalt – nur noch dann möglich, wenn das Einkommen des freistellenden Elternteils ausreicht, um den angemessenen Lebensunter-

---

79 BVerfG FamRZ 2001, S. 985 ff. = NJW 2001, S. 2248 ff.

halt für das Kind (inklusive eventueller Betreuungskosten) sicherzustellen und dadurch dieser Elternteil nicht erheblich im eigenen Unterhalt eingeschränkt wird.

2. Rechtsprechung des BGH zur Inhaltskontrolle von Eheverträgen

Demgegenüber verfolgte der BGH in Bezug auf Inhaltskontrollen von Eheverträgen lange Zeit eine Rechtsprechung der „vollen Vertragsfreiheit“ und der „negativen Eheschließungsfreiheit“.

a) Rechtsprechung des BGH vor 2001

Bis zum Jahre 2001 herrschte in der instanzgerichtlichen Rechtsprechung und in der weit überwiegenden Literatur Einigkeit darüber, dass in Bezug auf vermögensrechtliche Vereinbarungen für den Fall der Scheidung grundsätzlich volle Vertragsfreiheit bestehe.[80] Eine Inhaltskontrolle fand nur bei Vereinbarungen im Rahmen des § 1587o BGB statt.[81] Der BGH bekräftigte stets die umfassende Dispositivität des Scheidungsfolgenrechts, die ein Freizeichnen von allen gesetzlichen Scheidungsfolgen ermögliche; eine Übertragung der Argumentation des BVerfG zugunsten einer Inhaltskontrolle aus dessen Bürgschaftsentscheidung[82] auf die strukturell vergleichbaren Fälle im Ehevertrags- bzw. Scheidungsfolgenrecht erfolgte bis zum Jahre 2001 nicht. Unerfahrenheit und Gesetzesunkenntnis konnten – so die Rechtfertigung – durch die notarielle Belehrung nach § 17 BeurkG ausgeschlossen werden.[83]

---

80 Std. Rspr. siehe insb. BGH FamRZ 1997, S. 800; 1996, S. 1536; 1995, S. 291; 1994, S. 1167, 580, 96; 1992, S. 1403; 1991, S. 306; zahlreiche Nachweise bei *Dauner-Lieb*, AcP 201 (2001) S. 295, 296.

81 Vgl. BGH NJW 1997, S. 192, 193; BGH FamRZ 1996, S. 1536; BGH FamRZ 1991, S. 306; dazu *Gerber*, FS 50 Jahre BGH, Fn. 1, S. 49, 51 f.

82 BVerfG NJW 1994, S. 36 ff. („gestörte Vertragsparität“).

83 BGH FamRZ 1996, S. 1536 ff.

Unter Berufung auf die negative Eheschließungsfreiheit wurden Eheverträge zudem nur sehr restriktiv für sittenwidrig erklärt, § 138 BGB fand lediglich Anwendung, wenn sich die vertraglichen Regelungen zu Lasten des Sozialträgers auszuwirken drohten[84] und damit negative Effekte auf vertragsfremde Dritte hatten. Lediglich die Berufung auf den Verzicht des Betreuungsunterhalts wurde nach Treu und Glauben gemäß § 242 BGB i.S.d. Kindeswohles als rechtsmissbräuchlich verwehrt. Auch hier ging es um die Verhinderung einer belastenden Drittwirkung.[85]

Insbesondere war der Ausschluss von Betreuungsunterhalt äußerst umstritten. Während der BGH[86] bis zum Jahre 2001 den Verzicht auf Betreuungsunterhalt gemäß § 1570 BGB mit dem Argument der Vertragsfreiheit grundsätzlich für zulässig erklärte und den von Art. 6 GG geschützte Kernbereich der Ehe durch Parteivereinbarungen als nicht verletzt ansah, stieß diese Rechtsprechung in der Literatur teils auf Kritik.

Der BGH sprach sich für eine Einzelfallabwägung aus, wonach, orientiert an den individuellen Verhältnissen der Parteien, die Frage zu stellen sei, ob der Verzicht den Betreuungsanspruch geltend zu machen, sittenwidrig oder die Berufung auf den Verzicht rechtsmissbräuchlich ist. Demgegenüber hielten ablehnende Stimmen in der Literatur[87] unter anderen solche Parteivereinbarungen für sittenwidrig, die sie sich zu Lasten eines Kindes auswirken. Dies wurde mit der besonderen Bedeutung des Kindesunterhalts begründet, die Regelungen der §§ 1570, 1577 Abs. 4 S. 2; 1578 Abs. 1 S. 2 und 3, 1579 Nr. 1; 1582 Abs. 1 S. 2,

---

84 BGH FamRZ 1992, S. 1403; BGH FamRZ 1983, S. 137; *Gageik*, RNotZ 2004, S. 295, 301; *Dauner-Lieb*, AcP 2001, S. 296, 302.

85 BGH FamRZ 1995, S. 291; BGH FamRZ 1992, S. 1403; *Dauner-Lieb*, AcP 201 (2001), S. 296, 303.

86 BGH FamRZ 1991, S. 306; BGH FamRZ 1987, S. 46, 47; BGH FamRZ 1985, S. 788, 789.

87 Pro: *MüKo/Maurer*, § 1585c Rn. 37; *Soergel/Häberle*, § 1585c Rn. 16; *Richter*, JR 1989, S. 18; contra: *Schwab*, DNotZ Sonderheft 2001, S. 9, 30; *Röthel*, NJW 2001, S. 1334, 1335.

1586a Abs. 1 S. 1 BGB bringe dies zum Ausdruck. Teilweise wurde auch von einem unzulässigen „Vertrag zu Lasten des Kindes" gesprochen.[88]

Eine Berufung auf den Verzicht verstoße daneben auch dann gegen Treu und Glauben, wenn sich die familiäre Situation zeitlich nach der Verzichtsvereinbarung verändert habe. Jedoch auch wenn der Unterhaltsberechtigte wegen des Verzichts auf Sozialhilfe oder die Unterstützung von Verwandten angewiesen wäre, würde Sittenwidrigkeit vorliegen. In jedem Fall habe allerdings eine situative Einzelfallabwägung stattzufinden.

b) Aktuelle Rechtsprechung

Mit seinem Urteil vom 11. Februar 2004[89] änderte der BGH seine Rechtsprechung im Hinblick auf die oben dargestellte BVerfG-Entscheidung aus dem Jahre 2001. Der BGH hielt in seinem Urteil zwar weiterhin an dem Grundsatz der Ehevertragsfreiheit fest und verneint die generelle Unabdingbarkeit des Unterhalts,[90] allerdings wird die grundsätzliche Abdingbarkeit der Teilhabe nunmehr durch eine Inhaltskontrolle beschränkt. Dabei schreibt der BGH den Zivilgerichten nicht die Art der Inhaltskontrolle vor, es soll vielmehr eine „Gesamtschau des individuellen Falles" stattfinden.[91] Einzig der Schutzzweck der gesetzlichen Regelungen dürfe nicht beliebig unterlaufen werden, was jedoch bei einer evidenten einseitigen Lastenverteilung der Fall sei, die nach einer Würdigung der jeweiligen Umstände dem Ehepartner nicht zuzumuten ist. Eine völlige „Entsolidarisierung"[92] durch Ehevertrag dürfe nicht stattfinden.

---

88 *Goebel*, FamRZ 2003, S. 1513, 1518.

89 BGH FamRZ 2004, S. 601 ff.

90 Die Privatautonomie ist grundsätzlich durch Art. 2 Abs. 1 GG bzw. vorrangig durch die speziellen Grundrechte, wie Artt. 6 Abs. 1, 9 Abs. 3, 12 und 14 GG geschützt; siehe auch BVerfG NJW 1994, S. 36 f.; *Hillgruber*, ZRP 1995, S. 6; *Isensee*, FS *Großfeld* 1999, S. 485, 494 f.

91 *Münch*, DNotZ 2005, S. 819, 820.

92 *Münch*, DNotZ 2005, S. 819, 819.

Im Rahmen der Inhaltskontrolle von Eheverträgen differenziert der BGH zwischen einer *Wirksamkeitskontrolle* und einer *Ausübungskontrolle*. Im Rahmen der *Wirksamkeitskontrolle* wird überprüft, ob der Ehevertrag nach den Umständen seines Zustandekommens sittenwidrig i.S.d. § 138 BGB war, bei der *Ausübungskontrolle* steht im Vordergrund, ob sich ein Ehepartner auf Grund veränderter Umstände nicht mehr auf den Ehevertrag berufen kann, ohne gegen Treu und Glauben nach § 242 BGB zu verstoßen.[93]

Der BGH differenziert nunmehr allerdings im Rahmen seiner „*Kernbereichslehre*" zwischen den jeweiligen disponiblen Scheidungsfolgeansprüchen, er nimmt eine Abstufung zwischen den am wenigsten disponiblen zu den eher verzichtbaren vor.[94] Der Betreuungsunterhalt gehört bei dieser Bewertung mit Blick auf das Kindesinteresse in den absoluten Kernbereich indisponibler Scheidungsfolgen.[95] Im Einzelfall kann solch eine Disposition jedoch auch rechtmäßig sein, jeweils abhängig vom in-

---

93 *Münch*, DNotZ 2005, S. 819, 821.

94 BGH FamRZ 2004, S. 601, 605; *Gageik*, RNotZ 2004, S. 295, 301; *Münch*, ZNotP 2004, 122; *Rauscher*, DNotZ 2004, 524; *Wachter*, ZFE 2004, 132, 143; *Borth*, FamRZ 2004, 609; *Gageik*, RNotZ 2004, 295, 318; *Grziwotz*, FamRB 2004, 105; *Börger*, ZAP Fach 11 R, 429–432; *Staudinger/Rehme*, § 1408 Rn 75: grds auch *Müko/Kanzleiter*, § 1408 Rn 27, 34 ff; distanzierter *Rakete-Dombek* NJW 2004, 1273; *Osterloh* jurisPR-BGH-ZivilR 12/2004; *Strohal*, jurisPR-FamR 3/2004; *Langenfeld* ZEV 2004, 311, 313; *Kornexl* FamRZ 2004, 1609, 1610; kritischer *Koch* NotBZ 2004, 147; *Grziwotz* FamRB 2004, 199, 239 mit Bsp. *Brandt* MittBayNot 2004, 278, 281 f; *Mayer*, FPR 2004, 361; *Bredthauer*, NJW 2004, 3072, 3076; *Breil*, Streit 2004, 80, 81; *Sanders*, FF 2004, 249, 250; *Sarres* FF 2004, 251; *Rauscher* FamR Rn 366e ff; *Münch*, DNotZ 2004, 901; *Dauner-Lieb*, JZ 2004, 1027; für nicht weitgehend genug halten das Urteil *Dauner-Lieb*, FF 2004, 65 und *Lüderitz/Dethloff*, § 5 Rn 36 ff; offen *Borth*, FamRZ 2004, 609; *Finger*, LMK 2004, 108.

95 Eine Höchstgrenze des Kindesbetreuungsunterhalts kann jedoch nach mittlerweile h.M. vereinbart werden; siehe *Dorsel*, RNotZ 2004, S. 496, 500, *Langenfeld*, ZEV 2004, S. 311, 314; *Rauscher*, DNotZ 2004, S. 524, 537; OLG Düsseldorf FamRZ 2005, S. 216; contra: *Gageik*, RNotZ 2004, S. 295, 301.

dividuellen Gefälle des Vertrages bzw. der Gesamtschau der ehelichen Verhältnisse.

Im Rahmen der Ausübungskontrolle muss dem BGH zufolge im Zeitpunkt des Scheiterns der Ehe durch den Ausschluss der Scheidungsfolgen eine evident einseitige Lastenverteilung hervorgehen, die es dem begünstigten Ehepartner verwehrt, sich auf diese Regelung berufen zu dürfen, da eine gravierende Störung der Vertragsparität vorliegt. Eine zwingende Halbteilung des Vermögens ist insoweit nicht gefordert, sondern vielmehr ein gerechter Ausgleich ehebedingter Nachteile.

Beispiel: Der in Indien geborene und aus Studienzwecken nach Deutschland gekommene M studiert zusammen mit der deutschen F in München Informatik. Die Beiden lernen sich in der Vorlesung kennen und lieben. Nach erfolgreichem Abschluss des Studiums endet die Aufenthaltsgenehmigung des F. M und F überlegen zu heiraten, damit M Deutschland nicht verlassen muss und keine räumliche Trennung entsteht. F ist jedoch nicht bereit, M ohne Abschluss eines Ehevertrages zu heiraten, in dem dieser umfassend auf seine nachehelichen Rechte verzichtet. Unter dem unmittelbaren Druck der Abschiebung unterschreibt M schließlich den durch F's Anwalt aufgesetzten Ehevertrag. F und M bekommen zwei gemeinsame Kinder; um die sich M kümmert. Nach 10 Jahren Ehe wird diese geschieden.

Aufgrund der drohenden Abschiebung des M nach Indien bestand eine disparitätische Verhandlungsposition hinsichtlich des Ehevertrags. F setzte die drohende Abschiebung des M in den Vertragsverhandlungen dazu ein, dass dieser auf seine gesetzlichen Ansprüche verzichtet.

Dieser Fall ist mit der von der Rechtsprechung entschiedenen Situation vergleichbar, in der die schwangere Ehefrau in den 1970er Jahren zu einem umfassenden Verzicht auf ihre gesetzlichen Ansprüche bewegt wurde. Im Rahmen der vorzunehmenden Einzelfallabwägung könnte man somit – abhängig von dem Umfang des Verzichts und dessen Auswirkungen – zu dem Ergebnis kommen, dass dieser Unwirksam ist.

Daneben werden die Notare verstärkt in die Pflicht genommen: Nunmehr besteht eine notarielle Amtspflicht zu einer *Wirksamkeitskontrolle* von ehevertraglichen Vereinbarungen und der Ablehnung der Beurkundung nach § 4 BeurkG, sollte eine einseitige Benachteiligung nach Ansicht des Notars vorliegen (§ 14 Abs. 2 BNotO durch den beurkundenden Notar).[96]

Nach der neueren Rechtsprechung des BGH wird nunmehr aber auch eine unterlegene Verhandlungsposition des Unterhaltsschuldners bei der Beurteilung des Ehevertrags gewürdigt. Führt diese zu einer evident einseitigen Aufbürdung vertraglicher Unterhaltslasten, welche die individuelle Gestaltung der ehelichen Lebensverhältnisse nicht rechtfertigt und für den Verpflichteten zu einer unzumutbaren Belastung führt, so ist auch ein solcher Ehevertrag sittenwidrig. Dies wird insbesondere relevant, wenn der unterhaltsverpflichtete Ehegatte nicht mehr in der Lage ist, seine eigene Existenz zu sichern und deshalb ergänzender Sozialhilfe bedürfte, um seinen Lebensunterhalt zu sichern. Hier ist allerdings nicht der Halbteilungsgrundsatz der Bewertungsmaßstab. Sieht sich einer der Ehegatten zu besonderer Großzügigkeit veranlasst, so ist dies grundsätzlich Ausdruck seiner Privatautonomie.[97]

Anlässlich dieses höchstrichterlichen Rechtsprechungswandels wurden ehevertragliche Unterhaltsverzichte in den letzten Jahren von den Gerichten nur sehr zurückhaltend anerkannt.[98]

Dies könnte sich jedoch in Zukunft ändern.[99] Durch das Unterhaltsänderungsgesetz hat der Gesetzgeber das Prinzip der Eigenverantwortung der Ehegatten nunmehr gestärkt und damit die vertragliche Gestaltungsfreiheit der Ehegatten erhöht.[100] So ist das Mindestmaß an ehelicher Wirkung auf einen Basisunterhalt und dessen kindsbezogene Verlänge-

---

96 *Brambring*, NJW 2007, S. 865, 869.
97 BGH v. 5.11.2008 – XII ZR 157/06.
98 BGH FamRZ 2007, S. 1310.
99 So *Bergschneider*, der zu bedenken gab, „dass die bisherige strenge Rechtsprechung des BGH zum Unterhaltsausschluss in ehevertraglichen Regelungen nach Inkrafttreten des neuen Unterhaltsrechts voraussichtlich nicht in voller Schärfe aufrechterhalten werden kann", vgl. *Bergschneider*, DNotZ 2008, S. 95, 103; *Viefhues*, ZNotP 2008, S. 17, 21; *Schmitz*, RNotZ 2011, S. 265, 273.
100 *Born*, NJW 2008, S. 1; *Schmitz*, RNotZ 2011, S. 265, 267.

rungsgründe zusammengeschrumpft worden. Die vorsitzende Richterin am Bundesgerichtshof *Dr. Hahne* hielt hierzu fest: „Einen unverzichtbaren Mindestgehalt an Scheidungsfolgen zugunsten des berechtigten Ehegatten kennt das geltende Recht nicht.“[101] Teilweise wird sogar vertreten, dass die Änderung des Unterhaltsrechts insoweit den objektiven Sittenwidrigkeitsmaßstab verändern würde und nunmehr eine weitgehendere Einschränkung der Unterhaltsansprüche möglich sei.[102]

Die Neuerungen des Unterhaltsänderungsgesetzes und des damit verstärkten Abstellens auf Generalklauseln, wie die „Billigkeit“ und „Zumutbarkeit“, haben zudem zur Folge, dass Unterhaltsprozesse für die Parteien überaus unabsehbar geworden sind. Insoweit besteht daher mittlerweile sogar ein gesteigertes Bedürfnis einer klaren ehevertraglichen Regelung zwischen den Ehegatten, um die Unwägbarkeiten eines Unterhaltsprozesses zumindest zu verringern und der individuellen Lebensplanung Rechnung zu tragen.[103]

Allerdings basiert die Rechtsprechung des BGH hinsichtlich der Beurteilung von Eheverträgen auf den allgemeinen Billigkeitserwägungen nach dem Prüfungsmaßstab des § 242 BGB und § 138 BGB und nicht auf den Generalklauseln des Familienrechts. Erstere werden natürlich nicht von der Unterhaltsrechtsreform tangiert.[104] Die Änderung des Unterhaltsrechts führt folglich nicht *per se* dazu, dass sich die Rechtsprechung der Gerichte zu der Bewertung von Eheverträgen nunmehr ändert. Andererseits sollte die Intention des Gesetzgebers, den Unterhaltsanspruch

---

101 *Hahne*, Scheidung, Trennung – Scheidungs- und Trennungsvereinbarungen, Symposium des Instituts für Notarrecht an der Universität Würzburg, S. 9.

102 *Schmitz*, RNotZ 2011, S. 265, 274.

103 *Limmer/Schwab*, Scheidung, Trennung – Scheidungs- und Trennungsvereinbarungen, Symposium des Instituts für Notarrecht an der Universität Würzburg, S. 68, 70; *Schmitz*, RNotZ 2011, S. 265, 273.

104 *Limmer/Schwab*, Scheidung, Trennung – Scheidungs- und Trennungsvereinbarungen, Symposium des Instituts für Notarrecht an der Universität Würzburg, S. 68, 70: Durch die Unterhaltsreform ist das BGB verändert worden, nicht aber das Grundgesetz der Bundesrepublik Deutschland.

geschiedener Ehegatten zurückzubilden, im Rahmen der Einzelfallbewertung Berücksichtigung finden. Dies ist jedoch im Rahmen einer Einzelfallentscheidung schwer umzusetzen. Die freie Vereinbarkeit von ehevertraglichen Regelungen wird daher wohl weiterhin lediglich von den allgemeinen Schranken vertraglicher Vereinbarungen begrenzt sein.

3. Rechtsfolgenseite: Gesamt- oder Teilnichtigkeit des Ehevertrags

Im Anschluss an die Grundsatzentscheidungen des BVerfG aus dem Jahr 2001 und des BGH aus dem Jahr 2004 wurden die möglichen Rechtsfolgen einer richterlichen Inhaltskontrolle diskutiert. Die Meinungen in der Literatur sprechen sich teils für eine vollständige, teils für eine partielle Nichtigkeit des rechtswidrigen Ehevertrags aus.[105]

Der BGH[106] folgte der Auffassung, welche nach Prüfung der Einzelklauseln eine Teilnichtigkeit oder geltungserhaltende Reduktion von Eheverträgen mit Blick auf § 139 BGB ausschließt.[107] Auch standardmäßig verwendete salvatorische Klauseln entbinden nicht von der nach § 139 BGB vorzunehmenden Prüfung, wie die Parteien gehandelt hätten, wenn sie gewusst hätten, dass eine Regelung des Vertrages nichtig ist. Der BGH stellte insoweit ein Regel-Ausnahme-Verhältnis auf, welches eine Gesamtnichtigkeit im Einzelfall bei unbilligen Ergebnissen zulässt, und zwar dann, wenn die Gesamtnichtigkeit des Vertrages dem Ehegatten

---

105 Pro Teilnichtigkeit: *Rauscher*, DNotZ 2004, S. 524, 542; *Kornexl*, FamRZ 2004, S. 1609, 1610; *Gageik*, FPR 2005, S. 122, 124; *Borth*, FamRB 2005, S. 177, 181; *ders.*, FamRZ 2004, S. 611; *Löhnig*, JA 2005, S. 344; pro Gesamtnichtigkeit: *Langenfeld*, ZEV 2004, S. 311, 314; *Münch*, ZNotP 2004, S. 122, 127; *Bergschneider*, FamRZ 2004, S. 1757; *Gageik*, FPR 2005, S. 122, 124; *Dauner-Lieb*, FF 2004, S. 65, 68 (interpretiert den BGH dahingehend, dass eine Teilnichtigkeit möglich ist, spricht sich jedoch selbst für eine Gesamtnichtigkeit aus).

106 BGH FamRZ 2005, S. 2386, 2388 und BGH FamRZ S. 2006, 1097 = NJW 2006, S. 2331; *Münch*, DNotZ 2005, S. 819; 822.

107 Contra: geltungserhaltende Reduktion: BGH NJW 2006, S. 2331 = FamRZ 2006, S. 1097.

zugute kommt, gegen dessen Interesse der sittenwidrige Vertrag durchzusetzen wäre.[108]

Allerdings hat die Reform des Unterhaltsrechts zu einer Relativierung der Unterhaltsansprüche durch die allgemeine Befristungs- und Beschränkungsmöglichkeiten und die Verschärfung der Erwerbsobliegenheit bzw. insoweit zu einer Reduktion der Unterhaltsobliegenheit geführt. Hierdurch wurde der Rahmen für ehevertragliche Vereinbarungen erweitert. Modifikationsmöglichkeiten, die einem Gericht bei der Unterhaltsentscheidung zustehen, müssen die Ehegatten auch ehevertraglich regeln dürfen. Das geänderte Unterhaltsniveau ist in Zukunft Maßstab für die Ausübungskontrolle der Gerichte hinsichtlich der Sittenwidrigkeit. Diese wird künftig nur noch in besonders disparitätischen Fällen angenommen werden können. In den seltensten Fällen wird bereits zum Zeitpunkt des Ehevertragsschlusses feststellbar sein, ob eine einseitige Aufbürdung vertraglicher Lasten gegeben ist. Dies liegt an der Zukunftsoffenheit der meisten Unterhaltstatbestände, beispielsweise dem Zuspruch von Unterhalt aus Billigkeitserwägungen nach § 1570 Abs. 2 BGB.

C. Insolvenzrechtliche Grundlagen

Um die Wechselwirkungen von familienrechtlichen Verträgen und insolvenzrechtlichen Regelungen untersuchen zu können, werden nachfolgend die Regelungen der am 1. Januar 1999 in der Bundesrepublik Deutschland in Kraft getretenen Insolvenzordnung[109] (folgend InsO) insofern dargestellt, als sie für diese weitere Untersuchung von Relevanz sind.

---

108 *Brambring*, NJW 2007, S. 865, 866.

109 Vom 05.10.1994, BGBl. I, S. 2866, zuletzt geändert durch das Gesetz zur Umsetzung der Richtlinie 2002/47/EG vom 06.06.2002 über Finanzsicherheiten und zur Änderung des Hypothekenbankgesetzes und anderer Gesetze. Die InsO löste die Konkursordnung aus dem Jahr 1877 ab.

I. Abgrenzung Insolvenzverfahren und Einzelzwangsvollstreckung nach der Zivilprozessordnung

Befriedigt ein Schuldner seinen Gläubiger nicht ausreichend, so steht diesem grundsätzlich der Weg der Zwangsvollstreckung in das Vermögen des Schuldners offen.[110] Die in der Zivilprozessordnung (folgend ZPO) geregelte Einzelzwangsvollstreckung dient, im Gegensatz zum Insolvenzverfahren, der Befriedigung nur eines Gläubigers, es besteht in der ZPO sogar das Verbot des Mehrparteienverfahrens.[111]

Das Insolvenzverfahren ist hingegen vermögensorientiert und hat die bestmögliche[112] gleichmäßige Befriedigung aller persönlichen Gläubiger durch Verwertung des Vermögens des Insolvenzschuldners zum Ziel, es kommt zu einer sog. „Gesamtvollstreckung". Bei Unzulänglichkeit des Schuldnervermögens wird zur Befriedigung aller Gläubiger das Prioritätsprinzip der Einzelzwangsvollstreckung der ZPO (insb. § 804 Abs. 3 ZPO) durch das Prinzip der gleichmäßigen, quotalen Befriedigung aller Gläubiger ersetzt. Dies geschieht unabhängig davon, ob die jeweilige Forderung bereits tituliert ist oder wann sie entstanden ist.

Im Gegensatz zum Insolvenzverfahren beruht die Einzelzwangsvollstreckung auf der Initiative des jeweiligen Gläubigers, während das Insolvenzverfahren auch durch den Schuldner selbst eingeleitet werden kann.

Im Rahmen der materiell-rechtlichen Haftungsordnung genießt keine besondere Ausgestaltung der Haftungsverwirklichung Vorrang. Vielmehr sind Liquidation des Vermögens und Verteilung des Erlöses, übertragen-

---

110 In Deutschland ist das Insolvenzrecht traditionell mit dem Vollstreckungs- und damit Prozessrecht verbunden.

111 *FS Wach*, Das Zweiparteiensystem in Prozess und Vollstreckung, (1913), S. 3.

112 Die bestmögliche Befriedigung wird ausdrücklich in den Materialien zur InsO erwähnt, obwohl sie nicht im Gesetzestext explizit genannt wird, vgl. RegE zur InsO, Begr. zu § 1, in: *Uhlenbruck*, Das neue Insolvenzrecht, S. 296.

de Sanierung und die Sanierung des schuldnerischen Unternehmens im Regelinsolvenzverfahren gleichrangig, wobei Mischformen freilich möglich sind. Allerdings besteht zwischen dem Insolvenzverfahren und der Einzelzwangsvollstreckung ein Ausschließlichkeitsverhältnis. Gemäß § 89 InsO sind Einzelzwangsvollstreckungsmaßnahmen nach der Eröffnung des Insolvenzverfahrens für Insolvenzgläubiger weder in das freie Vermögen des Insolvenzschuldners noch in die Insolvenzmasse nach § 35 InsO möglich. Die durch eine Einzelzwangsvollstreckung erlangte Deckung ist gemäß § 141 InsO inkongruent, Einzelzwangsvollstreckungsmaßnahmen können gemäß § 131 Abs. 1 InsO vom Insolvenzverwalter angefochten werden.

Gemäß § 88 InsO sind durch Zwangsvollstreckung erlangte Sicherungen unwirksam, wenn sie während der Krise, d.h. im letzten Monat vor dem Eröffnungsantrag des Insolvenzverfahrens begründet wurden. Dadurch soll der Sonderzugriff auf das Schuldnervermögen und damit die Bevorzugung einzelner Gläubiger verhindert werden.[113] Lediglich Rechte, die vor Eröffnung des Insolvenzverfahrens bzw. der Krise im Wege der Einzelzwangsvollstreckung erworben wurden, bleiben gemäß § 80 Abs. 2 S. 2 InsO unberührt.

II. Abgrenzung der Regelinsolvenz zur Verbraucherinsolvenz

Die Insolvenzordnung eröffnet zusätzlich zum Regelinsolvenzverfahren auch die Möglichkeiten eines Insolvenzplanverfahrens oder einer Verbraucherinsolvenz. Ob das Regel- oder das Verbraucherinsolvenzverfahren Anwendung findet, bestimmt sich dabei anhand der im Folgenden kurz dargestellten Abgrenzungskriterien.

Für die Eröffnung des Verbraucherinsolvenzverfahrens muss der Insolvenzschuldner Verbraucher im Sinne der InsO sein. „Verbraucher“ sind

113 *MüKo-InsO/Breuer*, § 88 Rn. 2.

solche natürliche Personen, welche keine selbständige wirtschaftliche Tätigkeit ausüben bzw. ausgeübt haben.[114] Das Verbraucherinsolvenzverfahren gemäß § 304 Abs. 1 S. 2 InsO ist jedoch auch bei solchen selbständigen Schuldnern anwendbar, deren Vermögensverhältnisse bzw. Gläubigeranzahl überschaubar sind und bei denen keine Verbindlichkeiten gegenüber Arbeitnehmern, dem Sozialversicherungsträger oder dem Finanzamt bestehen.[115] Die allgemeinen Vorschriften der Insolvenzordnung kommen nur zur Anwendung, wenn die §§ 305 ff. InsO, die das Verbraucherinsolvenzverfahren regeln, nichts anderes bestimmen (§ 304 Abs. 1 InsO).

Das Verbraucherinsolvenzverfahren stellt dabei ein zwingendes Sonderinsolvenzverfahren dar;[116] es soll ein einfacheres und vor allem kostengünstigeres Verfahren ohne umfangreiche Insolvenzverwaltung ermöglichen.[117]

Das Insolvenzverfahren kann – wie bereits festgestellt – sowohl durch einen Gläubiger als auch durch den Schuldner selbst beantragt werden. Bei Antragstellung durch den Schuldner selbst gliedert sich das Verbraucherinsolvenzverfahren in drei Stufen.[118] Zunächst muss der Schuldner gemäß § 305 Abs. 1 Nr. 1 InsO versuchen, sich mit seinen Gläubigern im Rahmen eines außergerichtlichen Schuldenbereinigungsplans zu einigen, bevor es zu dem gerichtlichen Schuldenbereinigungsplan kommt. Wäh-

---

114 *MüKo-InsO/Ott/Vuia*, § 304 Rn. 44, *Kübler/Prütting/Wenzel*, InsO, § 304 Rn. 10; Nerlich/Römermann/Römermann, § 304 Rn. 19.

115 *Nerlich/von Vietinghoff*, Münchener Anwaltshandbuch Sanierung und Insolvenz, § 22 Rn. 6; Streitig ist, ob unter „Forderungen aus Arbeitsverhältnissen“ auch Sozialversicherungsforderungen und Steuerforderungen fallen: h.M., *Kübler/Prütting/Wenzel*, InsO, § 304 Rn. 16; *Pape*, ZIP 2002, S. 225; a.A. *Kohte*, ZinsO 2002, S. 53.

116 *Häsemeyer*, InsO, Kapitel 29, Rn. 07.

117 *Häsemeyer*, InsO, Kapitel 29, Rn. 03.

118 Beantragt der Gläubiger die Eröffnung des Verfahrens und macht der Schuldner von seiner Antragsbefugnis keinen Gebrauch (§ 306 Abs. 3 InsO), werden außergerichtliches und gerichtliches Schuldenbereinigungsverfahren übersprungen und nur das vereinfachte Insolvenzverfahren gemäß § 311 InsO durchgeführt.

rend des außergerichtlichen Einigungsversuchs, der sämtliche Gläubiger einzuschließen hat, sind Einzelzwangsvollstreckungsmaßnahmen weiterhin zulässig. Die außergerichtliche Schuldenbereinigung gilt gemäß § 305a InsO als gescheitert, wenn ein Gläubiger die Zwangsvollstreckung betreibt, nachdem die Verhandlungen über die außergerichtliche Schuldenbereinigung aufgenommen worden sind.

Scheitert der Versuch der außergerichtlichen Einigung, kann der Schuldner innerhalb von sechs Monaten nach Scheitern der Verhandlungen die Einleitung des gerichtlichen Schuldenbereinigungsverfahrens gemäß §§ 305 Abs. 1, 307 bis 310 InsO beantragen. Das Verfahren über den Antrag auf Eröffnung des Insolvenzverfahrens ruht gemäß § 306 Abs. 1 S. 1 InsO bis zur Entscheidung über den Schuldenbereinigungsplan. Während dieser Zeit kann das Gericht gemäß § 306 Abs. 2 S. 1 i.V.m. § 21 InsO Sicherungsmaßnahmen treffen.[119] Die Annahme des Schuldenbereinigungsplans erfolgt nach § 308 Abs. 1 InsO durch Zustimmung aller Gläubiger bzw. Ersetzung der Zustimmung nach § 309 InsO.

Die Annahme des Schuldenbereinigungsplans hat die Wirkung eines Prozessvergleichs und stellt einen Titel dar, aus welchem gemäß § 308 Abs. 1 S. 2 InsO i.V.m. § 794 Abs. 1 Nr. 1 ZPO vollstreckt werden kann. Kommt es nicht zur Erfüllung, so bleibt es bei der im Plan festgestellten Forderung, die ursprüngliche Forderung lebt nicht wieder auf.

In der Praxis wird der Weg über den gerichtlichen Schuldenbereinigungsplan aus Kostengründen aufgrund der Verlängerung des Verfahrens häufig nicht gewählt und das Insolvenzverfahren unmittelbar eröffnet.[120] Im Fall des Scheiterns des gerichtlichen Schuldenbereinigungsplans wird das Eröffnungsverfahren nach § 311 InsO von Amts wegen wieder aufge-

---

119 Z.B. Erlass eines allgemeinen Verfügungsverbots gemäß § 21 Abs. 2, Nr. 2 InsO oder eine einstweilige Einstellung der Zwangsvollstreckung gemäß § 21 Abs. 2 Nr. 3 InsO.

120 *von Vietinghoff*, Münchener Anwaltshandbuch Sanierung und Insolvenz, § 22 Rn. 37.

nommen und als vereinfachtes Insolvenzverfahren nach §§ 312 bis 314 InsO fortgeführt.

Alle juristischen Personen und alle Personen, die nicht unter das Verbraucherinsolvenzverfahren fallen, unterliegen dem Regelinsolvenzverfahren. Das Gericht eröffnet ein Regelinsolvenzverfahren, wenn ihm keine Tatsachen bekannt sind, aus denen sich ergibt, dass ein Schuldner trotz früherer unternehmerischer Tätigkeit ausnahmsweise dem Verbraucherinsolvenzverfahren zuzuordnen ist.[121]

Am 1. März 2002 trat zudem durch Verordnung[122] das Restschuldbefreiungsverfahren in Kraft, welches die Möglichkeit einer Restschuldbefreiung auch bei einem Verbraucher eröffnete.

III. Eröffnung und Wirkung des Insolvenzverfahrens

1. Gang des Verfahrens

Dem eigentlichen Insolvenzverfahren ist das Insolvenzeröffnungsverfahren vorgeschaltet; der Eröffnungsantrag setzt das Eröffnungsverfahren in Gang. Antragsberechtigt sind die Gläubiger und der Schuldner. Bis das Insolvenzverfahren eröffnet ist bzw. der Antrag auf Eröffnung eines Insolvenzverfahrens rechtskräftig abgewiesen wurde, kann der Insolvenzantrag zurückgenommen werden. Stellt ein Gläubiger den Insolvenzantrag, so muss er seine Forderung und den Eröffnungsgrund glaubhaft machen. Das Insolvenzgericht prüft, ob die Zulässigkeitsvoraussetzungen des Insolvenzverfahrens vorliegen, ob ein Insolvenzgrund gegeben ist und ob genügend Masse vorhanden ist, um die Verfahrenskosten zu decken.

---

121 *Grote*, NJW 2001, S. 3665.

122 Verordnung zur Einführung von Vordrucken für das Verbraucherinsolvenzverfahren und das Restschuldbefreiungsverfahren vom 17.02.2002, in Kraft getreten am 01.03.2002, zur Restschuldbefreiung siehe unten Teil 2, III, 2c.

Im Rahmen des Verbraucherinsolvenzverfahrens sind die Zahlungsunfähigkeit gemäß § 17 InsO bzw. die drohende Zahlungsunfähigkeit gemäß § 18 InsO Eröffnungsgründe. Im Regelinsolvenzverfahren besteht bei juristischen Personen zusätzlich der Eröffnungsgrund der Überschuldung gemäß § 19 InsO.[123]

Zur Sicherung des Schuldnervermögens kann das Insolvenzgericht im Gläubigerinteresse Sicherungsmaßnahmen anordnen. Es erfolgt die vorläufige Bestellung eines Insolvenzverwalters und es können Veräußerungsverbote gemäß § 21 ff. InsO erlassen werden.

Liegen die Voraussetzungen für eine Verfahrenseröffnung vor, wird mit Eröffnungsbeschluss das Insolvenzverfahren eingeleitet und der Insolvenzverwalter bestellt. Daneben wird beim Eröffnungsbeschluss gemäß § 29 Nr. 1 InsO ein Gläubigerversammlungstermin festgelegt, da die Gläubiger gemäß § 158 InsO über den Fortgang des Verfahrens entscheiden und Herr des Verfahrens sind.[124] Die Gläubiger müssen gemäß § 174 InsO ihre Forderungen zur Eintragung in die Tabelle beim Insolvenzverwalter anmelden, die durch den Insolvenzverwalter gemäß § 176 InsO geprüft werden. Gemäß § 178 InsO gilt eine Forderung als festgestellt und ist tituliert, wenn ihr weder durch den Insolvenzverwalter, noch durch einen der anderen Gläubiger widersprochen wird.

Das Insolvenzverfahren wird gemäß §§ 187 ff., 200 InsO nach der anteiligen Verteilung des Erlöses unter den Gläubigern aufgehoben. Nach Aufhebung des Verfahrens erhält der Schuldner das Verwaltungs- und das Verfügungsrecht über die Masse zurück. Unbefriedigte Insolvenzforderungen bleiben bestehen. Außer im Fall der Restschuldbefreiung nach §§ 201 Abs. 3, 286 InsO kann der ehemalige Insolvenzgläubiger seine Forderungen nach der Durchführung des Insolvenzverfahrens immer noch

---

123 *von Vietinghoff*, Münchener Anwaltshandbuch Sanierung und Insolvenz, § 22 Rn. 8.

124 *Jauernig/Berger*, Zwangsvollstreckungs- und Insolvenzrecht, § 53 Rn. 4, S. 204.

geltend machen. Dies ist mangels Vermögen des ehemaligen Insolvenzschuldners jedoch meist bedeutungslos.[125]

2. *Ziele des Insolvenzverfahrens*

a) Gläubigerbefriedigung und Sanierung

Das vordringliche Ziel des Insolvenzverfahrens ist gemäß § 1 S. 1 InsO die gemeinschaftliche, bestmögliche und gleichmäßige Gläubigerbefriedigung, anteilig im jeweiligen Verhältnis ihrer Insolvenzforderungen gegenüber dem haftenden Vermögen des Schuldners.[126]

Neben die Gläubigerbefriedigung tritt im Insolvenzplanverfahren der mögliche Erhalt des schuldnerischen Rechtsträgers. Dieser Gedanke hat seinen Ursprung in dem Sanierungsgedanken des § 1 S. 2 InsO.[127] Durch eine Sanierung soll es dem Unternehmen ermöglicht werden, mittel- bis langfristig seine bestehenden Verbindlichkeiten gegenüber den Gläubigern zurückzuführen.

b) Restschuldbefreiung

Neben diesen Insolvenzzielen besteht seit Anfang des Jahres 2002 – seit dem Inkrafttreten des Gesetzes zur Reform des Zivilprozesses[128] – für den redlichen Schuldner die Möglichkeit der Restschuldbefreiung.[129] Die Restschuldbefreiung des Schuldners gehört nunmehr auch zu den gesetz-

---

125 *Jauernig/Berger*, Zwangsvollstreckungs- und Insolvenzrecht, § 58 Rn. 1, 2, S. 221.

126 *Häsemeyer*, InsO Rn. 2.17 ff.; *Jaeger/Henckel*, InsO § 38 Rn. 3.

127 *Kirchhof*, FS Gerhardt, S. 443, 443.

128 Gesetz zur Reform des Zivilprozesses vom 27.07.2001, BGBl. I 2001, S. 1881, 1887, in Kraft seit dem 01.01.2002.

129 *Kirchhof*, FS *Gerhardt*, S. 443, 443; zur Verfassungsmäßigkeit der Restschuldbefreiung: *Sesemann*, NZI 2002, S. 655 ff.

lichen Zielen des Insolvenzverfahrens.[130] Dies war im Vergleich zur Konkursordnung eine Neuerung zugunsten natürlicher Personen, da zuvor lediglich das Recht der unbeschränkten Nachforderung gemäß § 164 KO bestand, was zu einer lebenslangen Haftung des Schuldners führte.[131]

Eine Restschuldbefreiung zu Gunsten eines redlichen Insolvenzschuldners bedeutet, dass noch offene Forderungen nach dem Insolvenzverfahren und einer sechs jährigen „Wohlverhaltensphase" gemäß § 301 Abs. 3 InsO nicht mehr zwangsweise durchgesetzt werden können.[132] Das Restschuldbefreiungsverfahren ist kein selbständiges Verfahren, vielmehr geht ihm notwendiger Weise ein eröffnetes und nicht mangels Masse eingestelltes Insolvenzverfahren voraus. Dies soll der Schuldner unter dem Eindruck, zumindest einen Teil der Verbindlichkeiten los zu werden, dazu motivieren, frühzeitig einen Insolvenzantrag zu stellen.[133] Zudem sollte dem Massenphänomen der Überschuldung natürlicher Personen entgegen gesteuert werden (Überschuldung bei 8% aller Haushalte),[134] da deren negative Folgen naturgemäß alle Mitglieder der überschuldeten Haushalte treffen. Nach der Überschuldungsstatistik führen allerdings auch in 13,1% aller Fälle kritische Lebensereignisse wie Trennung und Scheidung wiederum erst in die Überschuldung.[135]

Die Rechtsstellung der Schuldner wurde durch die Einführung der Restschuldbefreiung erheblich verbessert, da eine unbegrenzte Nachfor-

---

130 *Mohrbutter/Ringstmeier/Pape*, Handbuch der Insolvenzverwaltung, § 17 Rn. 1.

131 *MüKo-InsO/Stephan*, § 286 Rn. 2.

132 *MüKo-InsO/Stephan*, § 286 Rn. 5.

133 *Jauernig/Berger*, Zwangsvollstreckungs- und Insolvenzrecht, § 66 Rn. 4, 5, S. 240.

134 Danach betrug die Quote in den alten Bundesländern rund 7,2 Prozent, in den neuen rund 11,3 Prozent. *Holzscheck/Hörmann/Daviter*, Die Praxis des Konsumkredits in der Bundesrepublik Deutschland, 1982, hrsg. Bundesministerium der Justiz; *dies.*, ZIP 1982, S. 1172 ff., *Korczak/Pfefferkorn*, Studie der GP-Forschungsgruppe zur Überschuldungssituation und Schuldnerberatung in der Bundesrepublik Deutschland, 1990.

135 *MüKo-InsO/Stephan*, § 286 Rn. 6.

derungsmöglichkeit nach Abschluss des Insolvenzverfahrens den Schuldner nicht mehr belasten kann. Nunmehr hat der Schuldner die Möglichkeit eines wirtschaftlichen Neuanfangs.[136] Dieser Neuanfang wird allerdings von den Insolvenzgläubigern bezahlt, da diese ihre Forderungen unter Umständen gänzlich einbüßen.[137] Verfassungsrechtliche Bedenken, dass diese Regelung gegen Art. 14 GG verstoßen könnte, sind jedoch mit Blick auf den reellen wirtschaftlichen Wert des Nachforderungsrechts auszuräumen.[138]

3. Rechtsstellung des Schuldners

Die Rechtsstellung des Schuldners wird im Insolvenzverfahren insoweit geschwächt, als gemäß § 80 Abs. 1 InsO die Verwaltungs- und Verfügungsbefugnis des Schuldners über dessen Vermögen auf den Insolvenzverwalter übergeht.[139] Die (grundbuchrechtliche) Eigentümerposition des Schuldners wird allerdings nicht berührt.[140] Der Schuldner bleibt zudem grundsätzlich Inhaber der Massegegenstände, damit verbundenen Rechte haben Bestand.[141]

Die Verwaltungs- und Verfügungsbefugnis des Insolvenzverwalters erstreckt sich auf das gesamte, zur Insolvenzmasse gehörende Vermögen des Schuldners. Nach § 35 InsO umfasst das „gesamte Vermögen“ des Schuldners dasjenige Vermögen, das zum Zeitpunkt der Eröffnung des Insolvenzverfahrens besteht bzw. das Vermögen, welches der Schuldner im Laufe des Insolvenzverfahrens erlangt.

---

136 *MüKo-InsO/Stephan*, § 286 Rn. 7.

137 *Jauernig/Berger*, Zwangsvollstreckungs- und Insolvenzrecht, § 66 Rn. 1, S. 239, 240.

138 Vergleichbar sind zudem die Vollstreckungsschutzvorschriften im Vollstreckungsrecht, vgl. *MüKo-InsO/Stephan*, § 286 Rn. 13. Zudem könnte Art. 14 GG die Artt. 1 und 2 Abs. 1 GG ein Recht auf einen Neuanfang garantieren, *MüKo-InsO/Stürner*, Einl. Rn. 93.

139 *Hess*, InsO § 80 Rn. 3, 4.

140 *Kübler/Prütting/Lüke*, InsO, § 80 Rn. 5.

141 *Hess*, InsO § 80 Rn. 7.

Trotz Verlusts der Verwaltungs- bzw. Verfügungsbefugnis über sein Eigentum bleibt der Schuldner rechtsfähig, parteifähig und prozessfähig, lediglich die Prozessführungsbefugnis geht auf den Insolvenzverwalter über.[142] Bereits anhängige Verfahren werden von Amts wegen gemäß § 240 ZPO unterbrochen.

Verfügt der Schuldner entgegen dem Verfügungsverbot des § 81 InsO, so ist die Verfügung absolut unwirksam, nicht nichtig. Der Insolvenzverwalter kann sie jedoch analog § 185 Abs. 2 BGB mit *ex tunc*-Wirkung genehmigen.[143]

Vollmachten des Schuldners erlöschen mit Insolvenzeröffnung, können jedoch vom Insolvenzverwalter wieder erteilt werden. Nimmt der Insolvenzverwalter Rechtshandlungen vor, die über das Insolvenzverfahren hinaus Wirksamkeit entfalten, ist der Schuldner an diese gebunden.

Daneben besteht noch ein überschaubarer Bereich des insolvenzfreien Vermögens, bei dem auch während des Insolvenzverfahrens das Vollrecht beim Schuldner verbleibt. Zu diesem insolvenzfreien Vermögen zählen vor allem familienrechtliche Ansprüche, aber auch höchstpersönliche und unübertragbare Rechtspositionen (z.B. die Zugehörigkeit zu Religionsgemeinschaften oder Vereinsmitgliedschaften).[144] Besteht über die insolvenzrechtliche Qualifikation einer Vermögensposition Streit, unterliegt die Entscheidung der ordentlichen Gerichtsbarkeit.[145]

Sofern das Gericht dem Schuldner erlaubt, sein Vermögen unter Aufsicht eines Sachwalters selbst zu verwalten, d.h. Eigenverwaltung gemäß §§ 270 ff. InsO anordnet, ist § 80 InsO nicht anwendbar.[146]

Im Gegensatz zu Verfügungsgeschäften werden Verpflichtungsgeschäfte des Schuldners von § 81 InsO nicht erfasst, verpflichten also nicht

142 *Wimmer/App*, InsO, § 80 Rn. 5, *Hess*, InsO, § 80 Rn. 22.
143 *MüKo-InsO/Ott/Vuia*, § 81 Rn. 17.
144 *Braun/Kroth*, InsO, § 80 Rn. 9.
145 *Uhlenbruck*, InsO, § 80 Rn. 4.
146 *Hess*, InsO, § 80 Rn. 7.

die Masse, sondern den Schuldner persönlich mit seinem insolvenzfreien Vermögen.[147]

IV. Besonderheiten im Falle der Gütergemeinschaft

1. Allgemeines

Bei Ehegatten, die den Güterstand der Gütergemeinschaft vertraglich festgesetzt haben, muss für die Frage der insolvenzrechtlichen Haftung der Vermögensmassen danach differenziert werden, welche Schulden bzw. Vermögensmassen zwecks amtlicher Haftungsabwicklung vom gemeinschaftlich verwalteten Gesamtgut der Gütergemeinschaft getrennt werden können.[148]

Wie bereits erörtert,[149] entstehen durch die Vereinbarung der Gütergemeinschaft verschiedene Vermögen mit unterschiedlichen Haftungsverhältnissen. Jedem Ehegatten verbleibt sowohl das mangels Übertragbarkeit meist nicht haftende Sondergut, als auch das Vorbehaltsgut, welches die Ehegatten vereinbaren bzw. von Dritten zugewendet bekommen und welches durch Surrogation gemäß § 1418 BGB geschützt wird. Das restliche Vermögen der Ehegatten stellt gemäß §§ 1416, 1419 BGB als Gesamtgut das gesamthändische Vermögen der Ehegatten dar.[150]

Die Haftung des Gesamtguts bestimmt sich nach den ehevertraglichen Vereinbarungen der Ehegatten und ist an die Verwaltung des Gesamtguts gekoppelt. Verwaltet ein Ehegatte das Gesamtgut allein, so haftet das Gesamtgut allumfassend für dessen Verbindlichkeiten sowie für gewisse Verbindlichkeiten des anderen Ehegatten gemäß § 1437 Abs. 2 BGB. Gemäß § 1422 S. 2 BGB wird der nichtverwaltende Ehegatte jedoch nicht

---

147 *HamKo/Eickmann*, InsO, § 81 Rn. 3.
148 *Häsemeyer*, InsO, Kapitel 34 a.A.
149 Siehe A I 1 c.
150 *Häsemeyer*, InsO, Kapitel 34, Rn. 1.

persönlich durch die Verwaltungshandlungen des verwaltenden Ehegatten verpflichtet.[151]

Im Falle einer gemeinschaftlichen Verwaltung besteht die Möglichkeit, über das Gesamtgut ein selbständiges Insolvenzverfahren zu eröffnen und es als gesondertes Haftungsvermögen zu behandeln. Voraussetzung ist gemäß § 333 Abs. 2 S. 2, 3 InsO jedoch sowohl ein Antrag beider Ehegatten bzw. aller Gläubiger, denen das Gesamtgut haftet sowie die Zahlungsunfähigkeit bzw. drohende Zahlungsunfähigkeit des Gesamtguts.[152] Sobald das Insolvenzverfahren als eröffnet gilt, übernehmen beide Ehegatten die Stellung des Schuldners. Ein Insolvenzplan kann lediglich durch die Ehegatten gemeinschaftlich vorgeschlagen werden und beschränkt die Haftung der Ehegatten gemäß § 334 Abs. 2, 227 Abs. 1 InsO. Schließlich kann bei paralleler Insolvenz der Ehepartner über das Gesamtgut und das Vermögen eines der Ehegatten bzw. beider in allen Verfahren der volle Forderungsbetrag gemäß § 43 InsO geltend gemacht werden.[153]

2. Insolvenz des Gesamtguts bei Fortsetzung der Gütergemeinschaft

Im Ehevertrag kann bestimmt werden, dass nach dem Tode eines der Ehegatten die Gütergemeinschaft fortgesetzt wird. Dies geschieht gemäß § 1483 Abs. 1 BGB zwischen dem überlebenden Ehegatten und einem gemeinschaftlichen Abkömmling. Dabei hat der überlebende Ehegatte die Rechtsstellung des verwaltenden Ehegatten inne und der Abkömmling die des anderen Ehegatten gemäß § 1487 Abs. 1 BGB.[154]

---

151 *Häsemeyer*, InsO, Kapitel 34 Rn. 2.

152 *Häsemeyer*, InsO, Kapitel 34 Rn. 3 f. Eine Überschuldung genügt hingegen nicht.

153 *Mohrbutter/Ringstmeier/Mohrbutter*, InsO, § 1 Rn. 44.

154 *Mohrbutter/Ringstmeier/ Mohrbutter*, § 1 Rn. 43.

Im Hinblick auf das Gesamtgut kann bei fortgesetzter Gütergemeinschaft ein selbständiges Insolvenzverfahren gemäß §§ 11 Abs. 2 Nr. 2, 332 InsO durchgeführt werden. Das Gesamtgut stellt dabei Sondervermögen dar.[155] Durch die Regelungen der §§ 332 ff. InsO ist eine auf das Gesamtgut beschränkte Sonderinsolvenz zulässig.[156]

Gemäß § 83 Abs. 1 InsO verbleibt die Entscheidungskompetenz über die Ablehnung der fortgesetzten Gütergemeinschaft aufgrund seiner höchstpersönlichen Natur auch während des Insolvenzverfahrens beim Schuldner.[157]

Die Fortsetzung der Gütergemeinschaft hat zur Folge, dass sich die Haftungsverhältnisse wandeln, das Gesamtgut haftet nun für alle Verbindlichkeiten des überlebenden Ehegatten, auch wenn eine Haftung zuvor aufgrund Alleinverantwortung des anderen Ehegatten nicht bestanden hätte. Zudem haftet der überlebende Ehegatte persönlich für die Gesamtgutsverbindlichkeiten, das heißt mit seinem Vorbehaltsgut, auch wenn dies zuvor nicht der Fall war. Über das Gesamtgut kann jedoch – vergleichbar mit einem Nachlass – ein Insolvenzverfahren eröffnet werden. Dies soll sowohl einer haftungsrechtlichen Verschlechterung des überlebenden Ehegatten als auch der Gesamtgutsgläubiger vorbeugen, indem die Haftungsverhältnisse vor Eintritt der fortgesetzten Gütergemeinschaft wieder aufleben.[158]

Insolvenzgläubiger sind dabei lediglich die Gesamtgutsgläubiger, denen bereits Forderungen zum Zeitpunkt des Eintritts der fortgesetzten Gläubigergemeinschaft zustanden. Für später entstandene Forderungen haftet hingegen der überlebende Ehegatte kraft seines Verwaltungsrechts nach §§ 1487 Abs. 1, 1422 BGB.[159]

---

155 *Mohrbutter/Ringstmeier/ Mohrbutter*, § 1 Rn. 43.
156 *FK-InsO/Schallenberg/Rafiqpoor*, § 332 Rn 1f.
157 *MüKo-InsO/Schumann*, § 83 Rn. 1.
158 *Häsemeyer*, InsO Kapitel 34, Rn. 7.
159 *Häsemeyer*, InsO, Kapitel 34, Rn. 8.

D. Gang der Darstellung

Die vorliegende Arbeit ist derart aufgebaut, dass sie – einem Zeitstrahl folgend – die unterschiedlichen Wechselwirkungen zwischen Insolvenzverfahren und ehevertraglichen Vereinbarungen sowie anderen familienrechtlichen Ansprüchen untersucht, beginnend mit den Möglichkeiten der Insolvenzanfechtung von eheinternen Verfügungen, die vor Eröffnung des Insolvenzverfahrens getroffen wurden (§ 2 der Arbeit), hin über die Gefahr der Insolvenz aufgrund ehevertraglicher Vereinbarungen (§ 3 der Arbeit), bis zu Verfügungsbeschränkungen nach Eröffnung des Insolvenzverfahrens (§ 4 der Arbeit).

In diesem Sinne werden zunächst Vereinbarungen im weitesten Sinne im Rahmen einer Ehe betrachtet, die vor Insolvenzeröffnung getroffen wurden. Im weiteren Verlauf erfolgt sodann eine Analyse einer Insolvenzeröffnung aufgrund ehelicher Vereinbarungen, um schließlich eine Betrachtung von Vereinbarungen im Rahmen einer Ehe nach Eröffnung des Insolvenzverfahrens und insbesondere deren wechselseitige Auswirkungen folgen zu lassen.

Durchbrochen wird diese strikt zeitliche Gliederung teils, wenn eine thematisch gebündelte Darstellung als vorzugswürdig erschien.

§ 2 Rechtsgeschäftliche Gestaltungsmöglichkeiten zwischen Ehegatten und Drittschutz- Vereinbarungen vor Eröffnung des Insolvenzverfahrens

Ehegatten können sowohl schuldrechtliche Vereinbarungen treffen als auch Vereinbarungen auf Güterstandsebene, sie können auf mehreren Ebenen zivilrechtlich miteinander verflochten ein. Wie im ersten Teil der Arbeit bereits dargelegt, vermögen die Ehegatten nicht allein über den Abschluss derartiger Vereinbarungen als solchen frei zu entscheiden, sondern auch die inhaltliche Ausgestaltung dieser Vereinbarungen innerhalb der weit gezogenen Grenzen des zwingenden Rechts grundsätzlich privatautonom nach Maßgabe ihres gemeinsamen Vertragswillens beliebig zu bestimmen. Allerdings ist zu beachten, dass derartige Vereinbarungen mögliche nachteilige Drittwirkungen nach sich ziehen können (sogenannte negative externe Effekte) und sich damit unweigerlich auch auf ein später eröffnetes Insolvenzverfahren auswirken können. Zu untersuchen gilt es daher unter diesem Betrachtungswinkel zunächst, welche ehelichen Vereinbarungen in einem später eröffneten Insolvenzverfahren für die Gläubiger von Relevanz sind und sodann, ob und welche Wechselwirkungen zwischen dem Familien- und Insolvenzrecht hierdurch entstehen. Regelmäßig von Bedeutung werden dabei Vereinbarungen zwischen Ehegatten sein, die im Falle einer späteren Insolvenz die Masse zu Lasten der Schuldner direkt oder indirekt schmälern. Nach den oben entwickelten Grundprämissen läge es in diesen Fällen nahe, aufgrund der nachteiligen Auswirkungen solcher Vereinbarungen für vertragsfremde Dritte die Gestaltungsfreiheiten der Ehegatten insoweit zu begrenzen.

A. Behandlung unbenannter Zuwendungen

I. Anfechtungsfestigkeit unbenannter Zuwendungen

Im Kontext der Betrachtung der Wechselwirkungen zwischen Vereinbarungen unter Ehegatten und einem späteren Insolvenzverfahren ist die Behandlung sog. „unbenannter Zuwendungen" besonders bedeutsam. Insbesondere erweisen sich diese Rechtsgeschäfte *sui generis* im Hinblick auf eine mögliche Insolvenzanfechtung als untersuchungsbedürftig. Dabei gilt es unter Berücksichtigung des hier grundsätzlich eingenommenen Blickwinkels zu beachten, dass die Einräumung des Anfechtungsrechts dem Schutz privater Vermögensinteressen der Gläubiger dient, indem es eine Vervollständigungs- und Befriedigungsfunktion erfüllt,[160] zugleich aber mit einem Eingriff in grundrechtlich abgesicherte Gestaltungsspielräume der Ehegatten als Anfechtungsgegner verbunden ist.

1. Allgemeines

Grundsätzlich gibt die Insolvenzordnung dem Insolvenzverwalter die Möglichkeit, unentgeltliche Verfügungen zu Lasten der Masse nach § 134 InsO anzufechten.[161] Als problematisch erweist sich in diesem Rahmen, ob sich diese Anfechtungsbefugnis auch auf unbenannte Zuwendungen unter Ehegatten erstreckt oder ob diese Dritten gegenüber gesteigerte Anfechtungsfestigkeit haben bzw. haben sollten. Dies hängt maßgeblich von ihrer Qualifikation im Hinblick auf die Voraussetzung der „Unentgeltlichkeit" ab. In diesem Problemkreis können sich unterschiedliche denkbare Konstellationen ergeben, die zunächst anhand von Fallbeispielen verdeutlicht werden sollen.[162]

---

160 *Zeeck*, Das Internationale Anfechtungsrecht in der Insolvenz, S. 13.
161 Sog. „Schenkungsanfechtung".
162 Lösung der Beispiele auf Seite 73.

Fall 1: Frau (folgend F) und Mann (folgend M) sind verheiratet. F ist Hausfrau und M mit einem Handwerksbetrieb selbständig. Der Betrieb des M läuft nicht sehr gut. M und F haben sich einen kostspieligen Lebensstil angewöhnt. M wachsen die Schulden über den Kopf. In Anbetracht der Lage hebt M das restliche Geld auf seinem Girokonto ab, um der F mehrere kostbare Schmuckstücke zu kaufen. Er tut dies in der Annahme, so den Geldwert der Schmuckstücke im Falle des Eintritts der drohenden Insolvenz an den Gläubigern „vorbei retten" zu können.

Fall 2: Gleiche Konstellation wie unter 1. Da M sehr großzügig ist, wendet M der F im Laufe der gemeinsamen Ehejahre mehrere, den Wert gebräuchlicher Gelegenheitsgeschenke übersteigende Schmuckstücke zu. Nachdem ein Großauftraggeber des M nicht zahlt, muss M Insolvenz anmelden.

Fall 3: Gleiche Konstellation wie unter 1. F unterstützt den M jedoch in dessen Betrieb, indem sie unterschiedliche Bürotätigkeiten erledigt und für die Buchhaltung zuständig ist. Um der F seine Dankbarkeit für die Mitarbeit zu zeigen schenkt M ihr von Zeit zu Zeit ein schönes und wertvolles Schmuckstück. Nachdem ein Großkunde auf Grund eigener Insolvenz nicht zahlt, muss M Insolvenz anmelden.

Fall 4: Über das Vermögen des M wurde ein Insolvenzverfahren eröffnet. M hat bereits vor Eröffnung mit seinem Arbeitgeber vereinbart, dass er den Teil seines Gehalts, der die Pfändungsfreigrenze übersteigt, an F abtritt.

Kann der Insolvenzverwalter die Zuwendungen an F nach § 134 InsO anfechten und somit wieder der Masse zuführen?

Inwieweit ehebedingte Zuwendungen bei Insolvenz eines der Ehegatten im Verhältnis zu den Insolvenzgläubigern rechtlich Bestand haben bzw. haben sollten und inwiefern zwischen den unterschiedlichen Konstellationen zu differenzieren ist, soll im Folgenden untersucht werden. Im Wesentlichen ist dabei zu analysieren, ob der Insolvenzverwalter ehebedingte Zuwendungen im Rahmen der Schenkungsanfechtung nach § 134 InsO im Falle der späteren Insolvenz anfechten kann oder ob ehebedingte Zuwendungen in besonderen Konstellationen anfechtungsfest sind bzw. sein sollten.

Schwerpunkt meiner Betrachtungen liegt auf der Konstellation, dass der Zuwendende zugleich Zugewinnausgleichsverpflichteter ist, somit die Anfechtungsmöglichkeit nach § 1380 BGB besteht. Zunächst ist dafür, wie bereits angedeutet wurde, zu klären, ob unbenannte Zuwendungen entgeltlicher oder unentgeltlicher Natur sind und inwiefern folglich der familienrechtliche Begriff der ehebedingten bzw. unbenannten Zuwendung mit dem insolvenzrechtlichen Begriff der unentgeltlichen Leistung i.S.d. § 134 InsO deckungsgleich ist. Die Frage der Qualifikation der unbenannten Zuwendung als entgeltliche bzw. unentgeltliche Zuwendung ist im Rahmen der Eröffnung eines Insolvenzverfahrens gerade deshalb von besonderer Relevanz, da unentgeltliche Zuwendungen aus Gründen des Gläubigerschutzes längeren Anfechtungsfristen ausgesetzt sind. Um eine Qualifikation im Hinblick auf die mögliche Unentgeltlichkeit vornehmen zu können, bedarf es aber zunächst eines Blickes auf die grundsätzliche dogmatische Einordnung des Rechtskonstrukts der unbenannten Zuwendung.

2. Unentgeltliche Zuwendungen im Familienrecht

a) Entwicklung der Rechtsfigur der unbenannten Zuwendung

Bei der ehebedingten bzw. unbenannten Zuwendung handelt es sich um eine richterrechtlich entwickelte Rechtsfigur. Zuvor charakterisierte der BGH Zuwendungen, die der Ausgestaltung der ehelichen Lebensgemeinschaft dienten, als Schenkung bzw. vermutete eine Schenkung, wenn Sach- und Geldgaben unter Eheleuten ausgetauscht wurden.[163] Der BGH entwickelte in verschiedenen Urteilen seit Mitte der 60er Jahre des letzten

---

163 BGH FamRZ 1969, S. 28 ff.; vgl. auch *Kollhosser*, NJW 1994, S. 2313 ff., 2314, BGH WM 1971, S. 1338 ff., 1341; vgl. *Apfelbacher*, Ehebedingte Zuwendungen und Ehegatten- und Eigenheimgesellschaft, S. 25.

Jahrhunderts das Rechtsinstitut der ehebedingten Zuwendung.[164] Deren Entwicklung und spätere Anerkennung lassen sich auf den Gedanken des vorweggenommenen Zugewinnausgleichs zurückführen. Erstmals explizit als „unbenannte" Zuwendung bezeichnete der BGH eine Zuwendung unter Ehegatten im Jahre 1981 in einem Fall, bei dem eine ausdrückliche Abrede über den Charakter der Zuwendung fehlte.[165]

Ursächlich für die Entwicklung des Instituts der unbenannten Zuwendung waren Unbilligkeiten, die durch die Rückforderungsmöglichkeiten des Schenkers nach den §§ 528 bis 534 BGB entstehen können. Anlass für die Entwicklung der Rechtsfigur waren insbesondere scheidungsbedingte Auseinandersetzungen, bei denen die Möglichkeit des Widerrufs wegen groben Undanks gemäß § 531 Abs. 2 BGB i.V.m. § 530 BGB zu der Rückabwicklung von innerehelichen Zuwendungen geführt hätte. Nach der Auffassung des BGH brachte die Anwendung von Schenkungsrecht allerdings keine sachgerechte Lösung. Zwar könnten auch wegen der Anerkennung des Zerrüttungsprinzips schwere eheliche Verfehlungen den Tatbestand des § 530 Abs. 1 BGB erfüllen, eine Verfehlung müsse allerdings so schwerwiegend sein, dass sich daraus wirklich der Vorwurf der grob undankbaren Gesinnung ableiten ließe.[166]

In seinen folgenden Entscheidungen präzisierte der BGH das güterrechtsunabhängige Rechtsinstitut der ehebedingten Zuwendung

---

164 BGH NJW 1966, S. 542; BGH NJW 1972, S. 580; in NJW 1982, S. 1093 ist erstmalig der Begriff der „unbenannten" bzw. „ehebedingten" Zuwendung benannt. Synonym wurde in der Literatur auch der Begriff der „ehebezogenen Zuwendung" verwendet, vgl. *Johannsen*, WM 1978, S. 502, 508; *Jaeger*, DNotZ 1991, S. 431 ff.

165 BGHZ 82, S. 227 ff.

166 Ständige Rechtsprechung, vgl. BGH FamRZ 1999, S. 1490; BGH NJW-RR 1990, S. 386; BGHZ 84, S. 361, 364; BGH FamRZ 1983, S. 349; BGH FamRZ 1982, S. 1066; FamRZ 1976, S. 82; 68; FamRZ 1972, S. 201 in Anlehnung an *Lieb*, Die Ehegattenmitarbeit im Spannungsfeld zwischen Rechtsgeschäft, Bereicherungsausgleich und gesetzlichem Güterstand, 21 ff.; gegen die Verwendung einer solchen Rechtsfigur *Erman/Herrmann*, § 516 Rn. 13b; vgl. auch *Holzhauer*, FamRZ 2000, S. 1063, 1066; *Seif*, FamRZ 2000, S. 1193, 1195.

dahingehend, dass es sich um objektiv unentgeltliche Zuwendungen handeln müsse, bei denen der subjektive Tatbestand für die Annahme einer Schenkung fehle.[167] Der zugewendeten Leistung liege vielmehr die subjektive Erwartung des gebenden Ehegatten zu Grunde, dass die Ehe Bestand haben werde, dass die Zuwendung als Beitrag zur Sicherung und Ausgestaltung der ehelichen Lebensgemeinschaft erbracht werde und innerhalb der Gemeinschaft am Vermögenswert und an den Früchten des Vermögenswertes partizipiert werde.[168] Die (bereicherungsrechtliche) *causa* der Zuwendung ist somit in der Verwirklichung der ehelichen Lebensgemeinschaft zu sehen.[169] Die unbenannte Zuwendung folgt somit keinem im BGB gesetzlich geregelten Vertragstyp, sondern beruhe vielmehr auf einem konkludent geschlossenen familienrechtlichen Vertrag *sui generis*.[170] Es handelt sich somit um ein besonderes Rechtsgeschäft familienrechtlicher Art.

Der BGH wandte zudem die mittlerweile in § 313 BGB kodifizierte Lehre vom Wegfall der Geschäftsgrundlage auf solche unbenannten Zuwendungen an, bei denen die gesetzlichen Vorschriften die Ausnahmesituation des Einzelfalls nicht hinreichend zu erfassen vermochten und zu Unbilligkeiten führten.[171] Der Fortbestand der Ehe wurde als Geschäftsgrundlage der unbenannten Zuwendung gesehen. Bei einem Wegfall der Geschäftsgrundlage im Rahmen der Auflösung der Ehe besteht folglich ein Ausgleichsanspruch, der in § 313 Abs. 1 BGB geregelt

---

167 BGHZ 71, S. 61; BGH NJW 1992, S. 567.

168 BGH NJW 1992, S. 564.

169 BGH NJW1982, S. 1093.

170 So genannt in BGH NJW 1982, S. 2236, 2237; OLG Köln FamRZ 1989, S. 510, in BGH FamRZ 1982, S. 778, 778; BGH NJW 1989, S. 1986, 1987 als ehebezogenes Rechtsgeschäft eigener Art bezeichnet; BGH NJW-RR 1990, S. 386; *Staudinger/Wimmer-Leonhardt* (2005), § 516 Rn. 84; *Langenfeld*, Handbuch der Eheverträge und Scheidungsvereinbarungen, Rn. 400 ff.; *Morhard*, NJW 1987, S. 1734; *Tiedtke*, DNotZ 1983, S. 161, 162.

171 BGHZ 68, S. 299 ff.

ist, während er zuvor aus den Grundsätzen von Treu und Glauben nach § 242 BGB hergeleitet wurde.[172]

Der BGH knüpft dabei an den Rechtsgedanken an, dass die Aufrechterhaltung der erfolgten Vermögensverschiebung nach Beendigung der Ehe dem jeweils zuwendenden Ehegatten nicht zugemutet werden und die Leistung auf der Seite des Zuwendungsempfängers als unbegründete Vermögensmehrung so nicht Bestand haben könne.[173] Im Ergebnis soll ein billiger Ausgleich stattfinden, der die erwartete Beteiligung an dem geschaffenen Wert und der entfallenen Nutzung der Früchte ausgleicht.[174]

Für die Frage der Anwendbarkeit des § 313 BGB ist der Güterstand, in dem die Ehegatten lebten, erheblich. Lebten die Ehegatten im gesetzlichen Güterstand der Zugewinngemeinschaft, so werden diese nach ständiger Rechtsprechung grundsätzlich allein güterrechtlich ausgeglichen.[175] Etwas anderes gilt nur im absoluten Ausnahmefall[176] oder wenn die Ehegatten einen Unterhaltsvertrag vereinbart haben. Dieser wird in Weiterentwicklung der *clausula rebus sic stantibus* Lehre nach § 313 BGB angepasst.

Lebten die Ehegatten im Güterstand der Gütertrennung, so sind Rückforderungen im Rahmen des § 313 BGB grundsätzlich möglich und lediglich ausgeschlossen, wenn die unbenannte Zuwendung erbrachte Leistungen des Zuwendungsempfängers ausgleichen soll oder die Gegenleistung für die Vereinbarung der Gütertrennung bzw. eine angemessene Beteiligung an dem gemeinschaftlich Erarbeiteten darstellt.[177]

---

172 Vgl. BGH WM 1990, S. 856, 859.

173 BGH FamRZ 1999, S. 1580, 1593; BGH NJW 1972, S. 580 ff.; BGH 1974, S. 1554 ff.

174 BGH FamRZ 1994, S. 1167, 1168; zusammenfassend vgl. auch *Heinle*, FamRZ 1992, S. 1256 ff.

175 BGH, BGHZ 65, S. 322; 84, S. 364; 115, S. 136; NJW 1992, 2155.

176 BGH, BGHZ 115, S. 138; NJW 1997, 2747.

177 BGH, NJW 1972, S. 580; 1989, S. 1988; OLG Düsseldorf, NJW-RR 1996, S. 467; OLG Stuttgart, NJW-RR 1988, 134; OLG Frankfurt, FamRZ 1981, 778.

b) BGH: Abgrenzung Ehegatteninnengesellschaft/ unbenannte Zuwendung

Schon bevor das Rechtsinstitut der unbenannten Zuwendung entwickelt wurde, betrachtete der BGH eine über das übliche Maß hinausgehende eheliche Mitarbeit des ansonsten haushaltsführenden Ehegatten im Betrieb des anderen Ehegatten als entgeltlich und gestand dem helfenden Ehegatten eine Erfolgsvergütung in Form einer schuldrechtlichen Beteiligung am gesamten Geschäftsvermögen des bereicherten Ehegatten zu.

Die Rechtsfigur der Ehegatteninnengesellschaft ist eine Gesellschaft bürgerlichen Rechts gemäß § 705 BGB ohne Gesamthandsvermögen, deren Behandlung sich nach den entsprechenden Vorschriften im Bürgerlichen Gesetzbuch richtet.[178] In seinem Urteil vom 30. Juli 1999 räumte der BGH[179] dem Ausgleich in einer Ehegatteninnengesellschaft Vorrang gegenüber den Ausgleichsmöglichkeiten im Rahmen der Rechtsfigur der unbenannten Zuwendung ein. Der BGH bejahte in dieser Entscheidung zudem zum ersten Mal eine Ehegatteninnengesellschaft bei reinem Kapitaleinsatz der Ehegatten.

Abgrenzungskriterium unbenannter Zuwendungen zu Ehegatteninnengesellschaften ist folglich, dass bei letzterer die Vermögensbildung im Vordergrund steht, wohingegen die unbenannte Zuwendung lediglich auf die Verwirklichung der ehelichen Lebensgemeinschaft beschränkt ist und bleiben soll. Voraussetzung für eine stillschweigend vereinbarte Innengesellschaft ist zudem die Verfolgung eines über den typischen Rahmen der ehelichen Lebensgemeinschaft hinausgehenden Zwecks, indem die Ehegatten etwa durch den Einsatz von Vermögenswerten und Arbeitsleistungen gemeinsam ein Vermögen aufbauen bzw. gemeinsam berufli-

---

178 *Münch*, FamRZ 2004, S. 233 ff.

179 BGH FamRZ 1999, S. 1580 ff.= DNotZ 2000, S. 514, 516.

che oder gewerbliche Tätigkeiten ausüben.[180] Wenn die Ehepartner durch ihre Zusammenarbeit erhebliche Vermögenswerte schaffen wollen und mit der Vermögensbildung über die Verwirklichung der ehelichen Lebensgemeinschaft hinausgehende Zwecke verfolgen, so liegt eine Ehegatteninnengesellschaft vor. Die Vermögensanlage zur späteren Alterssicherung kann ebenfalls einen derartigen eheüberschreitenden Zweck darstellen.[181] Dabei muss keine bewusste gesellschaftsrechtliche Qualifikation der gemeinsamen Arbeit oder Vermögensanlage stattfinden.[182]

c) Mithilfe im Betrieb

Nach BGH und h.M. erfolgt die Mitarbeit des Ehegatten – soweit der Umfang der Mitarbeit im Rahmen des Sozialüblichen bleibt – grundsätzlich unentgeltlich.[183] Geht die Mitarbeit jedoch über „das Übliche“ hinaus, so soll zumindest eine gewisse Erfolgsvergütung geleistet oder eine Beteiligung am Betriebserfolg des Ehegatten gewährt werden.[184] Dass entsprechende Verträge auch stillschweigend geschlossen werden können, wurde in der Rechtsprechung des BGH öfters bejaht.[185] Ein Indiz dafür ist meist, dass die Leistung des helfenden Ehegatten üblicherweise entgeltlich erbracht wird. Unschädlich ist dann, dass kein vertraglicher Rechtsgrund für die Leistung besteht.

---

180 BGH FamRZ 1999, S. 1580 ff., 1581 mit Verweis auf BGHZ 8, S. 249, 252; BGH NJW 1995, S. 3383; *Staudinger/Wimmer-Leonhardt* (2005), 516 Rn. 96.

181 OLG Schleswig-Holstein NJW-RR 2004, S. 972 ff.

182 Ausführlich zu Voraussetzungen und Indizien der Ehegatteninnengesellschaft *Münch*, FamRZ 2004, S. 233 ff.

183 BGHZ 46, S. 385, 390; *Staudinger/Hübner* (10./11. Aufl.), § 1356 Rn. 43.

184 BGH WM 1961, S. 945, 946, Der BGH stellte hier eine Ehegatteninnengesellschaft fest, da die Frau in gleichgestellter Position mitarbeitete und zeitweise den Geschäft alleine betrieb.

185 BGHZ 7, S. 197, 200 ff.; 8, S. 249, 251 ff.; BGH FamRZ 1975, S. 35, 36; vgl. *MüKo/Roth* § 1356, Rn. 23.

Die Mitarbeit des Ehegatten darf zudem nicht schon bereits kraft Gesetzes geschuldet sein. Dies ist jedoch bereits immer schon dann nicht der Fall, sobald die Mitarbeit im Geschäft oder Beruf des anderen Ehegatten über den Rahmen einer unbedeutenden Hilfstätigkeit hinausgeht.

Der BGH lässt nach seiner Rechtsprechung jedoch nicht folgen, dass beide Ehegatten automatisch an den erwirtschafteten Gegenständen Miteigentum erlangen.[186] Auf Grund des Wesens des gesetzlichen Güterstandes der Zugewinngemeinschaft bleibt vielmehr jeder Ehegatte allein Eigentümer seines Vermögens, auch desjenigen, das er im Laufe der Ehe erwirbt (§ 1363 Abs. 2 BGB).[187]

Ein Teil des Schrifttums leitet aus dem Wesen der ehelichen Lebensgemeinschaft eine unmittelbare familienrechtliche Verpflichtung des begünstigten Ehegatten ab, dass er den mitarbeitenden Ehegatten an den Früchten der Arbeit zu beteiligen hat und damit ein entsprechender familienrechtlicher Ausgleichsanspruch bestehe.[188] Im Ergebnis weicht diese Meinung jedoch nicht von der des BGH und der herrschenden Meinung in der Literatur ab.

Im Güterstand der Gütertrennung wird insbesondere in dem Fall, dass bei Beendigung der Ehe noch geschaffene Vermögenswerte bestehen, von einem familienrechtlichen Vertrag *sui generis* ausgegangen, der nach Scheitern der Ehe einen Ausgleichsanspruch wegen Wegfalls der Geschäftsgrundlage zur Folge hat.[189] Ein Ausgleich hat jedoch wiederum den

---

186 BGH WM 1962, S. 1369, 1371.

187 BGHZ 71, S. 61, 67; BGH LM BGB § 1389 (a.F.) Nr. 1; BGH NJW 1966, S. 2401; *Tiedtke*, DNotZ 1983, S. 161, 166 f.

188 Zum Rechtsbindungswillen unter Ehegatten vgl. *Staudinger/Voppel* (2007), § 1356 Rn. 45; *Lieb*, Die Ehegattenmitarbeit im Spannungsfeld von Rechtsgeschäft, Bereicherungsausgleich und gesetzlichem Güterstand, S. 185 ff.

189 Im Fall der Mitarbeit des Sohnes im elterlichen Betrieb ging der BGH auch von einem familienrechtlichen Vertrag aus, vgl. BGH NJW 1965, S. 430 f.; *Tiedtke*, DNotZ 1983, S. 161, 166 f.

individuellen Umständen Rechnung zu tragen, wie etwa der Dauer der Ehe sowie Art oder Umfang der erbrachten Leistungen, etc.[190]

Rechtsgrund für eine Vermögensübertragung wegen der Mitarbeit im Betrieb ist daher entweder der konkludent geschlossene Dienst- oder Arbeitsvertrag oder ein familienrechtlicher Ausgleichsanspruch *sui generis*.

Haben die Ehegatten hingegen von vornherein eine Gegenleistung vereinbart, diese sollte lediglich zu einem späteren Zeitpunkt erbracht werden, so liegt von Anfang an eine entgeltliche Zuwendung vor.[191] Schon rein begrifflich wäre dann kein Raum für eine unbenannte Zuwendung. Einen Ausgleich für die erbrachten Dienste in einem etwaig erhöhten Lebensstandard zu sehen oder auf einen eventuellen Zugewinnausgleich zu verweisen, erscheint nicht mehr zeitgemäß.[192]

d) Abgrenzung zur Schenkung i.S.v. § 516 BGB

Des Weiteren sind unbenannte bzw. ehebedingte Zuwendungen gegenüber Schenkungen nach § 516 BGB abzugrenzen. Zuwendungen ohne Gegenleistung werden im Zivilrecht grundsätzlich als Schenkungen i.S.d. § 516 BGB qualifiziert, Ansprüche auf Rückforderung der Schenkung sind in den §§ 528 bis 534 BGB geregelt.

Im Verhältnis von Ehegatten untereinander besteht sowohl die Möglichkeit der unbenannten Zuwendung als auch der Schenkung. Um die Annahme einer Schenkung zu stützen, muss jedoch entweder ausdrücklich eine solche vereinbart werden oder zumindest der erkennbare Wille der Parteien bestehen, dass die Zuwendung unabhängig von einer mögli-

---

190 BGH NJW 1982, S. 2236, 2237, der BGH geht von einem schlüssigen Abschluss des Vertrages aus.

191 Im Gegensatz dazu können unbenannte Zuwendungen durch eine nachträgliche Vereinbarung nicht in eine entgeltliche Zuwendung umgewandelt bzw. „geheilt" werden, vgl. BFH NJW 1988, S. 3174, 3175; vgl. RGZ 94, S. 324; RGZ 125, 383; *Huber*, AnfG, § 4 Rn. 22.

192 *Hayler*, Rechtsfolgen ehebedingter Zuwendungen im Verhältnis zu Dritten, S. 34 mit Verweis auf BGHZ 46, S. 385, 390.

chen Beendigung der Ehe Bestand haben soll.[193] Unbenannte Zuwendungen sind zwischen Ehegatten folglich die Regel, Schenkungen die Ausnahme,[194] da eine ehebezogene Zuwendung erbracht wird, um einen Beitrag zur Ausgestaltung und Verwirklichung der ehelichen Lebensgemeinschaft zu leisten (siehe oben unter 2. a).[195]

e) Meinungsstand: Entgeltlich oder unentgeltlich

Nach dieser Betrachtung der Eigenheiten einer unbenannten Zuwendung, vermag nunmehr der Frage nachgegangen zu werden, ob die ehebedingte Zuwendung als ein entgeltliches oder unentgeltliches Rechtsgeschäft zu qualifizieren ist.

aa) BGH: Objektiv unentgeltlich, subjektiv entgeltlich

Die Rechtsprechung des BGH hinsichtlich der Entgeltlichkeit bzw. Unentgeltlichkeit von unbenannten Zuwendungen ist uneinheitlich.[196] Nach früherer Rechtsprechung des BGH waren ehebedingte Zuwendungen objektiv entgeltlicher Natur, d.h. entgeltlich sowohl dem Ehegatten, als auch jedem Dritten gegenüber. Diese Rechtsprechung gab der BGH jedoch auf und qualifizierte unbenannte Zuwendungen als nur noch subjektiv entgeltlich und objektiv unentgeltlich. Dies hatte zur Folge, dass unbenannte Zuwendungen nur noch im Verhältnis der Ehegatten untereinander als entgeltlich eingeordnet wurden, nicht mehr im Verhältnis zu Dritten. Diese Aufgabe seiner Rechtsprechung begründete der BGH da-

---

193 *Schwab*, Familienrecht, Teil I 5.Kapitel Rn. 193; *Staudinger/Wimmer-Leonhardt* (2005), § 516 Rn. 85.

194 *Langenfeld*, DNotZ 1985, Sonderheft 167, S. 177; *Jaeger* DNotZ 1991, S. 431, 436 ff.

195 Ständige Rechtsprechung, vgl. BGH FamRZ 2006, S. 1022 ff.= NJW 2006, S. 2330 ff.

196 Vgl. *Jaeger* DNotZ 1991, S. 431, 436; zur Entwicklung der Rechtsprechung des BGH zu „ehebezogenen Zuwendung“ vgl. *Waas*, DEuFamR 2000, Heft 2, S. 171 ff.

mit, dass die Gegenleistung des haushaltsführenden Ehegatten lediglich subjektiv, d.h. zwischen den Ehegatten, als gleichwertig zu bewerten sei.

Jedoch auch Zuwendungen unter Ehegatten, die ihren Grund in einer „haftungsmäßig günstigeren Organisation des Familienvermögens“ haben, können ehebedingte Zuwendungen darstellen.[197] Denn grundsätzlich differenziert der BGH in Bezug auf die Entgeltlichkeit/Unentgeltlichkeit unbenannter Zuwendungen anhand der subjektiven Vorstellungen der Parteien, also der subjektiven Gleichstellung von Leistung und Gegenleistung (Prinzip der subjektiven Äquivalenz bzw. subjektive Äquivalenztheorie).

Dennoch findet nach der Rechtsprechung des BGH auch die objektiv rechtliche Abhängigkeit der beiderseitigen Leistungen von der synallagmatischen Verknüpfung von Leistung und Gegenleistung Beachtung.[198] Objektiv unentgeltlich ist eine Zuwendung danach, wenn auf den Erwerb des zugewendeten Gegenstandes kein Rechtsanspruch besteht und wenn er nicht von einer den Erwerb ausgleichenden Gegenleistung abhängig ist.[199] Entgeltlichkeit ist jedoch im Umkehrschluss nicht schon dann gegeben, wenn der Leistung eine materielle oder immaterielle Zuwendung durch den Zuwendungsempfänger gegenübersteht.[200] Demnach soll eine Zuwendung lediglich unentgeltlich sein, „wenn sie nach dem Inhalt des Rechtsgeschäfts von keiner Gegenleistung abhängig ist“.[201] Die Unent-

---

197 BGH WM 1990, S. 856, 858; BGH ZIP 1991, S. 35 ff.; *Langenfeld*, DNotZ 1985, Sonderheft 167, S. 177; anders *Kühne*, FamRZ 1969, S. 371.

198 BGH in st. Rspr., vgl. BGH NJW-RR 1990, S. 386, 387; BGHZ 116, S. 167, 172 = NJW 1992, S. 564, 565; NJW 1999, S. 2962, 2965; NJW 1961, S. 604, 605; WM 1956, S. 353, 354; OLG Düsseldorf NJW-RR 1996, S. 1347; a.A.: *MüKo/Koch* § 516 Rn. 73 ff.; unbenannte Zuwendungen als entgeltlich zu qualifizieren, vgl. BGH NJW-RR 1989, S. 66, wurde mittlerweile vom BGH aufgegeben.

199 BGH FamRZ 1992, S. 300, 301; BFH NJW 1994, S. 2044, 2045; *MüKo/Koch*, § 516 Rn. 14; *Staudinger/Wimmer-Leonhardt* (2005), § 516 Rn. 25.

200 BGH WM 1990, S. 856, 858.

201 BGH WM 1990, S. 856, 858.

geltlichkeit fehlt nicht nur dann, wenn der Leistung eine Zuwendung des Zuwendungsempfängers gegenübersteht, die zu ihr in einem Gegenseitigkeitsverhältnis steht, sondern auch dann, wenn die Zuwendung die Geschäftsgrundlage hat, dass für diese eine Verpflichtung eingegangen oder eine Leistung bewirkt wird.

Stimmen in der Literatur sehen in der Entscheidung des XII. Senats[202] aus dem Jahre 1994 die Tendenz, dass die Qualifikation von unbenannten Zuwendungen durch den BGH als lediglich subjektiv entgeltlich letztlich nicht mehr lange Bestand haben werde.[203] In dieser Entscheidung geht der BGH davon aus, dass ehebedingte Zuwendungen in der Regel nicht unentgeltlicher, sondern sowohl objektiv als auch subjektiv entgeltlicher Natur sind. Dieser Wandel in der Rechtsprechung hat allerdings bislang nicht stattgefunden.

bb) Objektiv und subjektiv unentgeltlich

Nach einer in der Literatur vertretenen Auffassung[204] handelt es sich bei ehebedingten Zuwendungen sowohl um objektiv als auch subjektiv unentgeltliche Rechtsgeschäfte. *Hayler* schlägt vor, durch eine wertende Interessenabwägung und Gegenüberstellung von Gläubiger- und Ehegatteninteressen herauszufinden, wessen Interessen im Einzelfall schutzwürdiger sind und stellt damit auf die Abwägung des Einzelfalls ab. Die-

---

202 BGH NJW 1994, S. 2545.

203 In BGH NJW 1994, S. 2545 stellte der BGH zumindest fest, dass es sich bei unbenannten Zuwendungen in der Regel um nicht unentgeltliche, also entgeltliche Zuwendungen handele; *Jaeger*, DNotZ 1991, S. 431, 436 und *Schotten*, NJW 1990, S. 2841, 2842 deuteten die Ausführungen des BGH schon zuvor so, dass unbenannte Zuwendungen als entgeltliche Rechtsgeschäfte zu qualifizieren seien. Seitdem sind keine konträren Entscheidungen ergangen.

204 *Hayler*, Rechtsfolgen ehebedingter Zuwendungen im Verhältnis zu Dritten, S. 54 ff., 56; nach dem sog. „additiven Ansatz“ und *Sandweg*, NJW 1989, S. 1965, 1970.

ser Ansatz birgt jedoch die unüberwindbare Schwäche der Rechtsunsicherheit und dadurch der geringen Praktikabilität.

cc) Objektiv und subjektiv entgeltlich

Nach einer anderen, in der Literatur[205] vertretenen Auffassung sind unbenannte Zuwendungen sowohl objektiv als auch subjektiv entgeltliche Rechtsgeschäfte. Die Entgeltlichkeit der unbenannten Zuwendung sei zwar nicht auf das Synallagma von materieller Leistung und Gegenleistung zurückzuführen, da es dafür meist bereits an der fehlenden Abrede der Ehegatten fehle. Entgeltliche Geschäfte seien jedoch nicht auf eine synallagmatische Verknüpfung von Leistung und Gegenleistung beschränkt, es würden vielmehr auch kausale bzw. konditionale Verknüpfungen ausreichen.[206]

Unbenannten Zuwendungen liege die Vorstellung des zuwendenden Ehegatten zugrunde, dass die eheliche Lebensgemeinschaft Bestand habe und die Zuwendung als Beitrag zur ehelichen Gestaltung, Sicherung und Erhalt der Ehe erbracht werde. Die Gegenleistung des Ehegatten soll Wirksamkeitsbedingung bzw. Rechtsgrund für die Leistung der unbenannten Zuwendung sein.[207] Der Zuwendende habe zwar keinen Anspruch auf die Gegenleistung des Zuwendungsempfängers, der Leistung stehe jedoch eine immaterielle Gegenleistung gegenüber; das personenrechtliche Element sei vorrangig.[208] Diese nichtvermögensrechtliche d.h. immaterielle Art der Gegenleistung sei jedoch unschädlich bei der Frage,

---

205 *Apfelbacher*, Ehebedingte Zuwendungen und Ehegatteneigenheimgesellschaft, S. 53.

206 *Oertmann*, Entgeltliche Geschäfte, S. 16; *Hayler*, Rechtsfolgen ehebedingter Zuwendung im Verhältnis zu Dritten, S. 38.

207 *MüKo/Koch*, § 516 Rn. 63.

208 *Apfelbacher*, Ehebedingte Zuwendungen und Ehegatteneigenheimgesellschaft, S. 53.

ob es sich um ein entgeltliches oder ein unentgeltliches Rechtsgeschäft handele.[209]

Grundsätzlich bestehe eine konditionale Verknüpfung dann, wenn die Abhängigkeit von Leistung und Gegenleistung gegeben und das Bewirken der Leistung Bedingung i.S.d. § 158 Abs. 1 BGB für die Zuwendung sei.[210] Dabei soll ein Schwebezustand bestehen, solange die Bedingung noch nicht eingetreten ist. Ein solcher Schwebezustand bzw. eine solche Abhängigkeit von diesem Schwebezustand ist jedoch meist nicht von den Ehegatten gewollt.[211] Konditionale Verknüpfungen sind daher aller Wahrscheinlichkeit nach eher selten.

Eine kausale Verknüpfung von Leistung und Gegenleistung kann hingegen bestehen.[212] Die unbenannte Zuwendung soll die eheliche Gemeinschaft meist kausal fördern bzw. positiv beeinflussen. Insoweit besteht eine tatsächliche Willenseinigung der Ehegatten. Die Entgeltlichkeit ehebedingter Zuwendungen ist somit von der kausalen Verknüpfung von Leistung und Gegenleistung abzuleiten. Problematisch erscheint jedoch, ob die Entgeltlichkeit ehebedingter Zuwendungen dann auch zu bejahen ist, wenn sie geleistet wird, um den Zuwendungsempfänger für in der Vergangenheit geleistete Beiträge zu belohnen. Eine Kausalität in Form einer (Vor)Leistung des Zuwendungsempfängers und der Zuwendung des Ehegatten wäre dann zumindest nicht gegeben. Möglicherweise wäre eine kausale Verknüpfung jedoch auch dann gegeben, wenn die Gegenleistung Geschäftsgrundlage der Zuwendung ist. Dies kann durch das konkludente Einvernehmen von Zuwendendem und Zuwendungsempfänger mit familienrechtlicher bzw. ehespezifischer *causa* geschehen. Der Zuwendungsempfänger macht sich diesen Zweck regelmäßig durch

---

209 *Soergel/Mühl* (13. Aufl.), § 516 Rn. 15.

210 BGH NJW 1951, S. 268, 268; *Palandt/Weidenkaff* § 516 Rn. 8.

211 *Esser/Schmidt*, Schuldrecht AT, Band. 1, S. 33.

212 *Apfelbacher*, Ehebedingte Zuwendungen und Ehegatteneigenheimgesellschaft, S. 47.

Entgegennahme der Zuwendung zu Eigen.[213] Für die Entgeltlichkeit ist somit weder der objektive Wert, noch die subjektive Bewertung durch die Parteien, sondern die rechtliche Verknüpfung mit einer entgeltlichen Gegenleistung maßgeblich.[214]

Dieser Ansicht steht auch die subjektive Äquivalenztheorie des BGH nicht entgegen, welche allein auf die subjektive Bewertung der Parteien abstellt. Eine materielle Ungleichwertigkeit bzw. eine immaterielle Gegenleistung schadet auch hier nicht, solange die Parteien die Leistungen nicht als unentgeltlich bewerten.[215]

dd) Kritische Würdigung

Bei der Frage der Entgeltlichkeit bzw. Unentgeltlichkeit überzeugt die dogmatische Begründung *Apfelbachers*. Gestützt wird diese Ansicht durch den Gedanken einer möglichst umfassenden Privatautonomie.[216] Die Parteien müssen im Zweipersonenverhältnis bestimmen können, welcher Art ihr Leistungsaustausch ist, ob er entgeltlicher oder unentgeltlicher Natur ist. Eine andere Lösung ist lediglich von Billigkeitserwägungen getragen.

Die Qualifikation als entgeltlich lässt sich zudem durch weitere Argumente stützen. So kann die zwischen den Ehegatten nach den §§ 1360, 1360a BGB bestehende wechselseitige gesetzliche Verpflichtung zum Familienunterhalt durch unbenannte Zuwendungen erfüllt werden. Grundsätzlich soll der Familienunterhalt zwar durch arbeitsteiliges Zusammenwirken der Eheleute bestritten werden, wobei die jeweils zu leistenden Beiträge zum Unterhalt je nach Leistungsfähigkeit unterschiedlich hoch sein können. Die Unterhaltspflicht kann beispielsweise auch

213 *Apfelbacher*, Ehebedingte Zuwendungen und Ehegatteneigenheimgesellschaft, S. 59.

214 *Oertmann*, Entgeltliche Geschäfte, S. 49.

215 *Apfelbacher*, Ehebedingte Zuwendungen und Ehegatteneigenheimgesellschaft, S. 60.

216 Im Ergebnis gleich: BGH WM 1990, S. 856, 858.

durch die Übernahme der Haushaltsführung erfüllt werden, die ein der Berufstätigkeit des anderen Ehepartners gleichzustellender Beitrag ist.[217]

Diese Unterhaltspflicht kann jedoch auch durch eine unbenannte Zuwendung, z.B. die Zuwendung eines Familienwohnheims für die gemeinsame Altersversorgung, erfüllt werden. Die Erfüllung des Unterhaltsanspruchs durch ehebedingte Zuwendungen, spricht somit zusätzlich als Argument für deren Entgeltlichkeit. Daher ist von der Entgeltlichkeit unbenannter Zuwendungen auszugehen.

3. Unentgeltliche Schuldverhältnisse im Insolvenzrecht

a) Allgemeines

Ist im vorherigen Abschnitt aufgezeigt worden, dass eine Einstufung der unbenannten Zuwendungen als entgeltliches vorzugswürdig ist, die Rechtsprechung aber gleichwohl an ihrer Qualifikation als objektiv unentgeltliche Rechtsgeschäfte festhält, ist im folgenden Abschnitt die Auswirkung dieser Qualifikation auf die Behandlung unbenannter Zuwendungen im Insolvenzrecht zu untersuchen. Insofern ist auf das Schuldverhältnis abzustellen, welches der Leistung zugrunde liegt. Sieht dieses Schuldverhältnis keinen Ausgleich für eine einseitige Zuwendung vor, so ist das Schuldverhältnis als unentgeltlich zu qualifizieren.

Dabei gilt es vorab, einen kurzen Blick auf die generelle Behandlung unentgeltlicher Rechtsgeschäfte im Insolvenzrecht zu werfen. Das Insolvenzverfahren erfasst das gesamte Vermögen des Schuldners zum Zeitpunkt der Verfahrenseröffnung und zusätzlich das Vermögen, welches der Schuldner während des Verfahrens erlangt. Jede weitere Verkürzung der Insolvenzmasse soll nach Verfahrenseröffnung verhindert werden, vgl. §§ 80, 81, 90, 91 InsO. In Bezug auf die Rechtshandlungen

---

217 *Staudinger/Voppel* (2007), § 1360, Rn. 21; *MüKo/Weber/Monecke*, § 1360 Rn. 5; auch „Grundsatz der Proportionalität“.

des Schuldners vor Insolvenzeröffnung stehen die Gläubiger grundsätzlich vor vollendeten Tatsachen.
Die Tatbestände der Insolvenzanfechtung bilden zu diesem Grundsatz die Ausnahme. Mit Hilfe des Instruments der Insolvenzanfechtung können ungerechtfertigte Masseschmälerungen unter bestimmten Voraussetzungen rückgängig gemacht werden.[218]

Grundlegende Voraussetzung der Insolvenzanfechtung ist das Vorliegen einer Rechtshandlung. Sie muss vor der Insolvenzverfahrenseröffnung vorgenommen worden sein und die Insolvenzgläubiger benachteiligen, vgl. § 129 InsO. Neben § 129 InsO bedarf es jedoch noch eines besonderen Anfechtungsgrundes, der es rechtfertigt, dass die gläubigerbenachteiligende Maßnahme nicht von der Rechtsordnung hingenommen werden soll. Diese Anfechtungsgründe sind in den §§ 130 bis 137 InsO normiert.[219]

Der Schenkungsanfechtung im Rahmen des § 134 InsO liegt der Rechtsgedanke zu Grunde, dass unentgeltliche Zuwendungen (bzw. Zuwendungen, welche auf einem Schuldverhältnis beruhen, welches keine ausgleichende Zuwendung für eine der Parteien vorsieht) weniger schutzwürdig sind bzw. keinen Bestandsschutz haben, im Gegensatz zu einem Erwerb, für den der Empfänger ein ausgleichendes Vermögensopfer hat erbringen müssen.[220] Aus Billigkeitsgründen wird dem Insolvenzverwalter so die Möglichkeit gegeben, freigiebige Zuwendungen rückgängig zu machen.[221]

Schenkungen gemäß § 516 BGB unter Ehegatten unterliegen der Schenkungsanfechtung durch den Insolvenzverwalter im Rahmen des § 134 InsO. Wird eine Schenkung verabredet, so muss den familienrecht-

---

218 *Prütting*, KTS 2005, S. 253, 253.
219 *Prütting*, KTS 2005, S. 253, 254.
220 Vgl. RegE – Begr. RegE. zu § 134; *Balz/Landfermann*, S. 238; auch im allgemeinen BGB ist ein unentgeltlicher Erwerb schwächer als ein sonstiger Rechtserwerb, vgl. §§ 528, 816 Abs. 1 S. 2, 2287, 2325 BGB.
221 BGHZ 58, S. 240, 243; *Kuhn/Uhlenbruck*, KO, (11. Aufl.), § 32 Rn. 1, *Jaeger/Henckel*, § 32 Rn. 1; vgl. auch *Gerhardt*, ZIP1991, S. 273, 278 f.

lichen Besonderheiten nicht Rechnung getragen werden, wobei solche Abreden unter Ehegatten selten vorkommen bzw. wenn diese vorkommen von Drittgläubigern nicht angefochten werden, da der Wert der Geschenke meist die Anfechtung nicht als lohnend erscheinen lässt.

b) Unentgeltliche Leistung i.S.d. § 134 InsO

Eine i.S.d § 134 InsO anfechtbare Leistung des Schuldners muss zu einem Vermögensabfluss geführt haben, welchem kein oder kein gleichwertiger Gegenwert im Vermögen des Schuldners gegenüber steht. Zur Qualifikation der Gegenleistung wird grundsätzlich zunächst auf den objektiven Tatbestand abgestellt.[222] Nach dem Wortlaut des § 134 Abs. 1 InsO sind unentgeltliche Leistungen des Schuldners anfechtbar, wenn und soweit sie innerhalb der letzten vier Jahre vor Insolvenzeröffnungsantrag vorgenommen wurden. § 134 InsO hat einen weiteren Anwendungsbereich als die vorherige Regelung in der Konkursordnung. § 32 KO verfügte über einen engeren Wortlaut, er war lediglich auf Verfügungen des Schuldners[223] anwendbar, die Anfechtungsfrist betrug nur ein Jahr bzw. bei Verfügungen unter Ehegatten die letzten beiden Jahre vor Konkurseröffnung; die Anfechtungsfristen wurden folglich durch die Einführung der Insolvenzordnung im Jahr 1999 im Vergleich zur Konkursordnung verlängert.[224] Die Begriffsänderung stellt jedoch keine relevante Neuerung durch die InsO dar, da der Verfügungsbegriff im Rahmen des § 32 KO bereits sehr weit verstanden wurde.[225] Auch die in § 134 Abs. 2 InsO nun gesetzlich geregelte Ausnahme für Gelegenheitsgeschenke spiegelt nur

---

222 BGH ZIP 1999, S. 316, 317; *Uhlenbruck/Hirte*, InsO, § 134 Rn. 20.

223 Durch den Begriff der Leistung soll klargestellt werden, dass nicht lediglich Verfügungen i.S.d. BGB unter die Vorschrift des § 134 InsO fallen. Auch alle nicht rechtsgeschäftlichen Einwirkungen auf ein subjektives Recht sind umfasst; vgl. Begr. RegE § 149; *Uhlenbruck*, Das neue Insolvenzrecht, S. 479; Begr. RegE zu Art. 1 § 4, S. 859.

224 Die Fristen im Rahmen des Anfechtungsgesetzes wurden dem angeglichen, vgl. § 4 Abs. 1 AnfG (n.F.); § 3 Abs. 1 Nr. 2 AnfG (a.F.)

225 *Jaeger/Henckel*, KO, § 32 Rn. 24; *Kuhn/Uhlenbruck*, KO, § 32 Rn. 2.

die weite Auslegung des Verfügungsbegriffs durch die herrschende Meinung wider.[226] Der Leistungsbegriff im Rahmen des § 134 InsO ist mithin weit auszulegen. Es kommt vordringlich darauf an, dass ein vermögensbildender Wert aus dem haftenden Vermögen des Schuldners zugunsten eines Dritten aus dem schuldnerischen Vermögen entfernt wird; § 134 InsO fordert keinerlei subjektive Tatbestandsvoraussetzungen.[227]

Lediglich der in § 134 Abs. 2 InsO eingefügte Zusatz des geringen Werts stellt eine Neuerung dar, da zuvor das Gelegenheitsgeschenk von den individuellen finanziellen Umständen des Schenkers abhing.[228]

c) Der Begriff der Unentgeltlichkeit

Der Begriff der Unentgeltlichkeit weist, wie bereits im Rahmen der familienrechtlichen Bewertung deutlich wurde, auch im Rahmen der Insolvenzanfechtung Schwierigkeiten auf. Es stellt sich wiederum die Frage der objektiven bzw. subjektiven Bewertung der Zuwendung.

Nach allgemeiner Auffassung sowohl in der Rechtsprechung als auch in der Literatur[229] ist eine Verfügung, die der Erfüllung einer bestehenden Verbindlichkeit dient, entgeltlich i.S.d. § 134 InsO, wenn der Leistungsempfänger mit der Erfüllung seinen Anspruch verliert bzw. mit der

---

226 RGZ 124, S. 59, 61; *Kuhn/Uhlenbruck*, KO, § 32 Rn. 20; *Jaeger/Henckel*, § 32 Rn. 48; *Kilger*, KO, § 32 Anm. 6, S. 209; *Günther*, Die Insolvenzanfechtung der Deckung von Altverbindlichkeiten, S. 129; *Gerhardt*, ZIP 1991, S. 273, 279.

227 Vgl. *Prütting*, KTS 2005, S. 253, 254; vertiefend bzgl. der weiten und untechnischen Auslegung des Begriffs der Verfügung *Jaeger/Henckel*, KO, 9. Aufl. 1997, § 32 Rn. 24.

228 Vgl. RGZ 124, S. 59, 60; *Jaeger/Henckel*, KO, § 32 Rn. 46; *Kuhn/Uhlenbruck*, KO, § 32 Rn. 20.

229 BGHZ 113, S. 98, 102 f.; BGH WM 1978, S. 671, 674; RGZ 27, S. 130, 134; RGZ 50, S. 134, 137; RGZ 51, S. 76; RGZ 62, S. 38, 45; BGHZ 41, S. 298, 300; BGHZ 58, S. 240, 244 f.; *Jaeger/Lent*, KO, 8. Aufl., § 32 Anm. 6; *Kilger*, KO, 15. Aufl., § 31 Anm. 10b; *Kuhn/Uhlenbruck*, KO, 10. Aufl., § 31 Rn. 18, § 32 Rn. 4; *ders.* 11. Aufl. § 32 Rn. 2a ff.; *Henckel*, ZIP 1990, S. 137, 138.

Entgegennahme der Leistung seinen Anspruch aufgibt. Der Begriff der Unentgeltlichkeit kann jedoch nicht durch den Umkehrschluss gewonnen werden; unentgeltlich ist eine Verfügung nicht i.S.d. § 134 InsO, wenn mit der Verfügung auf eine nicht bestehende Verbindlichkeit geleistet werden soll. Es liegt einer Schenkungsverfügung jedoch ein unentgeltliches Kausalgeschäft zugrunde. Unentgeltlichkeit der Leistung ist gegeben, wenn ein Vermögenswert des Verfügenden zu Gunsten einer anderen Person ohne Gegenleistung aufgegeben wird.[230] Der Begriff der Gegenleistung nach § 134 InsO ist dabei weit auszulegen. Gegenleistungen sind nicht nur vertraglich geschuldete Leistungen, eine Gegenleistung kann in vielfacher Hinsicht gegeben sein.[231] So ist von einer Gegenleistung auszugehen, wenn ein eigener und kausaler Vorteil des Insolvenzschuldners gegeben ist. Dies kann der Fall sein, wenn mittelbar oder unmittelbar ein wirtschaftlicher Vorteil auf Seiten des Insolvenzschuldners besteht. Im Rahmen einer vertraglichen Beziehung ist dies bereits durch das Synallagma der Leistungen gegeben.

Wird eine Verfügung zur Erfüllung eines unentgeltlichen Kausalgeschäftes vorgenommen, dann ist die subjektive Bewertung der Gegenleistung unproblematisch, denn beide Parteien wissen um deren Unentgeltlichkeit. Wie bereits dargestellt, sind die subjektiven Vorstellungen der Beteiligten lediglich für die Frage der Entgeltlichkeit der Gegenleistung bedeutsam, sollte objektiv eine Gegenleistung erfolgen. Fehlt es hingegen bereits an einer Gegenleistung, so liegt offensichtlich eine unmittelbare Benachteiligung zu Lasten der Gläubiger vor und der Parteiwille ist nicht weiter relevant.[232] Wird eine objektiv wertlose bzw. minderwertigere Gegenleistung erbracht, so entscheiden die Vorstellungen der Parteien. Nach allgemeiner Auffassung bedarf es dann im

---

230 BGH ZIP 1992, S. 1089, 1091; BGH NJW 1991, S. 1610, 1611.

231 *FK-InsO/Dauerheim*, § 134 Rn. 9 ff.; *Grundlach/Frenzel/Schmidt*, InVo 2004, S. 485, 486.

232 *FK-InsO/Dauernheim*, § 134 Rn. 33; *Hess*, InsO § 134, Rn. 33 f.; *Gerhardt*, ZIP 1991, S. 273, 279.

Rahmen des § 134 InsO einer Prüfung der subjektiven Voraussetzungen.[233]

Haben die Parteien hingegen die Leistung mit einem geringeren Wert als dem tatsächlichen Wert und im Vergleich mit der geleisteten Gegenleistung bemessen, so handelt es sich um eine gemischte Schenkung.[234] Jedoch steht den Beteiligten weiterhin ein gewisser Bewertungsspielraum zu.[235] Bei dieser Bewertung kommt es zum einen an auf den Zeitpunkt der Verfügung, zum anderen muss die Bewertung der Leistung auch nach außen, insbesondere gegenüber dem Vertragspartner, erkennbar gewesen sein.

Bei der Rückabwicklung unentgeltlicher Leistungen ist somit erforderlich, den subjektiven Willen der Parteien zu berücksichtigen.[236] Dies drängt sich u.a. bei Notverkäufen auf, bei denen üblicherweise nicht der objektiv angemessene bzw. normalen Umständen erzielbare Preis tatsächlich erzielt werden kann. Insoweit besteht im Rahmen einer „versubjektivierten" Betrachtung die Möglichkeit der Belastung der Masse zu Lasten des Insolvenzgläubigers.[237] Neben den objektiven Wertverhältnissen von Leistung und Gegenleistung ist somit die genauere Zwecksetzung der Beteiligten zu ermitteln. Der rein objektive Begriff der Unentgeltlichkeit im Insolvenzrecht ist hingegen weit auszulegen.[238]

Es findet folglich eine objektiv-subjektive Betrachtung des Merkmals der Unentgeltlichkeit statt, wobei die subjektiven Kriterien der Betrachtung erst zum Tragen kommen, wenn bereits festgestellt werden kann,

---

233 RGZ 62, S. 38, 45; RGZ 81, S. 364, 365; RGZ 165, S. 223 f.; BGHZ 41, S. 298, 302; BGHZ 57, S. 123, 127; BGHZ 71, S. 61, 65 f.; BGH BB 1956, S. 445; BFHE 125, S. 500; BFH NJW 1988, S. 3174, *Kilger,* KO, § 32 Anm. 2; *Kuhn/Uhlenbruck*, § 32 Rn. 2, 3.

234 *Henckel*, ZIP 1990, S. 137,139.

235 BGHZ 71, S. 61, 66; BGH WM 1971, S. 1435, 1436.

236 BGHZ 113, S. 102; *HK-InsO/Kreft*, § 134 Rn. 10; BGH ZIP 2004, S. 960; BGH ZIP 2005, S. 768.

237 BGHZ 113, S. 102; BGHZ 113, S. 395.

238 *Häsemeyer*, InsO, 3. Aufl. Rn. 21.90; *Prütting*, KTS 2005, S. 253, 259; *Grundlach/Frenzel/Schmidt*, InVo 2004, S. 485, 486.

dass objektiv eine Gegenleistung gegeben ist. Liegt also gar keine Gegenleistung vor, so muss die Leistung als unentgeltlich qualifiziert werden. Wurde eine Gegenleistung erbracht, steht den Parteien somit im Rahmen der objektiven Gegebenheiten ein angemessener Bewertungsspielraum für diese Leistung zu.[239] Wird dieser Bewertungsspielraum überschritten, so wird die Leistung als teilweise unentgeltlich und damit teilweise unwirksam qualifiziert, vergleichbar mit der gemischten Schenkung. Aus anfechtungsrechtlichen Gesichtspunkten soll der subjektiven Seite grundsätzlich nur eine den Insolvenzgläubigern angemessene Belastung zugemutet werden.

d) Gelegenheitsgeschenke/Zuwendung in Erfüllung einer sittlichen Pflicht

Anfechtungsrechtlich problematisch gestalten sich jedoch die sog. Anstandsschenkungen. Grundsätzlich besteht im engen familiären Bereich bzw. innerehelichen Bereich die Möglichkeit der Schenkung aus sittlicher Pflicht und Anstand. Dabei sollen jedoch lediglich gebräuchliche Gelegenheitsgeschenke, die den wirtschaftlichen Verhältnissen des Zuwendenden und der Verkehrssitte entsprechen, von der Anfechtbarkeit ausgenommen sein. Darunter fallen Anstandsgeschenke, geringwertige Gelegenheitsgeschenke und Schenkungen wegen einer sittlichen Pflicht. Gemäß § 534 BGB unterliegen solche Pflicht- und Anstandsschenkungen schon nicht der Rückforderung- und Widerrufsmöglichkeiten einer Schenkungsanfechtung gemäß §§ 528, 529 bzw. §§ 530 bis 532 BGB.

Der Begriff der Schenkung aufgrund einer sittlichen Pflicht wird sehr eng verstanden. Verlangt wird ein besonderes, aus den konkreten Umständen erwachsendes, gegenüber einer konkreten Person bestehendes Gebot der guten Sitten, d.h. umgekehrt muss ein Nichterfüllen beinahe anstößig

---

239 BGHZ 71, S. 66; BGH ZIP 1993, S. 1173; BGH ZIP 1998, S. 838; BGH ZIP 2004, S. 960.

erscheinen.[240] Dies setzt eine entsprechende Nähebeziehung voraus, die im innereheliehen Bereich unproblematisch gegeben ist. Eine Leistung in Erfüllung von Unterhaltszahlungen, der den gesetzlichen Verpflichtungsumfang übersteigt und auf individuell vereinbarter und damit freiwilliger Basis erfolgt, erfüllt die genannten Kriterien meist.[241] Der Schenker muss nach der Anschauung seiner sozialen Gruppe im Falle des Ausbleibens der Schenkung an Ansehen verlieren.

Anstandsschenkungen entsprechen der allgemeinen Verkehrsanschauung, wenn sie nach Anlass und Wert in den sozialen Kreisen des Schenkers gebräuchlich sind. Dies ist der Fall bei Geschenken im Rahmen einer Hochzeit, bei Geburtstagen und Jubiläen, wobei immer eine Einzelfallprüfung anhand der individuellen Lebensverhältnisse zu erfolgen hat.[242] Die Gebräuchlichkeit des Geschenks richtet sich danach, ob Art und Maß in den Kreisen des Schuldners üblich sind. Bei der Bewertung soll die Vermögenslage des Schuldners zum Zeitpunkt der Vornahme der Schenkung berücksichtigt werden.

Die Zuordnung als Gelegenheitsgeschenk wird allerdings durch das Erfordernis des „geringen Werts" beschränkt, um eine zu weite Auslegung der Maßstäbe zu verhindern.[243] Diese Schenkungen, durch die einer sittlichen Pflicht bzw. Anstandspflicht entsprochen wird, sind von der

240 *Soergel/Mühl/Teichmann* (13. Aufl.), § 534 Rn. 2; BGH NJW 1986, S. 1926; *Oldenburg* FamRZ 1997, S. 1281.

241 Umfangreichere Ausführungen bereits unter Kapitel 3 A V. Unterhalt und Insolvenz.

242 Allgemeine Ansicht, lediglich die Begründungen sind unterschiedlich: *Jaeger/Lent*, KO (8. Aufl.), § 32, Anm. 13; *Jaeger/Henckel*, KO, § 32 Rn. 47; *MüKo-InsO/Kirchhof* § 134 Rn. 46; einschränkend auf Anstandsschenkungen *Uhlenbruck/Hirte* § 134 Rn. 49; *Kuhn/Uhlenbruck*, KO, § 32 Rn. 21; vgl. auch *Holzapfel*, Ehegattenschenkungen und Gläubigerschutz, S. 28 f.; *Soergel/Mühl/Teichmann* (13. Aufl.), § 534 Rn. 3.

243 *Jaeger/Lent*, KO (8. Aufl.), § 32 Anm. 13; *Kuhn/Uhlenbruck* § 32 Rn. 20; KG OLG 42, S. 72; RGZ 124, S. 59; *Hess*, InsO, § 134 Rn. 98 ff.

Anfechtung durch den Insolvenzverwalter gänzlich ausgenommen.[244] Freiwillige unbenannte Zuwendungen in Form von „gebräuchlichen Gelegenheitsgeschenken" sind von der Regelung des § 132 Abs. 2 InsO erfasst, die „geringe Wertigkeit" verhindert jedoch, unbenannte Zuwendungen hierunter subsumieren zu können. Eine Einordnung als entgeltlich oder unentgeltlich kann daher nicht ausbleiben.

4. Unbenannte Zuwendung und Insolvenz

a) Allgemeines

Den Wechselwirkungen zwischen familienrechtlichen und insolvenzrechtlichen Regelungskonzepten kommt insbesondere dort erhöhte Bedeutung zu, wo sich die Begrifflichkeiten des Familien- und Insolvenzrechts überschneiden und gleichzeitig unterscheiden. Anhand der Überschneidungen bzw. der Unterschiede lässt sich ausmachen, inwiefern die besondere Nähe und Verbundenheit zwischen Ehegatten im Falle der Insolvenz Beachtung findet. So überschneiden sich bereits begrifflich die *unbenannte Zuwendungen* im Familienrecht und die *unentgeltliche Leistung* im Insolvenzrecht. Im Folgenden wird die Möglichkeit der Anfechtung wegen unentgeltlicher Leistung im Rahmen des § 134 InsO untersucht.

Die Frage, ob unbenannte Zuwendungen als entgeltlich oder unentgeltlich zu qualifizieren sind, ist hier entscheidend, da dies im Insolvenzrecht den Ansatzpunkt unterschiedlicher Anfechtungsfristen darstellt. Eine unentgeltliche Leistung des Schuldners kann angefochten werden, wenn sie vier Jahre vor dem Antrag auf Eröffnung des Insolvenzverfahrens vorgenommen wurde, während die entsprechende Frist bei einem entgelt-

---

244 *HK-InsO/Kreft*, § 134 Rn. 16; *Jaeger/Lent*, KO (8. Aufl.), § 32 Anm. 13 a, unter den Begriff der Schenkung aus sittlicher Pflicht wurde vor allem die Ausstattung durch die Eltern nach § 1624 BGB verstanden. Der Ausstattung liegt grds. ein gültiges Ausstattungsversprechen zugrunde.

lichen Vertrag zwischen Ehegatten mit Benachteiligungsabsicht gemäß § 133 Abs. 2 S. 2 BGB zwei Jahre betragen würde (vgl. §§ 133 Abs. 2 i.V.m. § 138 Abs. 1 Nr. 1 InsO).

Dem Zweck der Insolvenzordnung entsprechend wird der Begriff der unentgeltlichen Leistung in § 134 InsO grundsätzlich umfassend ausgelegt. Daraus folgt, dass davon nicht lediglich die Schenkung nach § 516 BGB umfasst ist. Es wird vielmehr keine vertragliche Einigung über die Unentgeltlichkeit vorausgesetzt.[245] Unter den Leistungsbegriff des § 134 InsO fallen alle Rechtshandlungen, durch die das Vermögen des Schuldners gemindert wird.[246] Diese weitgehende Auslegung wird mit der Notwendigkeit des Gläubigerschutzes begründet.[247]

b) Rechtsprechung des BGH

Neben seinen zahleichen Urteilen im Bereich der unbenannten Zuwendung im Verhältnis von Ehegatten untereinander im Familienrecht musste sich der BGH bis heute selten mit einer insolvenzbedingten Anfechtung von ehebedingten Zuwendungen befassen.

Nach seiner ersten Entscheidung zu diesem Thema aus dem Jahre 1978[248] unterliegen ehebedingte Zuwendungen des Schuldners der Anfechtung durch den Insolvenzverwalter, vgl. § 32 KO (§ 134 InsO). Dies entschied der BGH, obwohl er zu diesem Zeitpunkt im Zweipersonenverhältnis von der Entgeltlichkeit unbenannter Zuwendungen ausging. Zur Begründung führte der Senat aus, dass im Verhältnis der Ehegatten untereinander ehebedingte Zuwendungen zwar ein entgeltliches Geschäft darstellten, im Verhältnis zu Dritten jedoch von einem unentgeltlichen Rechtsgeschäft auszugehen sei. Damit qualifizierte der BGH ehebedingte Zuwendungen als lediglich subjektiv entgeltlich, objektiv jedoch als un-

---

245 BGH WM 1964, S. 590

246 *von Campe*, Insolvenzanfechtung in Deutschland und Frankreich, S. 203.

247 *FK-InsO/Dauernheim*, § 134 Rn. 9.

248 BGH WM 1978, S. 371 ff.

entgeltliche Geschäfte. Dies wurde damit begründet, dass ansonsten die Gefahr bestünde, dass Rechtsregeln zu Lasten Dritter leer laufen würden. Weiterhin sei nach den Anfechtungsregeln der Insolvenzordnung und des Anfechtungsgesetzes lediglich die objektive Seite des Rechtsgeschäfts erheblich, diese sei nun mal unentgeltlicher Natur.[249]

Entscheidend sei, ob der Leistungsempfänger eine Gegenleistung erbracht hat, wobei eheinterne Zwecke gegenüber Insolvenzgläubigern unmaßgeblich seien. Lediglich das Vorliegen einer ausgleichenden Gegenleistung oder einer entsprechenden Verpflichtung könne die Entgeltlichkeit begründen. Dies gelte erst recht, wenn die Ehegatten die unbenannte Zuwendung als ohne Gegenleistung und damit als unentgeltlich erbracht qualifizieren würden. Wichtigste Voraussetzung für die Feststellung der Unentgeltlichkeit bzw. Entgeltlichkeit sei damit allerdings der tatsächliche Zufluss eines Gegenwerts in das Vermögen des Gemeinschuldners. Es komme dabei allein darauf an, dass Vermögenswerte geleistet werden würden, in die die Gläubiger vollstrecken können.[250] Folglich bestehe bezüglich der Entgeltlichkeit ein rein objektiver Maßstab, was im Hinblick auf den Normzweck gerechtfertigt sei. Rein immaterielle Äquivalente, die in Verwirklichung der ehelichen Lebensgemeinschaft geleistet werden würden, seien als unentgeltliche Gegenleistungen aufzufassen.[251]

---

249 BGH WM 1978, S. 371 ff.; dem BGH folgend OLG Celle NJW 1990, S. 720 ff.; LG Tübingen ZinsO 2005, S. 783 ff.; OLG Stuttgart NZI 2002, S. 495 ff. = DB 2002, S. 1929 ff. = BB 2002, S. 2086 ff.; *FK-InsO/Dauernheim*, § 134 Rn. 15; *Kuhn/Uhlenbruck*, KO (12. Aufl.), § 32 Rn. 22; *Sandweg*, NJW. 1989, S. 1965

250 Vgl. BGH ZIP 1991, S. 454 f. Es wurde eine Abfindung des Schuldners angefochten, die für einen Erbteilsverzicht des Ehegatten geleistet wurde. Der Erbteilsverzicht wurde als unentgeltliche Zuwendung qualifiziert, da der Schuldner lediglich Testierfreiheit wiedererlangt habe, in die die Gläubiger nicht vollstrecken könnten.

251 *Kuhn/Uhlenbruck*, KO, § 32, Rn. 22; *Mohrbutter*, Handbuch der Konkurs- und Vergleichsverwaltung, Rn. 616; *Haegele/Hess/Theobald*, Konkurs, Vergleich, Gläubigeranfechtung, Rn. 350.

Die unentgeltliche Zuwendung unter den Ehegatten hat im Falle der Insolvenz somit nach dieser Rechtsprechung des BGH keinen Bestandsschutz. Aus Billigkeitserwägungen sieht der BGH es als gerechtfertigt, dass bei dem Widerstreit der Interessen zwischen dem „unentgeltlich" begünstigten Ehegatten und den Gläubigern die Gläubigerinteressen vorrangig sind.[252] Das Interesse des unentgeltlichen Leistungsempfängers, die zugewandte Sache behalten zu dürfen, habe hinter dem Interesse des Insolvenzgläubigers zurückzutreten.[253] Eine Entgeltlichkeit ergebe sich auch nicht aus § 1353 BGB.[254]

Diese Rechtsprechung wurde durch den BGH mit einem Urteil aus dem Jahr 1991[255] bestätigt. Entscheidend für die Annahme der Entgeltlichkeit bzw. Unentgeltlichkeit im Sinne der Anfechtungsvorschriften sei allein, ob aufgrund oder wegen der Verfügung des Schuldners als Gegenleistung dafür ein nach dem objektiven Sachverhalt zu beurteilender Gegenwert in das Schuldnervermögen gelangt sei. Anfechtbar seien nach dem Wortlaut der Vorschrift nicht nur Schenkungen, die nach § 516 Abs. 1 BGB eine Einigung über die Unentgeltlichkeit voraussetzen, sondern gerade auch sonstige unentgeltliche Verfügungen, bei denen eine Einigung über die Unentgeltlichkeit nicht vorliege. Aus dieser weiteren anfechtungsrechtlichen Grundsatzentscheidung des BGH ergibt sich ein streng objektiv zu verstehender Unentgeltlichkeitsbegriff im Rahmen des Anfechtungsrechts. Entscheidend kommt es nach dieser Rechtsprechung darauf an, ob das Vermögen des Schuldners durch eine Zuwendung gemindert wurde, weil keine die Vermögenshingabe ausgleichende Gegenleistung erbracht wurde, in die die Insolvenzgläubiger vollstrecken können. Unbenannte Zuwendungen werden daher gegenüber anfechtungs- und insolvenzrecht-

---

252 BGH WM 1964, S. 590; zur Parallele im Steuerrecht, siehe kritische Würdigung, unten unter 4. c).

253 *Apfelbacher*, Ehebedingte Zuwendungen und Ehegatteneigenheimgesellschaft, S. 138 ff.

254 OLG Hamburg KTS 1985, S. 556 in Bezug auf § 3 Abs. 1 Nr. 4 AnfG.

255 BGHZ 113, S. 393, 396, dieser Auffassung folgend BFH NV 1995, S. 485 ff.; KG Berlin v. 06.12.1995, II 45/90.

lichen Gläubigerschutzvorschriften nur dann von der Rechtsprechung als entgeltlich anerkannt, wenn ihnen eine objektiv messbare, auch für Dritte wenigstens annähernd materiell gleichwertige Gegenleistung zugrunde liegt.

Nach oberlandesgerichtlicher Rechtsprechung wurde die unbenannte Zuwendung in einem Fall sogar als Schenkung behandelt.[256]

In seiner Entscheidung vom 8. Dezember 2011[257] hat der BGH in einem anfechtungsrechtlichen Kontext erneut daran festgehalten, eine Zuwendung unter Ehegatten, die um der Ehe willen erbracht wird, nicht als Schenkung einzustufen, sondern als ehebedingte Zuwendung und damit als Rechtsgeschäft *sui generis*. Diese spezifische, auf das Verhältnis der Rechtsbeziehungen der Ehegatten zueinander abgestimmte Qualifikation sei aber ohne Bedeutung für die anfechtungsrechtliche Einstufung. Allein der Umstand der Übertragung eines Vermögensgegenstandes im Rahmen einer ehebedingten Zuwendung stelle als solche noch keine Gegenleistung dar – anfechtungsrechtlich liege damit eine Unentgeltlichkeit der Zuwendung vor.

c) Kritische Würdigung

Die Rechtsprechung des BGH und des OLG München überzeugt indes nicht. Gegen die Anfechtbarkeit unbenannter Zuwendungen unter den Ehegatten in der Insolvenz sprechen gute Gründe. Ausgangspunkt der Beurteilung der Entgeltlichkeit bzw. Unentgeltlichkeit unbenannter Zuwendungen im *inter partes* Verhältnis der Ehegatten zueinander sowie im Verhältnis zu Dritten hat der Befund zu sein, dass dieses gesetzlich nicht geregelte Institut in seiner richterrechtlichen Genese als Reaktion auf die für unbillig empfundenen schenkungsrechtlichen Ausgleichsmechanismen entwickelt wurde – so nutzte der BGH in seiner Entscheidung vom

---

256 OLG München OLGR München 1997, S. 33 ff.; DNotI-Report 1997, S. 82 ff.

257 BGH WM 2012, 185 ff.

26. November 1981[258] erstmalig die Figur der „unbenannten Zuwendung“, um auf diese Weise die betreffende Zuwendung als entgeltliches ehebezogenes Rechtsgeschäft mit der Konsequenz einzuordnen, den im zugrunde liegenden Fall geltend gemachten Schenkungswiderruf wegen groben Undanks zu umgehen. Die Entwicklung der richterrechtlichen Figur der unbenannten Zuwendung diente also vornehmlich der Begründung der Nichtanwendbarkeit für unbillig empfundener Rechtsfolgen. Wie *Langenfeld*[259] diesbezüglich grundlegend herausgearbeitet hat, gilt es nun – ausgehend von diesem Befund – für diesen richterrechtlichen Vertragstyp eigener Art im Wege der wertenden Zuordnung die für sachgerecht erachteten Rechtsfolgen zu bestimmen. Dabei ist es im Grundsatz durchaus methodisch tragfähig, bei dieser Zuordnung der Rechtsfolgen zwischen dem Innenverhältnis der Ehegatten zueinander und dem Außenverhältnis zu externen Dritten zu differenzieren; denn die jeweiligen sachlichen Begründungen, die etwa nach der Rechtsprechung im Innenverhältnis der Ehegatten zur Unanwendbarkeit der schenkungsrechtlichen Ausgleichsregelungen führen, müssen sich nicht mit jenen decken, die für die Beurteilung der Einstufung der Zuwendung als entgeltlich oder unentgeltlich im insolvenzrechtlichen Sinne maßgebend sind. Andererseits wäre es zu pauschal, wollte man stets eine Differenzierung zwischen Innen- und Außenverhältnis nach dem Muster Entgeltlichkeit/ Unentgeltlichkeit vornehmen. Denn die wertenden Gesichtspunkte, die im Innenverhältnis für die Unanwendbarkeit schenkungsrechtlicher Rechtfolgen und damit der Qualifikation der Zuwendung als entgeltlich sprechen, können durchaus mit jenen Begründungselementen gleichlaufen, die auch im Außenverhältnis Geltung für sich beanspruchen. So kann es der Gedanke des Zugewinnausgleichs rechtfertigen, die im Wege der unbenannten Zuwendung etwa herbeigeführte hälftige Teilhabe am Familienheim, aufgrund derer der

---

258 BGHZ 82, 227.

259 *Langenfeld,* Vertragsgestaltung Methode-Verfahren-Vertragstypen, 1991 Rdn. 33 f., 82, 85, 175 f.

Ehegatte an einem für die Verwirklichung der Ehe zentralen Gegenstand partizipieren soll, als anfechtungsfeste entgeltliche Zuwendung einzuordnen.[260]

Ausgehend von diesem methodischen Ansatz der Klassifizierung einer Zuwendung als unentgeltlich respektive entgeltlich muss zunächst eingeräumt werden, dass § 134 InsO eine objektive Betrachtung der Gegenleistung fordert. Eheinterne Gegenleistungen für unbenannte Zuwendungen etwa in Form von Kinderbetreuung oder Haushaltsführung sind indes im Verhältnis zu Gläubigern – d.h. objektiv – nicht werthaltig.[261] Eine objektive Qualifikation als unentgeltlich liegt daher nahe. Eine solche lässt sich jedoch nicht verallgemeinern, sind doch nicht alle Gegenleistungen objektiv wertlos. Wie unter § 2 A 2a dargelegt, kann die Gegenleistung für die unbenannte Zuwendung auch werthaltig sein. Dies etwa bei der Möglichkeit des Zugriffs auf die Beteiligung an dem zwischen den Ehegatten geschaffenen Wert bzw. die Nutzung der daraus resultierenden Früchte. Auch auf den Ausgleichsanspruch nach § 313 Abs. 3 BGB des zuwendenden Ehegatten kann zugegriffen werden.

Für eine Behandlung der unbenannten Zuwendung als unentgeltliche Verfügung spricht jedoch zudem, dass auch im Steuerrecht unbenannte Zuwendungen echten Schenkungen gleichgestellt werden, vgl. § 7 Abs. 1 Nr. 1 ErbStG.[262] Die Notwendigkeit eines besonderen Gläubigerschutzes vor eheinternen Vermögensverschiebungen in Form von Schenkungen ist zudem ein einleuchtender Zweck des Insolvenzrechts. Unterstützt wird diese Ansicht durch einen Vergleich mit der Stellung unentgeltlicher Ansprüche von Pflichtteilsberechtigten bzw. Vertragserben im Rahmen der erbrechtlichen Anfechtung nach §§ 2325, 2329, 2287 BGB. Gläubigern wird eine größere Schutzwürdigkeit vor Beein-

---

260 *Langenfeld* ZEV 1994, 129; *Wegmann* ZEV 1996, 201; *Brambring* ZEV 1996, 248.

261 *Hess*, InsO, § 134 Rn. 28, 31; dazu ausführlich *Hartl*, Die unbenannte Zuwendung und ihre Drittwirkung in der Vertragsgestaltung, S. 190 ff.

262 BFH BStBl 1994 II, S. 366; FG Rheinland-Pfalz EFG 2002, S. 209, 210; *Staudinger/Wimmer-Leonhardt* (2005), § 516 Rn. 95.

trächtigungen durch Handlungen des Schuldners zugestanden, als dies bei Pflichtteilsberechtigten bzw. Vertragserben der Fall ist. Dies lässt sich dadurch begründen, dass letztere im Gegensatz zu Gläubigern lediglich über einen künftigen und ungewissen Anspruch verfügen.[263] Pflichtteilsberechtigte und Vertragserben haben lediglich zukünftige Ansprüche gegen den Zuwendenden/Erblassers, welche niemals schon im Zeitpunkt der unentgeltlichen Zuwendung bestehen. Sie entstehen vielmehr erst mit dem Tod des Erblassers. Da der Erblasser zu Lebzeiten frei verfügen kann, ist die konkrete Höhe des Anspruches bis zum Zeitpunkte des Todes völlig ungewiss. Im Vergleich dazu haben Gläubiger, neben der Frage der Einbringlichkeit und Werthaltigkeit der Forderung, eine im Vergleich geschützte Rechtsstellung, die Höhe der Forderung steht fest und hängt nicht in sonstiger Art und Weise vom weiteren Verhalten des Gläubigers ab.

Schutzwürdige Interessen der Ehegatten vor ehebedingten Nachteilen sollten jedoch in die Interessenabwägung zwischen Ehegatten- und Gläubigerinteressen einfließen. Unbenannte Zuwendungen können einen Teil des innerehelichen Zugewinnausgleichs unter den Ehegatten darstellen; dies ist auch vom BGH im Zweipersonenverhältnis anerkannt.[264] Grundsätzliches Ziel einer unbenannten Zuwendung, welche ein aus dem Gedanken des vorweggenommenen Zugewinnausgleich entwickeltes Institut ist, ist es, ehebedingte Nachteile auszugleichen.[265] Im Falle der Beendigung der Ehe oder des Güterstands der Zugewinngemeinschaft werden unbenannte Zuwendungen im Rahmen des Zugewinnausgleichs nach § 1380 BGB angerechnet.[266] Dies spricht für eine Qualifikation als entgeltliche Zuwendung auch Dritten gegenüber, da die Anfechtbarkeit der unbenannten Zuwendungen ansonsten von Zufälligkeiten abhängen

---

263 *Hayler*, Rechtsfolgen ehebedingter Zuwendungen im Verhältnis zu Dritten, S. 199.
264 BGH NJW 1976, S. 329.
265 BGH NJW 1976, S. 329.
266 *Staudinger/Thiele* (2007), § 1380 Rn. 3.

würde und zwar insbesondere davon, ob sich das Ehepaar unmittelbar vor der Eröffnung des Insolvenzverfahrens scheiden lässt oder nicht. Lässt sich ein Ehepaar vor Eröffnung des Insolvenzverfahrens scheiden, so würde eine Anrechung nach § 1380 BGB vorgenommen werden, lässt es sich nicht scheiden, so könnte auf den anrechungsfähigen Betrag zugegriffen werden. Es würden somit von dieser Auslegung diejenigen Ehegatten bevorzugt werden, welche sich scheiden lassen.

Dies ist nicht mit der Wertung des Art. 6 GG vereinbar. Art. 6 GG stellt nach ständiger Rechtsprechung des BVerfG eine verbindliche Wertentscheidung für das öffentliche Recht im Bereich der Ehe und Familie dar.[267] Hieraus resultiert für den Staat ein Verbot, die Ehe nicht zu benachteiligen oder zu beeinträchtigen.[268] Dieses Benachteiligungsverbot von Ehe im Verhältnis zu Unverheirateten ist bei einer anderen Auslegung verletzt.

Die Anfechtbarkeit unbenannter Zuwendungen kann zudem nicht das richtige Mittel sein, um den Missbrauch von Zuwendungen unter Ehegatten durch betrügerische Rückdatierung von Rechtsgeschäften Einhalt zu gewähren. Um solche Missbrauchsfälle zu vermeiden, wurden in der Literatur verschiedene Ansätze vorgeschlagen, z.B. dass eine Beurkundungspflicht für unbenannte Zuwendungen bzw. eine Beglaubigung des Zuwendungsvertrags einzuführen sei.[269] Die Vertragsfreiheit soll somit insoweit eingeschränkt werden, als Gläubigerinteressen durch fin-

---

267 BVerfGE 6, 55, 71 ff = NJW 1957, 417; BVerfGE 9, 237, 242, 248 = NJW 1959, 979; BVerfGE 22, 93, 98 = NJW 1967, 1507; BVerfGE 31, 58, 67 = NJW 1971, 1509; BVerfGE 55, 114, 126 f = NJW 1981, 107; zuletzt BVerfGE 105, 313, 342 u 346 = NJW 2002, 2543; BVerfGE 108, 351, 363 = NJW 2003, 3466; BVerfGE 111, 160, 172 = NVwZ 2005, 201;

268 BVerfGE 9, 237, 242 u 247 = NJW 1959, 979; BVerfGE 14, 34, 38 f = NJW 1962, 1243; BVerfGE 47, 1, 19 = NJW 1978, 877; BVerfGE 69, 188, 205 f = NJW 1985, 2939; BVerfGE 75, 361, 366 f = NJW 1988, 1136; BVerfGE 82, 60, 80 = NJW 1990, 2869; zuletzt BVerfGE 107, 205, 215 = NJW 2003, 1381; BVerfGE 109, 96, 125 = NVwZ 2004, 463

269 Auflistung der verschiedenen Umgehungsmöglichkeiten durch Ehegatten, *Holzapfel*, Ehegattenschenkungen und Gläubigerschutz, S. 33 ff.

gierte Zuwendungen Vermögen an der Insolvenzmasse vorbei schaffen und dadurch die Insolvenzmasse schmälern.[270] Denn die Möglichkeit, die Rechtsfigur der unbenannten Zuwendung zum Nachteil der Gläubiger zu missbrauchen, besteht durchaus. Allerdings kann die Möglichkeit der Gläubigerbenachteiligung andererseits nicht rechtfertigen, dass die Rechtsfigur der unbenannten Zuwendung als unentgeltliche Zuwendung behandelt wird.[271] Der Gedanke des vorweggenommenen Zugewinnausgleichs rechtfertigt die objektive Entgeltlichkeit von unbenannten Zuwendungen auch gegenüber Dritten. Die Qualifikation einer Leistung als entgeltlich bzw. unentgeltlich kann nicht von dem jeweiligen Blickwinkel auf die Leistung abhängig gemacht werden, sie lässt sich im Gegenteil nur gegenüber dem Leistungsempfänger qualifizieren.

Wie bereits oben (siehe unter A.I.2.d) bb)) dargestellt, ist der Differenzierung des BGH zwischen dem subjektiv entgeltlichen und objektiv unentgeltlichen Tatbestand der Zuwendung im Ergebnis nicht zu folgen. Dies muss konsequenterweise auch im Drittverhältnis so sein. Behandelt man unbenannte Zuwendungen als objektiv und als subjektiv entgeltlich, so bleibt kein Raum für eine Anfechtung nach § 134 InsO. Die rechtliche Einordnung der unbenannten Zuwendung als ein entgeltliches Rechtsgeschäft zwischen den Ehegatten muss auch im Verhältnis zu Dritten ein entgeltliches Rechtsgeschäft sein.[272] Ein anderes Ergebnis widerspricht der Einheit der Rechtsordnung und würde einen Systembruch bedeuten.

Für dieses Ergebnis spricht zudem der Umkehrschluss aus § 1357 BGB. Durch § 1357 BGB besteht die Möglichkeit der Haftungs-

---

270 Vgl. *Holzapfel*, Ehegattenschenkungen und Gläubigerschutz, S. 136 ff., contra die Formfreiheit des geltenden Schenkungsrechts.

271 Vgl. *Werthmann*, Die unbenannte Zuwendung im Privatrechtssystem, S. 133, 138.

272 *Morhard*, NJW 1987, S. 1734, wobei *Morhard* auf S. 1739 dem BGH dahingehend folgt, dass er die Zuwendung als Schenkung qualifiziert, wenn sie nicht als Ausgleich geleisteter Mitarbeit bzw. als angemessene Beteiligung an den Früchten des ehelichen Zusammenwirkens zuwendet wurde; vgl. BGH NJW 1987, S. 1739; nach *Morhard* tendiert auch der BFH dahin, vgl. BFH, BB 1985, S. 1778.

erweiterung bzw. die Möglichkeit auf den Ehegatten des Schuldners zurückzugreifen, sollte der Schuldner selbst Forderungen nicht befriedigen können. Diese Regelung wurde eingeführt, um die Ehefrau im Rahmen einer Hausfrauenehe zu unterstützen.[273] Mittlerweile ist diese Regelung immer mehr zu einer Gläubigerschutzvorschrift geworden. Wenn aber der Gläubiger von einzelnen Aspekten einer Ehe profitiert, die sich für ihn positiv auswirken – beispielsweise die Haftungserweiterung auf den Ehegatten – dann muss er auch die Nachteile tragen, die eine Ehe im Hinblick auf das Gläubigerinteresse mit sich bringen kann, wie etwa die Möglichkeit der unbenannten Zuwendung der Ehegatten untereinander.

Auch der Vergleich zu dem sehr ähnlichen Rechtsgeschäft der Ausstattung nach § 1624 BGB spricht für das Ergebnis der Unanfechtbarkeit unbenannter Zuwendungen.

Die Ausstattung umfasst alle Vermögenswerte, welche Eltern ihrem Kind anlässlich einer Heirat oder Begründung eines selbständigen Lebensstiles zuwenden. Der Zweck für die Zuwendung ist dabei entscheidend für die Qualifikation als Ausstattung. Rechtsgrund für die Ausstattung ist wie bei unbenannten Zuwendungen eine familienrechtliche *causa sui generis*. [274] Beide Rechtsgeschäfte sind daher vergleichbar.

Bei Ausstattungen geht die herrschende Meinung davon aus, dass diese nicht anfechtbar sind.[275] Dies wird mit der potentiellen Zugriffsmöglich-

---

273 *Palandt/Brudermüller*, § 1357 Rn. 1.

274 *Palandt/Brudermüller*, § 1624 Rn. 1.

275 Pro Entgeltlichkeit (h.M.): *Huber*, AnfG § 4 Rn. 23; *Jaeger*, KO § 32 Anm. 13 a; *Kuhn/Uhlenbruck*, KO, § 32 Rn., 12; *Soergel/Strätz* (13. Aufl.), § 1624, Rn. 13; *Palandt/Diederichsen*, § 1624 Rn. 2; *Hess/Weis/Wienberg*, InsO, § 134 Rn. 48; beschränkt auf einen angemessenen Rahmen *Huber*, AnfG, § 4 Rn. 23; Pro Unentgeltlichkeit: LG Tübingen ZinsO 2005, S. 783 ff. (jedoch im Ergebnis richtig, da Zuwendung nach materieller Insolvenz ihre Tochter ausstatteten, dies widerspricht wiederum den gesetzgeberischen Wertungen); *Staudinger/Coester* (2007), § 1624 Rn. 3, 4; *MüKo-InsO/Kirchhof*, § 134 Rn. 37; *Uhlenbruck/Hirte*, InsO, § 134 Rn. 41; entgegen der Prognose *Haylers*,

keit begründet. Entgegen *Hayler*[276] ist die potentielle Zugriffsmöglichkeit auf das Zugewendete jedoch kein hinreichendes Differenzierungskriterium für eine Anfechtbarkeit bzw. Unanfechtbarkeit einer Zuwendung. Vielmehr sollte eine unbenannte Zuwendung erst recht unanfechtbar sein, besteht hier doch wenigstens eine von den Ehegatten vereinbarte Gegenleistung, während die Ausstattung hingegen lediglich aufgrund des verwandtschaftlichen Verhältnisses gewährt wird.

Die Ausstattung beruht, genau wie die ehebedingte Zuwendung, darauf, dass sie nicht aufgrund einer Rechtspflicht geleistet wird, sondern aufgrund des verwandtschaftlichen, bei der unbenannten Zuwendung aufgrund des ehelichen, Verhältnisses. Diese beiden Rechtsinstitute sind daher vergleichbar. Eine Unanfechtbarkeit entspricht danach der eindeutigen Wertung des Gesetzgebers nach § 1624 BGB. Diese Wertung muss konsequenterweise auch für unbenannte Zuwendungen anerkannt werden, da beide Rechtsinstitute der familieninternen Versorgung dienen.

Teilweise wird auch vorgeschlagen, in Anlehnung an § 1360 BGB, wonach Leistungen zum Familienunterhalt grundsätzlich unentgeltlich zu erbringen sind, die Abgrenzung zwischen unanfechtbarer Zuwendung und unentgeltlicher Leistung i.S.d. § 134 InsO danach auszurichten, ob die Zuwendung maßvoll ist.[277]

Dieses Ergebnis ist bei ehevertraglichen Ausgleichsforderungen, die unbenannte Zuwendungen umfassen, anerkannt, Entgeltlichkeit ist gegeben, wenn eine güterrechtliche Verpflichtung besteht. Zuwendungen durch Eheverträge sind im Vergleich zu sonstigen unbenannten Zuwen-

---

Rechtsfolgen ehebedingter Zuwendungen im Verhältnis zu Dritten, S. 204 f. aus dem Jahre 1999 ist erstere Auffassung immer noch die h. M.

276 *Hayler*, Rechtsfolgen ehebedingter Zuwendungen im Verhältnis zu Dritten, S. 206.

277 *Hess*, InsO § 134 Rn. 37; *Kübler/Prütting/Paulus*, InsO, § 134 Rn. 29.

dungen anfechtungsfest im Verhältnis zu Dritten, wenn durch diese einer güterrechtlichen Pflicht entsprochen wird.[278]

Dieser Differenzierung folgt auch der BFH. In seinem Urteil vom 12. Juli 2005[279] hat dieser entschieden, die Durchführung des Zugewinnausgleichs zwischen Ehegatten während des Bestehens der Ehe als nicht freigiebige Zuwendung i.S.d. § 7 Abs. 1 Nr. 1 ErbStG und damit als nicht schenkungssteuerbare Zuwendung zu behandeln. Dies gilt nach der Rechtsprechung des BFH auch für den Fall, dass der Güterstand der Zugewinngemeinschaft im Anschluss an die Beendigung wieder neu begründet wird. Allerdings nur für den Fall der tatsächlichen Beendigung des Güterstandes und nicht im Rahmen eines „fliegenden" Zugewinnausgleichs (oder auch Güterstandsschaukel genannt) während der Ehe, bei dem die Zugewinngemeinschaft trotz Zugewinnausgleich weiter fortbesteht. Sollte letzteres vorliegen, nimmt der BFH eine schenkungssteuerbare freigiebige Zuwendung an.[280] In seiner Begründung stellt der BFH wiederum darauf ab, dass die Ausgleichsforderung des Ehegatten nicht rechtsgeschäftlich, sondern kraft Gesetzes nach § 1378 Abs. 3 S. 1 BGB wegen Beendigung des Güterstandes entsteht und dies vom Wortlaut des § 5 Abs. 2 ErbStG klarstellend geregelt werde. Die sofortige Neubegründung des Güterstandes der Zugewinngemeinschaft stellt laut BFH weder ein Scheingeschäft, noch einen Gestaltungsmissbrauch i.S.d. §§ 41 Abs. 2, 42 AO dar.[281]

---

278 BGH FamRZ 1992, S. 204, 205; *Kollhosser*, NJW 1994, S. 2313, 2314; *Langenfeld*, NJW 1994, S. 2133; 2134; *Hayler*, Rechtsfolgen ehebedingter Zuwendungen im Verhältnis zu Dritten, S. 82 f.

279 BFH DStR 2005, S. 1772 ff.

280 BFH DStR 2006, S. 178; weiterführend zu den steuerlichen Risiken bei Übertragung von Vermögensgegenständen im Rahmen des Zugewinnausgleichsanspruchs *Kensbock/Menhorn*, DStR 2006, S. 1073, 1074.

281 Der BFH stellt wie der BGH bei überhöhten Ausgleichsforderungen zwischen den Ehegatten auf eine gemischte Schenkung ab. Dann liegen laut BFH teilweise eine freigiebige Zuwendung und damit ein schenkungsteuerbarer Vorgang vor.

Schließlich spricht die gewandelte gesellschaftliche Vorstellung der Ehe als gleichberechtigte Partnerschaft für die Qualifikation der unbenannten Zuwendung als entgeltlich. Die traditionelle Vorstellung, dass die Zuwendung des berufstätigen an den haushaltsführenden Ehepartner eine Schenkung sei, verträgt sich nicht mit dem Gedanken der Emanzipation der Frau in der Ehe und ist von daher überholt.[282] Wird das Modell der Einverdienerehe gelebt, so steht dem haushaltsführenden Ehegatten ein Anteil an dem Verdienst des anderen Ehegatten zu. Darüber hinaus können die innerehelichen Zuwendungen als Beitrag zur finanziellen Verwirklichung der Partnerschaft gesehen werden.[283] Dies wird der gesellschaftlichen Verbreitung des Begriffs des Familienvermögens gerecht.

d) Zusammenfassung

Entgegen der Auffassung des BGH, die sich darauf stützt, ob das schuldnerische Vermögen durch eine Zuwendung gemindert wurde, wenn eine Gegenleistung ausbleibt, welche den Vermögensabfluss kompensiert, sprechen wie dargestellt bessere Argumente für die Behandlung der ehebedingten Zuwendungen – auch im Verhältnis zu Dritten bzw. Insolvenzgläubigern – als ein sowohl objektiv sowie subjektiv entgeltliches Rechtsgeschäft.

Dies ist auch von der Rechtsfolgenseite vertretbar. Eventuellen Missbrauchsmöglichkeiten kann durch höhere formale Anforderungen – wie etwa durch notarielle Beurkundung – begegnet werden. Insbesondere werden schutzwürdige Positionen von Gläubigern und Ehegatten im Rahmen der Interessenabwägung berücksichtigt. Schenkungen nach § 516 BGB zwischen den Ehegatten sind von dieser Betrachtung nicht erfasst und unterfallen weiterhin der Anfechtbarkeit nach § 134 InsO, außer es sollte sich um sog. Anstandsschenkungen handeln. Anstandsschenkungen sind nicht nach § 134 InsO anfechtbar. Als anerkanntes

---

282 *Krebs*, Arbeit und Liebe, S. 75.

283 Vgl. hierzu auch *Pawlowski*, DEuFamR 2000, S. 19 ff.

Institut im Familienrecht spricht die Anstandsschenkung ebenfalls für die Unanfechtbarkeit von unbenannten Zuwendungen. Dies liegt auch darin begründet, dass die Grenze zwischen Anstandsschenkungen und unbenannten Zuwendungen fließend ist und einer umfassenden Würdigung des jeweiligen Einzelfalls bedarf. Eine unterschiedliche Behandlung dieser beiden Zuwendungen ist nicht gerechtfertigt.

Lösung der Fallbeispiele von Seite 39:

In *Fall 1* besteht für den Insolvenzverwalter die Möglichkeit der Anfechtung nach § 134 InsO. F hatte keinen Anspruch auf die Zuwendung der Schmuckstücke. Die Interessen der Gläubiger des M sind dem unentgeltlichen Erwerb der Schmuckstücke durch die F in diesem Konfliktfall vorzugswürdig.

Bei *Fall 2* hat sich die Situation lediglich dahingehend geändert, dass keine Benachteiligungsabsicht besteht. M kauft die Schmuckstücke nicht erst, um an der Insolvenzmasse Vermögenswerte vorbeizuschaffen. Trotz dieser unterschiedlichen subjektiven Ausgangslage ist das Ergebnis gleich. Die Leistung der Schmuckstücke an die F ist im Rahmen der vier Jahresfrist durch den Insolvenzverwalter anfechtbar.

In *Fall 3* fällt die Interessenabwägung zwischen den Interessen der F und den Gläubigern hingegen nicht so eindeutig aus. M tätigte die Schenkung aus Dankbarkeit für die Mitarbeit im Betrieb, die Schmuckstücke stellen somit zwar keine synallagmatische Gegenleistung für die Mitarbeit dar, stehen jedoch trotzdem in einem gewissen Sachzusammenhang. Insofern die Mitarbeit der F nicht im Rahmen des Üblichen zu leisten gewesen wäre, steht der F ein Entgelt zu. Dies kann auch erst zeitlich nachfolgend vereinbart werden. Im Rahmen des Arbeitswertes der F hat sie ein schutzwürdiges Interesse die Schmuckstücke als Entgelt zu behalten. Dies ist nicht nach § 134 InsO durch den Insolvenzverwalter anfechtbar.

In *Fall 4* bleibt fraglich, ob die Abtretung von M's Gehalt anfechtbar ist. Gemäß § 850h Abs. 1 ZPO ist eine direkte Vollstreckung der Gläubiger gegenüber der Ehefrau in den Gehaltsanspruch des Arbeitnehmers möglich. M versucht sein Arbeitseinkommen komplett der Pfändung zu entziehen, indem er auf den über die Pfändungsfreigrenze hinausgehenden Forderungsbetrag zugunsten seiner Ehefrau verzichtet. Für diesen Fall wird zum Teil vertreten, dass es sich um die Aufgabe eines Rechts handelt, da der eigentliche Anspruch des M auf das Entgelt für seine Arbeit sogleich in der Person der F entstehe und damit ein unmittelbarer

Rechtserwerb ohne Durchgang durch das Vermögen des Mannes bestehe.[284] Dabei geht es darum, den Erwerb dem Zugriff der Gläubiger des Arbeitnehmers bzw. Versprechensempfängers und damit der Gläubigeranfechtung zu entziehen. Dies wurde nach früherer h.M. mit Blick auf die Unmittelbarkeit des Rechtserwerbs und vor allem auf die Notwendigkeit, die Familie unterhalten zu können, als rechtmäßig anerkannt. Da das Interesse am Familienunterhalt keine sittenwidrige Gläubigerbenachteiligung darstellt, wurde die Zuwendung an die Ehefrau nicht als sittenwidrig nach § 138 BGB angesehen.[285] Eine Sittenwidrigkeit wäre folglich gegeben, wenn die Zuwendung zum Familienunterhalt nicht notwendig gewesen wäre.

Dieser Konflikt wird nach einer Auffassung durch § 850h ZPO geregelt. Der aus § 850h Abs. 2 ZPO entstehende Anspruch fällt in die Insolvenzmasse.[286] Die Gläubiger des Arbeitnehmers haben nun die Möglichkeit der Vollstreckung auch in den der Ehefrau zugewendeten Teil des Gehalts was damit die Wirkung dieser Vertragskonstruktion konterkariert. Dies wird dadurch begründet, dass nach den Schuldnerschutzgrundsätzen und den neuen Pfändungsfreigrenzen auf Unterhalt des Schuldners gegenüber seiner Ehefrau und Familie ausreichend Rücksicht genommen werde.[287] Nach anderer Auffassung wird der vorliegende Fall als Abtretung gesehen, welche im Rahmen des Insolvenzverfahrens anfechtbar ist. Die Klausel über die Begünstigung dürfe nicht isoliert betrachtet werden.[288] Vielmehr sei die Situation, in der jemand eine ihm gebührende Leistung und damit einen materiell eigenen Anspruch von vornherein in der Person eines anderen entstehen lasse, derjenigen rechtsähnlich, in der ein Anspruch erst später entsteht und dann abgetreten wird.[289] Der vom Schuldner geschlossene Arbeits-

---

284 Auch „1500 Mark“-Vertrag genannt, da in der Zeit, als er aufkam ein Jahresgehalt von 1500,- RM unpfändbar war; erste RG Entscheidung zu diesem Thema von 1902, RGSt. 35, S. 62.

285 Vgl. *Stein* ZZP 44, S. 437; RGZ 67, S. 171; RGZ 69, S. 62; RGZ 81, S. 41, 45; RG JW 1922, S. 689, RAG ArbRspr. 1929, S. 335; RAG ArbRspr. 1931, S. 55; RGZ 69, S. 62; RGZ 81, S. 41, 43; weitere Aufzählung vgl. *Hassold*, Zur Leistung im Dreipersonenverhältnis, S. 306; Fn. 312.

286 *Jaeger/Henckel*, KO, § 1 Rn. 72; § 32 Rn. 27; *Bötticher*, ZZP 77, S. 66 Fn. 18

287 Vgl. §§ 765a, 850c, 850d, 850f., 850i ZPO.

288 *Oertmann*, RuW 1914, S. 239; *ders.* AcP 138, S. 56, 72 f.

289 *Hassold*, Zur Leistung im Dreipersonenverhältnis,, S. 310.

vertrag werde durch dessen Arbeit erfüllt. Die Zuwendung des entstandenen Gehaltsanspruchs an die Ehefrau sei somit kein bloßer Erwerbsverzicht im Sinne einer Aufgabe eines Rechts, sondern eine anfechtbare Zuwendung i.S.d. § 134 InsO.[290]

Die beiden Auffassungen schließen sich nicht aus. Geht man davon aus, dass die bestehenden Pfändungsfreigrenzen zur Sicherstellung eines Familienunterhalts ausreichend bemessen sind, so steht einer Anfechtung nichts entgegen. Allerdings besteht für sie kein Bedürfnis, wenn im Rahmen des § 850h Abs. 1 ZPO eine direkte Vollstreckung möglich ist. Eine Verschleierung des Arbeitseinkommens zugunsten der Ehefrau ist im Ergebnis somit nicht möglich.

II. Anspruch der Gläubiger auf eine unbenannte Zuwendung

Auch im Rahmen eines Insolvenzverfahrens des "beschenkten" Ehegatten stellt sich die Frage, ob die Gläubiger des Zuwendungsempfängers dem zuwendenden Ehegatten gegenüber einen Anspruch auf eine unbenannte Zuwendung haben. Zu untersuchen ist, ob im Insolvenzverfahren ein Anspruch auf unbenannte Zuwendungen, also quasi auf Freigiebigkeit des Schuldners durch die Gläubiger, besteht.

Ein solcher Anspruch ist *prima vista* im Hinblick auf den freiwilligen Charakter der Zuwendung grundsätzlich zu verneinen. Stellt man jedoch, entsprechend der obigen Argumentation darauf ab, dass es sich bei unbenannten Zuwendungen um entgeltliche Leistungen handelt, dann ist fraglich, ob nicht doch ein Forderungsrecht des Begünstigten und damit auch der Insolvenzgläubiger des begünstigten Ehegatten besteht. Dieses Forderungsrecht des Begünstigten scheitert jedoch daran, dass es sich bei der unbenannten Zuwendung nicht um ein synallagmatisches Rechtsge-

290 *Hassold*, Zur Leistung im Dreipersonenverhältnis, S. 305, 312; *Kuhn/Uhlenbruck*, KO, 12. Aufl. § 32 Rn. 15; *Mentzel/Kuhn*, KO, § 1 Anm. 29; § 29 Anm. 26; *Jaeger*, ZZP 60, S. 87.

schäft handelt (siehe unter B I 2 c). Zwischen Leistung und Gegenleistung besteht lediglich Kausalität, nicht jedoch eine synallagmatische Verflechtung. Daraus folgt, dass den Gläubigern des Zuwendungsempfängers kein Forderungsrecht zusteht.

Diese rechtliche Konstellation lässt sich mit der Geltendmachung von Pflichtteilsansprüchen vergleichen, der Schuldner wird nicht zur Geltendmachung von Pflichtteilsansprüchen gezwungen, vielmehr kann das Erbe bzw. der Pflichtteilsanspruch durch diesen ausgeschlagen werden.[291] Die Gläubiger haben keine Zugriffsmöglichkeit. Der Grund für den Schutz der Pflichtteilsansprüche liegt in dem höchstpersönlichen Charakter des Pflichtteilsanspruchs; der Schuldner soll höchstpersönlich darüber entscheiden, ob er seinen Anspruch geltend macht. Dies ergibt sich u.a. aus dem Sinnzusammenhang mit § 83 InsO, der dem Schuldner insoweit eine freie Entscheidungsmacht zubilligt.[292] Ehebedingte Zuwendungen haben in gleicher Weise einen höchstpersönlichen Charakter, unabhängig davon, ob sie nun als entgeltliche oder unentgeltliche Rechtsgeschäfte eingeordnet werden. Die Geschäftsgrundlage für die unbenannte Zuwendung ist die Ehe, weshalb Dritte hier keinen Anspruch auf die Forderung haben.

Dies ist ein weiteres Argument dafür, dass Gläubiger im Rahmen eines Insolvenzverfahrens kein Forderungsrecht hinsichtlich unbenannter Zuwendungen haben sollten. Dies lässt sich, wie ausgeführt, zum einen durch die lediglich kausale und nicht synallagmatische Verknüpfung von Leistung und Gegenleistung im Rahmen einer unbenannten Zuwendung erklären, zum anderen durch die Höchstpersönlichkeit der Leistung, die durch ein Forderungsrecht Dritter zweckentfremdet werden würde.

---

291 Vgl. RGZ 84, S. 347; *Hess*, InsO, § 129 Rn. 29; *Messner*, ZVI 2004, S. 433 ff.; *Uhlenbruck*, InsO § 83, Rn. 2; jedoch Argumente pro Anfechtbarkeit: *Windel*, KTS 1995, S. 367, 406 f.; *Bartels*, KTS 2003, S. 41, 64.

292 *HK-InsO/Kreft* § 129 Rn. 18; *Hess*, InsO, § 129 Rn. 108.

B. Ehevertragliche Vereinbarungen vor der Insolvenz

Nachdem im vorherigen Abschnitt die Auswirkungen von ehelichen Vereinbarungen, insbesondere von unbenannten Zuwendungen, auf eine spätere Insolvenzverfahrenseröffnung untersucht wurden, gilt es nun die Frage zu behandeln, ob unbenannte Zuwendungen als ehevertragliche Ausgleichsforderungen in der späteren Insolvenz anfechtungsfest ist und ob sich die familienrechtliche Zwecksetzung gegenüber den Gläubigerinteressen durchsetzen kann oder die Gläubigerinteressen Vorrang haben.

Grundsätzlich bestehen keine speziellen Regelungen des Insolvenzrechts, die im Insolvenzfall ehevertragliche bzw. familienvertragliche Vereinbarungen erfassen würden. Vielmehr finden die Vorschriften über Verträge aus dem allgemeinen Teil des BGB beim Ehevertragsrecht mangels Sonderregelung Anwendung.[293]

I. Anfechtungsfestigkeit unbenannter Zuwendungen als ehevertragliche Ausgleichsforderung

Der BGH „entzauberte“[294] in seinem Urteil aus dem Jahr 1991[295] die unbenannte Zuwendung als „unentgeltliche Verfügung“ im Verhältnis zu Dritten i.S.d. § 32 Nr. 2 KO (§ 134 InsO) und § 3 Abs. 1 Nr. 4 AnfG (a.F.) (§ 4 Abs. 1 AnfG (n.F.)), so dass damit Ehegatten eine zuvor häufig genutzte Gestaltungsmöglichkeit abgeschnitten wurde. Der Wegfall dieser Gestaltungsmöglichkeit konnte lange Zeit vor allem durch die Möglichkeit ehevertraglicher Gestaltungen kompensiert werden, d.h. der ehevertraglichen Ausgleichsverpflichtung, welche im Folgenden behan-

293 *MüKo/Kanzleiter*, § 1408 Rn. 4 ff.
294 Vgl. *Brambring* ZEV 1996, S. 248, 2550 ff.
295 BGH NJW 1991, S. 1610 ff.

delt wird.[296] Diese Gestaltungsmöglichkeit wackelt nunmehr allerdings seit der jüngsten Entscheidung des BGH.

1. Anfechtbarkeit

a) Allgemein

Grundsätzlich ist zu untersuchen, ob Eheverträge überhaupt der Anfechtung durch den Insolvenzverwalter unterliegen. In der Regel verfügt der Insolvenzverwalter über die Möglichkeit der umfassenden Anfechtung von Rechtshandlungen des Schuldners. Eine Rechtshandlung ist jedes Handeln und Unterlassen, welches eine rechtliche Wirkung auslöst.[297] Dabei ist der Begriff der Rechtshandlung weiter als der Begriff des Rechtsgeschäfts zu verstehen. Rechtsgeschäfte bzw. die dem Rechtsgeschäft zugrunde liegenden Willenserklärungen, sind somit in gleicher Weise anfechtbar. Folglich können Verträge grundsätzlich durch den Insolvenzverwalter nach den §§ 129 ff. InsO angefochten werden.

Fall: M und F sind seit 2002 verheiratet. Obwohl F mehr Schulden als Vermögen mit in die Ehe einbringt, sehen sich M und F als finanzielle Gemeinschaft und vereinbaren ehevertraglich wirksam den Güterstand der Gütergemeinschaft. Im Jahre 2004 wird über das Vermögen des M das Insolvenzverfahren eröffnet. Kurz zuvor haben M und F den Güterstand der Gütertrennung vereinbart. Die Gläubiger des M möchten möglichst umfassend befriedigt werden und fragen den Insolvenzverwalter, ob die Güterstandsvereinbarung anfechtbar sei.

Zusatzfrage: Bei diesen Gläubigern handelt es sich sowohl um Gläubiger, deren Forderungen aus der Zeit vor der Eheschließung 2002 stammen, als auch um Gläubiger, deren Forderung aus der Zeit nach Eheschließung und Güterstands-

---

296 Über eine mit dem Fallbeispiel 1 vergleichbare Konstellation hatte das Reichsgericht zu entscheiden, vgl. RGZ 87, S. 301 ff.; ein anderes Fallbeispiel mit Lösung im Rahmen einer Vollstreckungsklausur *Böhnert*, JuS 1997, S. 1124 ff., insb. S. 1127 f.

297 BGH WM 1975, S. 1182; *Hess*, § 129 Rn. 5; *HK-InsO/Kreft*, § 129 Rn. 10.

vereinbarung stammte. M hat folglich Alt- und Neugläubiger. Fraglich ist, ob die Altgläubiger besser gestellt sind als die Neugläubiger, da sie mit M kontrahierten, als dieser noch nicht mit der überschuldeten F verheiratet war.

Unbenannte Zuwendungen zwischen den Ehegatten können Gläubiger benachteiligen und dem Insolvenzverwalter den Zugriff auf schuldnerisches Vermögen erschweren bzw. dessen Zugriff verhindern. Daneben sind jedoch auch Sachverhalte denkbar, bei denen die Zuwendungen durch Güterrechtsvertrag vorgenommen werden und auf die der zuwendungsbegünstigte Ehegatte somit einen güterrechtlichen Anspruch hat. Der Insolvenzverwalter müsste in diesem Fall mangels anderweitiger Anspruchsgrundlagen auf eine Anfechtung nach §§ 134, 145 InsO bzw. nach § 4 Abs. 1 AnfG wegen unentgeltlicher Zuwendung zurückgreifen. Insoweit könnte ein Anfechtungsrecht bestehen.[298]

Zu untersuchen ist, ob ein ausgleichspflichtiger Zugewinn auf Grund des Abzuges von bereits entstandenen Gläubigerforderungen gemindert wird. Grundsätzlich werden von den Aktiva sämtliche Verbindlichkeiten abgezogen, die im Zeitpunkt der Beendigung der Zugewinngemeinschaft bereits bestanden. Bedingte, befristete und noch nicht fällige Verbindlichkeiten belasten in gleicher Weise das ausgleichspflichtige Vermögen, wie fällige Verbindlichkeiten.[299] Die Durchführung eines vorzeitigen Vermögensausgleichs führt nicht zu Zahlungen, sollten sich Aktiva und Passiva decken, damit bestünde kein ausgleichspflichtiger Zugewinn.

Zu untersuchen gilt zudem, ob eine rückwirkende Vereinbarung der Ehegatten anfechtungsfest ist, d.h. die Vereinbarung des vorzeitigen Zugewinnausgleichs zu einem Zeitpunkt, zu dem die Gläubigerforderung noch nicht bestand.

---

298 Nach § 4 Abs. 1 AnfG kann eine unentgeltliche Leistung des Schuldners in gleicher Weise, wie nach § 134 Abs. 1 InsO angefochten werden. Im Folgenden wird lediglich § 134 InsO zitiert.

299 BGH FamRZ 1991, S. 1547, 1550; BGH FamRZ 1986, S. 37, 38; *Staudinger/Thiele* (2007), § 1374 Rn. 8 f. beim Anfangsvermögen; § 1375 Rn. 5 beim Endvermögen.

b) Anfechtung trotz güterrechtlichen Anspruchs?

Zunächst ist zu klären, ob Eheverträge überhaupt einen besonderen familienrechtlichen Schutz vor der Anfechtung genießen. Eine typische Konstruktion, um eine Anfechtung durch den Insolvenzverwalter zu umgehen, könnte die Vereinbarung einer Gütergemeinschaft nach §§ 1408 Abs. 1, 1415 BGB sein. Dem weniger begüterten Ehegatten steht bereits unmittelbar nach Eingehung des Güterstands der Gütergemeinschaft ohne Gegenleistung, d.h. unentgeltlich, eine gesamthänderische Berechtigung an dem Vermögen des anderen Ehegatten zu. Diese Vermögensübertragung geschieht unmittelbar durch die Güterstandsvereinbarung der Gütergemeinschaft, es kommt somit zu einer Zuwendung durch Ehevertrag. Aber auch die Aufhebung der Gütergemeinschaft durch ehevertragliche Vereinbarung eines anderen Güterstandes, Gütertrennung bzw. Zugewinngemeinschaft, führt zu einer Auseinandersetzung des Gesamtguts nach § 1471 ff. BGB. Nach Abzug der Gesamtgutsverbindlichkeiten wird das Gesamtgut hälftig auf die Ehegatten verteilt, vgl. § 1476 Abs. 1 BGB. Diese Zuwendungen sind mittelbare Folgen des Ehevertrages und erfolgen somit aufgrund Ehevertrages.

Allerdings werden Zuwendungen, deren Rechtsgrund güterrechtlicher Natur ist, durch die Rechtsprechung nicht als unbenannte Zuwendung gesehen. Vielmehr werden hier die Begrifflichkeiten des familienrechtlichen Vertrages *sui generis* bzw. der Schenkung verwendet.[300]

Zu untersuchen ist jedoch, wie diese güterrechtlichen Zuwendungen im Verhältnis zu Dritten zu behandeln sind bzw. ob sie im Verhältnis zu

300 Vgl. BGH FamRZ 1992, S. 304, 304. Allerdings bedarf es für die Abgrenzung zum Vertragstyp der Schenkung die gleichen Argumente wie im Zusammenhang mit den unbenannten Zuwendungen (s.o.). Im Ergebnis kann eine Abgrenzung somit offen bleiben. Mit ausführlicher Begründung, dass es sich bei der Vereinbarung der Gütergemeinschaft um eine Sonderform der unbenannten Zuwendung handele, *Hayler*, Rechtsfolgen ehebedingter Zuwendungen im Verhältnis zu Dritten, S. 63 ff.

Gläubigern Bestand haben. Würde man der oben dargestellten Rechtsprechung und herrschenden Meinung folgen, wäre die unbenannte Zuwendung wegen ihrer objektiven bzw. sowohl objektiven als auch subjektiven Unentgeltlichkeit nach § 134 InsO durch den Insolvenzverwalter anfechtbar. Güterrechtliche Zuwendungen wären folglich nicht anfechtungsfester.

Die Vereinbarung der Gütergemeinschaft mit einem vermögenslosen Ehegatten könnte dabei bereits eine unentgeltliche Zuwendung darstellen. Jedoch ist zweifelhaft, ob ein Ehevertrag, der die Vereinbarung einer Gütergemeinschaft beinhaltet, grundsätzlich als unentgeltlich zu qualifizieren ist. Einer Unentgeltlichkeit könnte entgegenstehen, dass der andere Ehegatte einen gesetzlichen Anspruch auf Herstellung der Gütergemeinschaft hat, auch wenn er selbst kein oder nur ein sehr geringes Vermögen mit in die Gütergemeinschaft einbringt und durch diese eine beträchtliche Bereicherung erfährt.[301]

Verträge im Bereich des Güterrechts unterliegen grundsätzlich in gleicher Weise dem Risiko einer Anfechtung, wie sonstige Verträge zwischen Ehegatten.[302] Das Gesamtgut entsteht zwar kraft Gesetzes nach § 1416 Abs. 2 BGB mit Abschluss des Ehevertrages, eine Anfechtbarkeit könnte jedoch trotzdem wegen der extensiven Auslegung des Leistungsbegriffs in § 134 InsO bestehen.

Ein Ehevertrag wäre demnach nur anfechtbar, wenn sich aus ihm bereits *per se* eine Gläubigerbenachteiligung ergeben und den anfechtungsberechtigten Gläubigern unmittelbar Vermögensgegenstände entzogen würden. An die Nachweisbarkeit bzw. Qualifikation solcher Verträge als unentgeltliche Zuwendungen i.S.d. § 134 InsO werden jedoch gleich hohe Anforderungen gestellt, wie bei anderem Schuldnerfehlverhalten i.S.d. §§ 132 bis 134 InsO. Dabei ist zu beachten, dass eine Anfechtbarkeit lediglich gegeben sein kann, wenn bereits durch

301 BGHZ 116, S. 178, 180.

302 BGH NJW 1972, S. 48; BGHZ 57, S. 123, 126; BGH FamRZ 1992, S. 304, 305.

die güterrechtliche Statusänderung und nicht erst durch die nachfolgende Auseinandersetzung eine Gläubigerbenachteiligung stattfindet.[303] Über die Frage, ob ehevertragliche unentgeltliche Zuwendungen *de facto* der Anfechtbarkeit unterliegen, herrscht Streit.

2. Keine Anfechtbarkeit ehevertraglicher unbenannter Zuwendungen

Bereits das Reichsgericht[304] hatte über eine entsprechende Konstellation zu entscheiden und ließ sich dahingehend ein, dass die Anfechtung einer auf einem gesetzlichen Güterstand nach den §§ 1447, 1448, 1469, 1495 BGB beruhenden Umwandlung des Güterstandes ausgeschlossen sei. Da Ehegatten nach den §§ 1447, 1448, 1469, 1495 BGB ein gesetzliches Recht auf Aufhebung des Güterstands haben, sei die Aufhebung an sich der Anfechtung durch Gläubiger entzogen.[305] Dabei würden den Gläubigern nach Ansicht des Senats die entsprechenden Vermögensgegenstände unmittelbar durch die Änderung des güterrechtlichen Status entzogen. Es bedurfte keines weiteren Vollzugs.

Nach der Rechtsprechung des BGH und teilweise vertretener Meinung in der Literatur[306] findet § 134 InsO auf Vereinbarungen innerhalb der Gütergemeinschaft zwischen zwei unterschiedlich begüterten Ehegatten keine Anwendung. Dies wird mit dem Fehlen der in § 129 Abs. 1 InsO geforderten Gläubigerbenachteiligung begründet.[307] Die Veränderung des Güterstandes habe selten vordringlich die Benachteiligung der Gläubiger

---

303 BGH JW 1972, S. 48; *Kuhn/Uhlenbruck*, KO (11. Aufl.), § 32 Rn. 10.

304 RGZ 57, S. 81, 87.

305 RGZ 57, S. 81, 83, 87; *Kilger*, KO, § 32 Anm. 3.

306 BGH FamRZ 1992, S. 304, 305 = BGH NJW 1992, S. 558; BGH FamRZ 1975, S. 572, 574; BGHZ 57, S. 123; BayObLGZ 9, S. 603, 614; *Kollhosser*, NJW 1994, S. 2313, 2314; *Langenfeld*, NJW 1994, S. 2133, 2134; *Soergel/Gaul* § 1408 Rn. 21; *Palandt/Brudermüller,* § 1408 Rn.1; so auch vgl. zu §§ 2287, 2325 BGB: *MüKo/Musielak*, § 2287 Rn. 4; *MüKo/Lange*, § 2325 Rn. 23 ff., 38; *Jauernig/Stürner*, § 2325 Rn. 4.

307 *Uhlenbruck*, Das neue Insolvenzrecht, RegE Begr. § 144 InsO.

zum Ziel (außer möglicherweise im Rahmen der noch zu behandelnden Güterstandsschaukel). Vielmehr habe eine Gesamtschau stattzufinden. Im Falle der Vereinbarung einer Gütergemeinschaft seien die Nachteile, die diese für die Gläubiger mit sich bringe mit den sich hieraus ergebenden Vorteilen abzuwägen. Sollten die Nachteile überwiegen, etwa weil wie im Beispielsfall die Schulden des unbegüterten Ehegatten den Wert des eingebrachten Vermögens überstiegen, so entspreche diese „Zuwendung" auf Grund ihres besonderen familienrechtlichen Elements trotzdem nicht einer herkömmlichen unentgeltlichen Zuwendung. Insoweit seien die Anfechtungsvorschriften im Lichte der familienrechtlichen Zielsetzungen einer Gütergemeinschaft teleologisch zu reduzieren.[308] Eine durch Ehevertrag begründete unentgeltliche Zuwendung wäre danach insoweit anfechtungsfest.

Die Rechtsprechung und die herrschende Meinung in der Literatur weichen jedoch inkonsequenter Weise von ihrer oben dargestellten grundsätzlichen Auffassung[309] zur Behandlung von unbenannten Zuwendungen ab. Es wird differenziert. Unentgeltliche Zuwendungen auf Grund der Vereinbarung des Güterstands der Gütergemeinschaft sind von unbenannten Zuwendungen dahingehend zu unterscheiden, dass Ausgleichsforderungen im Verhältnis zu Dritten anfechtungsfest wären, obwohl andererseits unbenannte Zuwendungen nach Meinung des BGH (und nach Teilen der Literatur) objektiv unentgeltliche Rechtsgeschäfte darstellen.[310]

Für die Anfechtungsfestigkeit der ehevertraglich zugesicherten unbenannten Zuwendungen wird weiter vorgebracht, dass diese Vermögenszuwendungen durch die Vereinbarung der Gütergemeinschaft getätigt werden würden, einen besonders starken familienrechtlichen Be-

308 Vgl. *Hayler*, Ehebedingte Zuwendungen im Verhältnis zu Dritten, S. 84.

309 siehe oben A. 2. d.

310 Dem BGH folgend, konträr zu seiner sonstigen Meinung zu unbenannten Zuwendungen *Hayler*, Rechtsfolgen ehebedingter Zuwendungen im Verhältnis zu Dritten, S. 82 f.

zug hätten. Sie seien durch den Gesetzgeber mit §§ 1416, 1419 BGB bestätigt worden, womit dieser innereheliche Vermögensverschiebungen ausdrücklich anerkannt habe, der höhere Bestandsschutz daher legitimiert sei.[311] Dies werde weiter dadurch gestützt, dass das Güterrecht eine dingliche Wirkung habe. Der Gesetzgeber habe durch die Normierung einiger Schutzvorschriften (§§ 1410, 1412, 1416, 1419, 1437, 1459, 1480 BGB) die schutzwürdigen Interessen Dritter ausreichend berücksichtigt, so dass eine Benachteiligung von Gläubigern im Falle der ehevertraglichen Zuwendung diesen zumutbar sei. Die für den Gläubiger absehbaren dinglichen Wirkungen der Gütergemeinschaft sollen für die erforderliche Rechtssicherheit des Gläubigers ausreichen und dienen damit als Begründung einer dem Gläubiger zuteil werden lassenden Benachteiligung.

Die Gläubiger haben darüber hinaus die Möglichkeit, sich über das Güterstandsregister nach §§ 1558 ff. BGB über den Güterstand des Vertragspartners zu erkundigen. Der Rechtsverkehr sei somit ausreichend geschützt. Aufgrund der Kenntnis über den konkret vereinbarten Güterstand könne der Gläubiger entscheiden, ob er mit dem Ehegatten kontrahieren möchte oder nicht.[312]

Die Unanfechtbarkeit ist indes nur gegeben, solange die Ehegatten die Ehevertragsfreiheit nicht grob missbrauchen.[313] Sollten die Ehegatten den Güterstand lediglich zur Benachteiligung Dritter wechseln, so sei dieser Wechsel Dritten gegenüber nicht anfechtungsfest. Die dinglichen Rechtsgeschäfte zur Erfüllung einer vertraglich begründeten Leistungspflicht teilen das rechtliche Schicksal des ihnen zugrunde liegenden schuldrechtlichen Verpflichtungsvertrages.[314] Der BGH spricht hier von sog.

311 So *Hayler*, Ehegattenzuwendungen im Verhältnis zu Dritten, S. 78.

312 *Hayler*, Ehegattenzuwendungen im Verhältnis zu Dritten, S. 79 f.

313 Ein solcher lag in einem vom Reichsgericht zu entscheidenden Fall vor, RGZ 87, S. 301, in dem die Ehegatten ein Jahr vor dem Tod des begüterten Ehegatten zunächst allgemeine Gütergemeinschaft vereinbarten, um 5 Tage später Gütertrennung zu vereinbaren, um die Rechte eines minderjährigen Kindes des Mannes aus erster Ehe auszuhebeln.

314 *Müko-InsO/Kirchhof*, § 134 InsO Rn. 24.

„ehefremden Zwecken“, wenn die Absichten der Ehegatten bei der Modifikation des Güterstands nicht auf die Verwirklichung der Ehe und auf die umfassende Ordnung des ehelichen Vermögens gerichtet sind, sondern vielmehr allein der Gläubigerbenachteiligung gereichen sollen. Auf diese Absichten könne aus den objektiven Umständen zu schließen sein.[315] Auch eine unverhältnismäßig hohe Quote im Rahmen des Zugewinnausgleichs, welche einem vermögenslosen Ehegatten eingeräumt wird, spricht danach für ein kollusives Zusammenwirken der Ehegatten zum Nachteil Dritter. In diesen Fällen fehle es an der notwendigen familienrechtlichen *causa*, die eine Anfechtungsfestigkeit Dritten gegenüber rechtfertigt.

Im Rahmen gemischter Zuwendungen, d.h. wenn einem der Ehegatten mehr als dem anderen zugewendet wird, gilt dies in ähnlicher Weise. Sollte die anfechtbare, unentgeltliche Zuwendung nicht von der unanfechtbaren, entgeltlichen Leistung zu trennen sein, dann unterliegt die gemischte Zuwendung lediglich der Anfechtung, wenn der Hauptzweck des Rechtsgeschäfts in der Freigiebigkeit der Zuwendungen lag und die wechselseitig zugewendeten Vermögensgegenstände in einem groben Missverhältnis zu einander stehen. Dies lässt darauf schließen, dass die Ehegatten den ihnen zustehenden Bewertungsspielraum, innerhalb dessen sie frei untereinander das Vermögen verteilen können, missbräuchlich überschritten haben. Die insoweit dispositiven gesetzlichen Bestimmungen bieten eine Referenzmöglichkeit.[316] Es muss somit ein schwerer Missbrauch durch die Ehegatten stattfinden, um eine Anfechtung zu begründen und den gesetzlichen Schutz der Ehegatten zu überwinden.

---

315 BGH FamRZ 1992, S. 304, 305.
316 BGHZ 57, S. 123, 127.

3. Anfechtbarkeit ehevertraglicher unentgeltlicher Zuwendungen

Nach einer in der Literatur teilweise vertretenen Auffassung[317] sind Güterrechtsverträge anfechtbar, wenn sie unentgeltliche Zuwendungen enthalten. Dadurch soll den Ehegatten die Möglichkeit verwehrt werden, durch nachträgliche Vereinbarung unentgeltliche Zuwendungen in eine „entgeltliche", d.h. unanfechtbare Leistung umzuwandeln.[318] Nach dieser Auffassung ist die Anfechtungsmöglichkeit der Gläubiger durch die güterrechtliche Vertragsfreiheit nicht eingeschränkt und der Ehevertrag unterliegt somit der Insolvenzanfechtung.[319] Damit kassiert das besondere Anfechtungsbedürfnis der Gläubiger aufgrund der hohen Missbrauchsgefahr durch die Ehegatten deren Freiheit, innereheliche Vermögensverschiebungen zu tätigen.

Die Anwendbarkeit und der Umfang der Schenkungsanfechtung soll außerdem davon abhängig gemacht werden, inwiefern die Änderung des Güterstandes die Zugriffsmöglichkeit der Gläubiger verkürzt.[320] So könne ein Ehevertrag als Schenkungsvertrag in den Fällen gedeutet werden, in denen sich die Eheleute über die Unentgeltlichkeit der Zuwendung einig waren.[321] Dies wäre dann der Fall, wenn die Ehegatten den gesetzlichen Güterstand der Zugewinngemeinschaft z.B. vor Insolvenzeröffnung durch Ehevertrag beenden, um einen vorzeitigen Zugewinnausgleich durchzuführen. Innerhalb dieses Zugewinnausgleichs könne zwischen den Ehegatten dann mehr ausgeglichen werden, als eigentlich gesetzlich zu-

---

317 *Kuhn/Uhlenbruck*, KO, § 32 Rn. 10; *Jaeger/Henckel*, KO, § 29 Rn. 46; *Böhle-Stamschräder/Kilger*, AnfG, § 3 Anm. V. 1, S. 57.

318 Dies wird durch den Vergleich untermauert, dass auch eine Schuldnerverfügung mit der Gegenleistung eines Pflichtteilsverzichts des anderen Ehegatten ist in der Regel als unentgeltliche Leistung angesehen wird und damit nach § 134 InsO anfechtbar ist, vgl. BGH ZIP 1991, S. 454 ff.; BVerfG ZIP 1991, S. 736 ff.

319 BGH NJW 1973, S. 48; OLG Zweibrücken OLGZ 1965, S. 304; *Holzapfel*, Ehegattenschenkungen und Gläubigerschutz, S. 26 f.

320 BGHZ 57, S. 123 ff.

321 BGHZ 116, S. 178, 182.

stehe. Die Ehegatten hätten dann zudem die Möglichkeit, eine höhere Quote, als dies gesetzlich durch § 1476 BGB vorgesehen ist, zu vereinbaren.[322] Auseinandersetzungsverträge im ehelichen Güterrecht wären dann nach denselben Grundsätzen anfechtbar, wie dies bei gemischten Schenkungen der Fall sei. Entscheidend ist nach dieser Auffassung, ob die Vermögensverschiebung bereits unmittelbar durch den Güterstandsvertrag entstanden ist oder ob dies erst durch den Vollzug der unentgeltlichen Vermögensverschiebung geschieht. Im letzteren Fall sei das Vollzugsgeschäft anfechtbar, im ersteren Fall könne der Güterrechtsvertrag selbst der Anfechtung der Gläubiger unterliegen. Unanfechtbar ist nach dieser Meinung lediglich die Beendigung des Güterstands durch Ehescheidung, da die Beendigung der Ehe auf Grund der höchstpersönlichen Rechte des Schuldners gegenüber den Gläubigern Vorrang genießt und damit auch hier Bestand habe.[323]

Dieser Ansicht kann jedoch nicht gefolgt werden. So wird hier der von den Ehegatten verfolgte zulässige besondere familienrechtliche Zweck der unbenannten Zuwendung außer Acht gelassen. Es wird vielmehr unter Berufung auf die Rechtsprechung des BGH die grundsätzliche Anfechtbarkeit von Eheverträgen betont. Der BGH[324] ging jedoch nicht so weit, wie es von Vertretern dieser Ansicht propagiert und ihrer Argumentation zu Grunde gelegt wird. Der BGH stellte lediglich fest, dass Eheverträge, wie auch alle anderen Verträge unter Eheleuten, grundsätzlich der Gläubigeranfechtung unterliegen *können*, eine Anfechtung folglich nur nicht von vornherein ausgeschlossen ist. Ob und inwieweit die gesamte Güterstandsvereinbarung anfechtbar ist, ist jedoch laut BGH im Rahmen einer Einzelfallbetrachtung zu ermitteln. Der BGH erkennt jedoch, entgegen der Annahme in der Literatur, für den Regelfall einen Vorrang der Ehevertragsfreiheit vor den Interessen der Gläubiger an.[325]

322 BGHZ 116, S. 178, 182.
323 *Huber*, AnfG, § 4 Rn. 33.
324 Vgl. BGHZ 57, S. 123, 124.
325 BGH FamRZ 1992, S. 304, 305 mit Verweis auf BGHZ 57, S. 123, 126.

Daher sprechen die besseren Argumente gegen die Anfechtbarkeit ehevertraglicher Zuwendungen unter den Ehegatten. Sollten die Ehegatten den Güterstand der allgemeinen Gütergemeinschaft aufheben und Gütertrennung vereinbaren, so kann dies durch die Gläubiger in der Regel nicht mit Hilfe der Schenkungsanfechtung angefochten werden. Etwas anderes gilt lediglich im Falle eines evidenten Missbrauchs.

4. Ergebnis

Eine generelle Anfechtbarkeit unbenannter Zuwendungen ist abzulehnen. Dies gilt insbesondere und konsequenterweise im Rahmen ehevertraglich vereinbarter unbenannter Zuwendungen. Daher ist der Auffassung zu folgen, wonach güterrechtliche Ausgleichsansprüche schenkungsanfechtungsfest sind.

Als Vorteil güterrechtlicher Ausgleichsansprüche wird der Schutz vor Missbrauch gegenüber den Gläubigern genannt. Da dieser Schutz ebenso im Rahmen einer notariellen Beurkundung der unbenannten Zuwendung gewährleistet werden kann, ohne einen Ehevertrag schließen zu müssen, stellt die Vornahme der Schenkung durch Ehevertrag kein geeignetes Differenzierungskriterium für die Behandlung von unbenannten Zuwendungen dar. Dies gilt erst Recht bei Zuwendungen im Rahmen einer ehevertraglichen Vereinbarung. Nach § 1410 BGB muss der Ehevertrag notariell beurkundet werden. Ein zeitliches Differenzierungskriterium zum Schutz der Gläubiger ist somit gegeben. Die Richtigkeit des Ehevertrages ist aufgrund sachkundiger Beratung der Parteien durch den Notar als neutralen Dritten gewährleistet.[326]

Da jedoch auch unbenannte Zuwendungen ohne Ehevertrag anfechtungsfest gegenüber Dritten sein sollten, kommt es auf eine weitere Abgrenzung nach der hier vertretenen Auffassung nicht an. Es wird vielmehr die hier vertretene Meinung durch ein weiteres Argument gestärkt. So gelten nach der Ansicht des BGH die Zuwendungen als anfechtbar, bei

326 *Gernhuber/Coester-Waltjen*, Lehrbuch des Familienrechts, § 32 II Rn. 1.

denen die Ehegatten nicht den Weg der ehevertraglichen Zuwendung gewählt haben und als unanfechtbar, wenn eine ehevertragliche Lösung gewählt wurde. Eine Kategorisierung unentgeltlicher Zuwendungen anhand des Kriteriums „mit" oder „ohne" Ehevertrag erscheint jedoch rein zufällig; ein solches Kriterium ist im Ergebnis als zur Differenzierung untauglich anzusehen.

Probleme und Lösung des Fallbeispiels

Grundfall: Im obigen Fallbeispiel stellte sich die Frage, ob die Vereinbarung der Gütergemeinschaft bzw. der Gütertrennung angefochten werden kann. Es ist zunächst fraglich, ob der Gläubiger grundsätzlich einen Anspruch darauf hat, dass sein Vertragspartner in dem zum Zeitpunkt des Kontrahierens bestehenden Güterstand verbleibt. Laut BGH stellt die Vereinbarung der Gütergemeinschaft keine unentgeltliche Zuwendung bzw. Schenkung dar, obwohl der vermögenslose Ehegatte hierdurch die gesamthänderische Berechtigung am Vermögen des begüterten Ehegatten erlangt.[327]

Die Ehegatten hatten zunächst Gütergemeinschaft und einige Zeit später Gütertrennung vereinbart. Dies hatte zur Folge, dass die vermögenslose F nach §§ 1416, 1419 BGB zunächst eine Gesamthandsberechtigung an dem Vermögen des M erlangt. Durch die Beendigung der Gütergemeinschaft müssen sich die Ehegatten nach § 1471 Abs. 1 BGB über das Gesamtgut auseinandersetzen. Den Ehegatten steht das Gesamtgut wertmäßig zu gleichen Teilen zu, vgl. § 1476 Abs. 1 BGB. Der begüterte M hat folglich die Möglichkeit, an seinen Gläubigern vorbei die Hälfte seines Vermögens an seinen vermögenslosen Ehegatten zu übertragen.

Der BGH sieht die kurze Zeitspanne zwischen den jeweiligen Güterstandsvereinbarungen als Indiz für ehefremde Absichten an. In einer lediglich kurzen Phase der Gütergemeinschaft bestehe nicht die Möglichkeit, die entsprechende innereheliche Ordnung herzustellen. Allerdings kann natürlich auch bei einer längeren Phase der Gütergemeinschaft die Benachteiligungsabsicht der Ehegatten gegenüber Dritten bestehen. Im

327 Vgl. BGH NJW 1992, S. 558 ff.

Falle der ehefremden Motivation bei der Güterstandsvereinbarung, können die Gläubiger nach § 134 InsO anfechten.

Eine solche Gläubigerbenachteiligung ist daneben auch gegeben, wenn die Ehegatten das Gesamteigentum umwandeln, bevor eine Gesamtgutsverbindlichkeit erfüllt wurde, der Ehegatte des Gemeinschuldners vor der Teilung jedoch noch nicht als Gesamtschuldner haftete. Eine Haftung wäre dann jedoch nach § 1480 BGB durch die Teilung begründet. In diesem Fall ist der Insolvenzverwalter allerdings nicht berechtigt, die Haftung nach § 1480 BGB geltend zu machen.[328]

Zusatzfrage: Bejaht man entgegen der hier vertretenen Auffassung das Vorliegen einer ehefremden Zwecksetzung, so stellt sich weiter die Frage, inwiefern sich die Stellung zwischen Alt- und Neugläubiger unterscheidet, ob eine Anfechtungsmöglichkeit lediglich besteht, wenn der Gläubiger bereits zum Zeitpunkt der Zuwendung über eine rechtskräftige Forderung verfügte oder, ob künftig erst hinzutretende Gläubiger ebenso ein Anfechtungsrecht besitzen.[329]

Dafür, dass eine Zuwendung nicht anfechtungsfest sein soll, wenn zum Zeitpunkt der Vornahme der Zuwendung bereits Gläubiger vorhanden waren, sprechen die bereits angeführten Argumente. Die Gläubiger sollen vor benachteiligenden Verfügungen des Schuldners geschützt werden.[330] Bestanden diese Forderungen bzw. eine konkrete Rechtsbeziehung jedoch noch nicht zum Zeitpunkt der Verfügung, so lässt sich der Schutz des Gläubigers nicht begründen. Zu untersuchen ist daher, wie es sich mit Neugläubigern verhält, die ihre Forderung erst nach Vereinbarung der Gütergemeinschaft erlangt haben.

---

328 OLG Zweibrücken OLGZ 1965, S. 304, 307, 308; *Bähr*, JR 1972, S. 293, 294; *Kuhn/Uhlenbruck*, KO (11. Aufl.), § 32 Rn. 10.

329 Vgl. *Münch*, FamRZ 2004, S. 1329, 1331.

330 *Lotter*, MittBayNot 1998, S. 422 ff.; *Langenfeld*, DAI-Skriptum Intensivkurs zu Ehegattenverträgen, 2003, Teil B, S. 47 ff.

Nach herrschender Meinung besteht ein Anspruch darauf, dass ein für die Gläubiger günstiger Güterstand gewählt wird.[331] Dies obwohl es den Ehegatten nach § 1408 BGB grundsätzlich frei steht, ihre güterrechtlichen Verhältnisse für die Zukunft frei zu regeln.[332] Eine solche Begünstigung ist nicht zu befürworten. Unterlässt es ein neuer Gläubiger bei seinem Vertragspartner, sich ausreichend Sicherheiten zu verschaffen und kontrahiert freiwillig mit diesem, so sollte es ihm verwehrt bleiben, auf Vermögen zuzugreifen, mit dem er gar nicht gerechnet hat bzw. rechnen durfte, indem er frühere Rechtsgeschäfte des Vertragspartners anficht, um damit die Haftungsmasse zu erweitern. Es kommt hier auch nicht auf das gläubigerbenachteiligende Verhalten des Schuldners im Vorfeld an. Der Gläubiger ist nicht schutzwürdig, er kann sich nicht durch Bestandteile aus dem Vermögen des Schuldners befriedigen, die sich im Zeitpunkt des Vertragsschlusses bereits nicht mehr im Vermögen des Schuldners befunden haben. Der Gläubiger suchte sich seinen Vertragspartner zum Zeitpunkt des Vertragsschlusses aus und muss sich mit dessen finanzieller Situation zu diesem Zeitpunkt begnügen.

Ein zu langer Anfechtungszeitraum von Verfügungen des Schuldners beschränkt außerdem die Möglichkeiten des Schuldners, über sein Vermögen frei und jederzeit ohne Anfechtungsrisiko zu verfügen; die Rechtssicherheit des Zuwendungsempfängers wird reduziert. Der haftungsbegründende Tatbestand ist folglich teleologisch zu reduzieren, damit die ehevertraglichen Zuwendungen, die nicht von einer Fremdschädigungsabsicht getragen sind, nicht der Anfechtung unterfallen.[333] Grundsätzlich sind Gläubiger auch nicht davor geschützt, dass der

---

331 BGH MDR 1965, S. 41; RGZ 15, S. 64; RGZ 26, S. 13; *Kilger/Huber* AnfG, Einf. II 3; *Kübler/Prütting/Bork (Paulus*), InsO, Anh. I § 1 AnfG Rn. 10; *Huber*, AnfG, Einführung Rn. 14; a.A. *Böhnert* JuS 1997, S. 1123, Erläuterung S. 1127.

332 BGH NJW 1972, S. 48, 49 = BGHZ 57, S. 123, 126 zu § 3 AnfG (a.F.); bejahend: *Lotter*, MittBayNot 1998, S. 442 ff. argumentiert mit dem neuen Wortlaut des § 3 Abs. 1 AnfG.

333 Vgl. *Lotter*, MittBayNot 1998, S. 422, 424.

Schuldner mit anderen Parteien kontrahiert. Es besteht allgemeine Vertragsfreiheit, die auch durch entsprechende Gläubigerinteressen nicht untergraben werden darf.

Im Übrigen kann man nicht von einer Benachteiligungsabsicht zum Zeitpunkt der Vereinbarung eines Ehevertrages sprechen, wenn mit dem benachteiligten Gläubiger noch gar nicht vertraglich kontrahiert wurde. Hier würde die Vertragsfreiheit zu sehr eingeschränkt werden, hätte der Gläubiger die Möglichkeit, jedwede Verfügung des Schuldners auch vor seiner vertraglichen Beziehung mit dem Schuldner anfechten zu können. Folglich ist die Benachteiligung künftiger Gläubiger nach Abwägung der beiderseitigen Interessen vertretbar. Ein Dritter, d.h. der begünstigte Ehegatte, haftet somit lediglich, wenn die Verbindlichkeit bereits im Zeitpunkt der den Gläubiger benachteiligenden Rechtshandlung begründet war.

II. Anfechtungsfestigkeit von Zugewinnausgleich

Fall: M und F sind seit 1992 miteinander verheiratet. M ist als Maler und Tapeziderermeister selbständig, er beschäftigt 20 Gesellen. F ist Hausfrau und kümmert sich um die drei gemeinsamen Kinder. Da die Zahlungsmoral in der Baubranche in den letzten Jahren nachgelassen hat, sieht sich M großen finanziellen Unwägbarkeiten ausgesetzt.

Um das lange zusammengesparte Familienheim aus der Haftung herauszunehmen, rät der befreundete Notar N dem M, den Güterstand der Zugewinngemeinschaft abzubedingen und für eine juristische Sekunde Gütertrennung zu vereinbaren. Danach soll M jedoch wieder den Güterstand der Zugewinngemeinschaft wählen, da der überlebende Ehegatte ansonsten im Erbfall wegen dreier Kinder schlechter stünde. Dies befolgten die Eheleute im Jahr 2004 und führen den Zugewinnausgleich durch. Der Ehefrau wird in Erfüllung ihres Zugewinnanspruches das Eigenheim übertragen. M verbleibt sein florierender Betrieb. Im Jahr 2007 tritt das von M Befürchtete ein. Ein Großkunde meldet Insolvenz an und M kann seine Angestellten nicht mehr bezahlen. Er muss daraufhin ebenfalls Insolvenz anmelden. Die Gläubiger des M fragen sich daraufhin, ob sie die Eigentumsübertragung des Familienheims anfechten können.

1. Allgemeines

Die Ehegatten haben die Möglichkeit der ehevertraglichen Beendigung, Abbedingung bzw. Modifikation der Zugewinngemeinschaft. Die Beendigung des Zugewinnausgleichs nach § 1372 BGB hat zur Folge, dass der Zugewinn nach §§ 1373 bis 1390 BGB zu teilen ist. Als Folge des Ausgleichs erfolgen Vermögensübertragungen zu Gunsten des Ausgleichsbegünstigten. Diese Zuwendungen erfolgen aufgrund eines gesetzlichen Anspruchs, sie sind damit nicht unentgeltlich (vgl. oben) und erfolgen schenkungsstreuerfrei, vgl. § 5 Abs. 2 ErbStG.[334] Dies wird auch als eine „haftungsmäßig günstige Organisation des Familienvermögens" bezeichnet.[335] Diese Art des strategischen Schutzes von Vermögenswerten vor Gläubigerzugriffen ist auch in den USA weit verbreitet und wird unter dem Terminus „*Asset Protection*" durchgeführt.[336]

Fraglich ist jedoch, ob dieser vorzeitige Zugewinnausgleich aufgrund wegen Gläubigerbenachteiligungsabsicht anfechtbar sein kann. Zum einen könnte man den Güterstandswechsel nach § 134 Abs. 1 InsO anfechten, würde man den vorzeitigen Zugewinnausgleich als unentgeltliche Zuwendung qualifizieren, zum anderen könnte eine Anfechtbarkeit nach § 133 Abs. 2 S. 1 InsO bzw. nach § 3 Abs. 2 S. 1 AnfG gegeben sein.

---

334 *Langenfeld*, NJW 2011, S. 966, 969.

335 Siehe zur Sicherung künftiger familienrechtlicher Ansprüche, insb. Sicherung des Anspruchs auf Zugewinnausgleich *Löhnig*, FamRZ 2004, S. 503 ff.

336 *Goldstein*, Asset Protection Made E-Z Guide, *Deerfield Beach/Florida* 2001, S. 15.

2. Anfechtbarkeit der Güterstandsschaukel

a) Anfechtbarkeit nach § 134 InsO

Zu untersuchen ist, ob diese Ausgleichsforderungen Dritten, d.h. insbesondere den Gläubigern gegenüber, wirksam bzw. anfechtungsfest sind. Da § 134 InsO die Unentgeltlichkeit der Zuwendung fordert, müsste die Ausgleichsforderung im Rahmen des Zugewinnausgleichs wirksam sein, d.h. die Insolvenzmasse schmälern, da auf diese ein gesetzlicher Anspruch besteht. Der Zugewinn wird von dem ausgleichspflichtigen Ehegatten wegen des Anspruchs aus § 1378 Abs. 1 BGB geschuldet und stellt somit keine unentgeltliche Leistung dar. Damit ist ein Zugewinnausgleich grundsätzlich nach § 134 InsO anfechtungsfest.[337] Allerdings sind Vereinbarungen des Schuldners über einen Zugewinnausgleich zu Gunsten seines Ehegatten anlässlich einer Scheidung der Ehe Rechtshandlungen bzw. Rechtsgeschäfte im Sinne der Anfechtungstatbestände.[338]

Der Zugewinnausgleich errechnet sich aus dem Vergleich des jeweiligen Zugewinns und dem hälftigen Ausgleich. Ein das Anfangsvermögen übersteigendes Endvermögen wird es bei einem insolventen Schuldner regelmäßig lediglich in der Form geben, dass nach neuer Rechtslage bereits ein negatives Anfangsvermögen vorhanden ist und das Endvermögen auch negativ ist.[339] Allerdings muss zwischen Anfangs- und Endvermögen ein Zugewinn erzielt worden sei, ein negativer Zugewinn ist auch nach neuer Rechtslage nicht möglich.

Die Anfechtung des Zugewinnausgleichs wird nicht bereits dadurch ausgeschlossen, dass über den Zugewinnausgleich eine gerichtliche Entscheidung ergeht. Allerdings wird, wie oben bereits ausgeführt, ein Ausgleich aufgrund gesetzlichen Anspruchs nicht als unentgeltliche Zu-

---

337 Vgl. *Brambring*, ZEV 1996, S. 248, 252.
338 *Kuhn/Uhlenbruck*, KO, § 32 Rn. 2a; *Jaeger/Henckel*, KO, § 29 Rn. 50.
339 *Münch*, MittBayNot 2009, 261, 262.

wendung verstanden. Eine Anfechtung nach § 134 InsO kommt somit nicht in Betracht.

b) Anfechtung nach § 132 InsO

Neben der Anfechtungsmöglichkeit nach § 134 InsO besteht noch die Möglichkeit der Anfechtung nach § 132 InsO. Hier ist jedoch die Anfechtungsfrist auf zwei Jahre beschränkt im Vergleich zu der längeren Anfechtungsfrist von vier Jahren bei einer Schenkungsanfechtung, vgl. §§ 133 Abs. 2 i.V.m 138 InsO.[340] Für eine Anfechtbarkeit nach § 132 Abs. 2 i.V.m. Abs. 1 InsO müsste in den letzten drei Monaten vor dem Antrag auf Eröffnung des Insolvenzverfahrens verfügt worden sein, spätestens jedoch nach Eintritt der Zahlungsunfähigkeit.[341] Damit besteht bereits ein sehr kleines Zeitfenster für die Anwendbarkeit des § 132 InsO. Die Regelung des § 132 InsO verhindert allerdings, dass der Schuldner einige ausgewählte Gläubiger nach Bekanntwerden der Krise vorweg befriedigt.

Um eventuelle Pflichtteilsquotenveränderungen im Rahmen eines späteren Erbfalls zu vermeiden, können die Ehegatten einige Zeit nach der Abbedingung/Beendigung des Güterstands des Zugewinnausgleichs diesen erneut vereinbaren. Dies wird als sog. „Schaukelmodell" oder als die „Güterstandsschaukel" bezeichnet.[342] Diese Gestaltung ist unter schenkungsteuerlichen Aspekten interessant. Eine Ausgleichsforderung, die auf Grund ehevertraglicher Vereinbarung der Zugewinngemeinschaft kraft Gesetzes entsteht, stellt aus steuerlicher Sicht keine der Schenkungsteuer unterliegende, freigiebige Zuwendung unter Lebenden dar, wenn tatsäch-

---

340 Weiterführend, insbesondere in Bezug auf den sich verändernden Pflichtteil bzw. der Pflichtteilsquoten *Wegmann*, ZEV 1996, S. 201, 205 f.

341 Vgl. vertiefend *Hess*, InsO, § 132 Rn. 1, S. 9 ff.

342 *Wegmann*, ZEV 1996, S. 201, 206; Vereinbaren die Ehegatten jedoch ein vertragliches Rückforderungsrecht im Falle der Scheidung, so dürfte die Vereinbarung der Gütertrennung als Scheingeschäft i.S.d. § 117 Abs. 1 BGB unwirksam sein.

lich eine güterrechtliche Abwicklung der Zugewinngemeinschaft stattfindet.[343]

Problematisch ist jedoch, wie es zu bewerten ist, wenn die Ehegatten den Güterstand lediglich wechseln, um eine bestandskräftige Zuwendung im Rahmen einer drohenden Insolvenz zu ermöglichen. Dies wird sogar teilweise von der notariellen Praxis empfohlen.[344] So kann die Gütertrennung unter Umständen nur für eine juristische Sekunde vereinbart werden.

c) Anfechtung nach § 133 Abs. 2, 138 InsO

Zu untersuchen gilt, in wieweit ein Wechsel des Güterstands als solcher oder zumindest die oftmals damit verbundenen Regelungen zur Erfüllung des Zugewinnausgleichsanspruchs der Anfechtbarkeit unterliegen. In Betracht kommt eine Anfechtbarkeit wegen unmittelbarer Gläubigerbenachteiligung und damit der Tatbestand des § 133 Abs. 2 S. 1 InsO. Diese Anfechtungsalternative kommt allerdings nur zum Tragen, wenn man das Schaukelmodell bzw. seine zugrundeliegenden Zuwendungen als entgeltlich qualifiziert. Ein vom Schuldner geschlossener, entgeltlicher Vertrag mit einer nahestehenden Person, z.B. dem Ehegatten, i.S.d. § 138 InsO ist anfechtbar, wenn dadurch seine Insolvenzgläubiger unmittelbar benachteiligt werden. Der erforderliche Gläubigerbenachteiligungsvorsatz des Schuldnerehegatten und eine diesbezügliche Kenntnis des begünstigten Ehegatten wird dann im Wege der Beweiserleichterung widerlegbar vermutet, vgl. § 133 Abs. 2 S. 2 InsO, § 3 Abs. 2 S. 2 AnfG. Allerdings liegt eine Benachteiligung der Gläubiger nur für den Teil des Vermögens vor, welcher die Schnittmenge von Insolvenzmasse und zugewinnausgleichspflichtigem Vermögen bildet. Nicht von dieser Schnittmenge umfasst sind unpfändbare Gegenstände. Werden solche unpfändbaren Gegenstände

343 BFH, ZErb 2005, S. 419 ff.; *Feick*, ZErb 2005, S. 422.
344 *Brambring*, ZEV 1996, S. 248, 252.

zwecks Erfüllung des Ausgleichsanspruchs übertragen, so unterliegen sie nicht dem Zugriff der Insolvenzgläubiger.

3. Neue Rechtsprechung

Nach der jüngsten Rechtsprechung des IX. Senats des BGH[345] unterliegt ein güterrechtlicher Vertrag, den der Schuldner mit einer nahestehenden Person nicht früher als zwei Jahre vor Antrag auf Eröffnung des Insolvenzverfahrens geschlossen hat als entgeltlicher Vertrag nach § 133 Abs. 2 InsO der Anfechtung. Der BGH begründet dies mit der insgesamt eintretenden Verschlechterung der Zugriffsmöglichkeiten der Gläubiger auf das Vermögen des ausgleichsverpflichteten Schuldners, infolge der im Zusammenhang mit der Aufhebung der Zugewinngemeinschaft vereinbarten Vermögensauseinandersetzung und deren dinglichem Vollzug. Unter Verweis auf die Schutzzwecke des Insolvenzrechts, insbesondere des Ziels einer gleichmäßigen Befriedigung der Insolvenzgläubiger, verwirft der BGH eine denkbare Privilegierung güterrechtlicher Verträge auf der Basis des § 1408 Abs. 1 BGB im Hinblick auf das Insolvenzanfechtungsrecht. Weil mit dieser Einordnung der Güterstandsschaukel nach den Prämissen des BGH die widerlegliche Vermutung des Gläubigerbenachteiligungsvorsatzes und der Kenntnis des anderen Teils von dem Benachteiligungsvorsatz einhergeht, hat sich das Risiko einer Anfechtung beträchtlich erhöht, womit fortan in der Praxis das Gestaltungsmittel der Güterstandsschaukel zur Ermöglichung der „*asset protection*" an Attraktivität verloren hat.

Falllösung: In dem obigen Beispiel haben die Insolvenzgläubiger daher nach jüngster BGH Rechtsprechung die Möglichkeit, die Eigentumsübertragung nach § 132 Abs. 2 BGB als unmittelbar benachteiligend anzufechten.

---

345 BGH NZI 2010, S. 738 Rn. 14.

4. Kritik an der neuen Rechtsprechung

Die eben aufgezeigte Begründung des BGH überzeugt jedoch nicht. Im Ausgangspunkt zu differenzieren gilt es zwischen der gütervertraglichen Umwandlung des Güterstands selbst und den mit ihnen zusammenhängenden Ausführungsverträgen und Erfüllungshandlungen. Der Güterstandswechsel selbst erweist sich im Regelfall als Ausdruck der persönlichen Selbstbestimmung und stellt sich in diesem Sinne regelmäßig als neutrale Rechtshandlung dar.[346] Dieser Grundsatz der Neutralität des Güterstandswechsels ist Resultat der in § 1408 BGB verbürgten Freiheit der Ehegatten jederzeit für die Zukunft ihre Güterverhältnisse ändern zu können. Gegenüber dieser internen Freiheit der Ehegatten haben externe Dritte keinen Anspruch auf Aufrechterhaltung der einmal bestehenden Güterstandsverhältnisse.[347] Dieser Ausgangsbefund wird wohl auch in der erwähnten jüngsten Entscheidung des BGH nicht angetastet, führt er doch ausdrücklich auf, dass die güterrechtliche Vereinbarung der Ehegatten von der Anfechtung nicht erfasst werde[348] und stellt als anfechtungsrelevante Rechtshandlung alleinig auf „die im Zusammenhang mit der Aufhebung der Zugewinngemeinschaft vereinbarte Regelung der Vermögensauseinandersetzung und deren dinglichen Vollzug“[349] ab.

Besteht aber aufgrund des Güterstandswechsels von der Zugewinngemeinschaft in einen anderen Güterstand, ein gesetzlicher Zugewinnausgleichsanspruch, erweist sich dessen Erfüllung dieser, wie ausgeführt nicht anfechtbar erlangten Forderung, nicht nur – insoweit in Übereinstimmung mit dem BGH – als entgeltlich, sondern allenfalls als mittelbar gläubigerbenachteiligend. Der BGH übersieht bei seiner Qualifikation des von ihm sog. Ausführungsvertrages zum Zwecke der Erfüllung der Zugewinnausgleichsforderung, dass die Befreiung von einer

346 *Klühs*, NZI 2010, S. 921, 922.
347 Vgl. BGH NJW 1972, 48.
348 BGH NZI 2010, S. 738 Rn. 14.
349 BGH NZI 2010, S. 738 Rn. 9.

unanfechtbaren Verbindlichkeit, die durch die anzufechtende Erfüllungshandlung erzielt wird, grundsätzlich einen vollwertigen wirtschaftlichen Ausgleich für das Ausscheiden der für die Erfüllung benötigten Mittel aus dem haftbaren Vermögen darstellt.[350] Geht aber mit der Erfüllung die Befreiung von einer Verbindlichkeit einher, die anfechtungsfest erworben wurde, scheidet nach den im Grundsatz allgemein anerkannten Prinzipien eine vom BGH hier aber angenommene, unmittelbare Gläubigerbenachteiligung aus. Allein möglich ist insoweit, weil sich im Zuge der Erfüllungshandlung eine Minderung der Quote der anderen Gläubiger ergibt, alleinig eine mittelbare Gläubigerbenachteiligung, die nach § 133 Abs. 1 InsO zu behandeln wäre und sich entscheidend von dem durch den BGH angenommenen § 133 Abs. 2 InsO durch die verringerten Beweiserleichterungen unterscheidet. Einzig im Hinblick auf Vermögensumverteilungen im Zuge der Güterstandsschaukel, die ihrem Umfange nach den gesetzlichen Ausgleichsanspruch übersteigen, läge in Ermangelung der damit erzielbaren Erfüllung einer unanfechtbar erlangten Verbindlichkeit eine unmittelbare Gläubigerbenachteiligung vor.

Zu begrüßen ist allerdings die Einebnung einer Differenzierung durch den BGH zwischen in schuldrechtlichen Verträgen zwischen Ehegatten und in die Aufhebung eines Güterstands begleitende Ausführungsverträge eingekleidete Vermögensverschiebungen und einer damit verbundenen Absage an eine etwaige Privilegierung der nach § 1408 Abs. 1 BGB geschlossenen Verträge. Die Auslegung anfechtungsrechtlicher Vorschriften hat sich – wie der BGH treffend herausstellt – vorrangig an den dem Insolvenzrecht eigenen Schutzzwecken zu orientieren; mit dem Eintritt der Insolvenz stellt sich ein Primat insolvenzrechtlicher gegenüber vertragsrechtlicher Ordnungsvorstellungen ein.[351] Die spezifischen Eigenheiten schuld- und familienrechtlicher Verträge können sich gegenüber den in § 1 InsO verankerten Gemeinwohlzwecken, denen die Ordnungsvorstellungen des Insolvenzrechts dienen, nicht durchsetzen.

350 Vgl. *Klühs*, NZI 2010, 921, 923.
351 BGH NZI 2010, S. 738, 740.

III. Anfechtungsfestigkeit des Versorgungsausgleichs

Neben dem bereits behandelten Zugewinnausgleich können die Ehegatten auch den Versorgungsausgleich ehevertraglich modifizieren. Fraglich ist auch hier, ob dies den Gläubigern gegenüber anfechtungsfest ist. Überschreitet der vereinbarte Versorgungsausgleich den gesetzlich vorgeschriebenen Rahmen bzw. erfüllt er teilweise die Voraussetzungen der unentgeltlichen Zuwendungen, so handelt es sich um eine gemischt unbenannte Zuwendung und die Anfechtbarkeit des unentgeltlichen Teils richtet sich nach den oben aufgestellten Grundsätzen (s.o.).

1. Versorgungsausgleichsanwartschaft

Die Ehegatten können nach § 6 VersAusglG Vereinbarungen über den Versorgungsausgleich treffen. Dadurch wird die Insolvenzmasse des Ausgleichsbelasteten noch nicht konkret beeinträchtigt, wenn der Versorgungsfall noch nicht eingetreten ist.[352] Eine Anwartschaft auf die Versorgung stellt eine dem Grunde nach gesicherte Erwartung dar, welche bei Erfüllung der entsprechenden Voraussetzungen eine Versorgung zur Folge hat.[353] Die Anwartschaft auf die Versorgung ist jedoch unpfändbar und fällt deshalb nicht in die Insolvenzmasse.[354] Die Masse wird durch die Kürzung der Anwartschaft aktuell nicht beeinträchtigt. Voraussetzung für Zahlungen ist der Versorgungsfall. Sofern der Versorgungsfall noch nicht eingetreten, ist der Versorgungsaugleich auch noch nicht relevant für die Masse. Dies ergibt sich auch aus § 36 Abs. 1 InsO i.V.m. § 851 c ZPO.[355] Gegen die Versorgungsanwartschaft besteht auch im Falle einer Nachentrichtung von Beträgen keine Anfechtungsmöglichkeit der Gläubiger. Eine Anfechtung nach

---

352 *Erman/Wellenhofer*, § 1587 b Rn. 1 ff.

353 *Erman/Wellenhofer*, § 1587, Rn. 3.

354 *Jaeger/Henckel*, KO, § 29 Rn. 51, die Änderungen durch das VersAusglG lassen dies unberührt.

355 *Scholz*, Versorgungsausgleich und Konkurs, S. 8 ff.

§ 132 Abs. 1 und § 133 Abs. 1 InsO scheidet meist schon deshalb aus, weil die Kenntnis des Anfechtungsgegners in der Regel nicht nachweisbar ist. Die erhöhte Anwartschaft fällt somit nicht in die Insolvenzmasse.

Das Versorgungsinteresse des versorgungsausgleichsberechtigten Ehegatten hat Vorrang. Auch im Falle einer Insolvenz des ausgleichsberechtigten Ehegatten umfasst dessen Masse lediglich das gesamte gegenwärtige Vermögen des Schuldners bzw. das Vermögen des Schuldners, welches dieser während des Insolvenzverfahrens erlangt, vgl. § 35 InsO.

2. Versorgungsfall bereits eingetreten

Anders könnte dies jedoch zu bewerten sein, sollte bei dem versorgungsausgleichspflichtigen Schuldner bereits vor Eröffnung der Insolvenz der Versorgungsfall eingetreten sein. In diesem Fall könnte eine Verkürzung der Rente als konkrete Benachteiligung der Masse angesehen werden und somit den Gläubigern ein Anfechtungsrecht zustehen. Da das Rentensplitting jedoch nicht rückgängig gemacht werden kann, müsste der begünstigte Ehegatte den entsprechenden Betrag zur Masse ziehen. Wird die Ehescheidung zu dem Zweck vorgenommen, die Gläubiger zu benachteiligen, könnte eine Absichtsanfechtung in Betracht kommen. Anfechtungsrelevante Rechtshandlung des Schuldners wäre dann der Scheidungsantrag bzw. das Unterlassen, dem unbegründeten Scheidungsantrag des Ehegatten nicht entgegenzutreten.

Die herrschende Meinung entzieht jedoch Personenstandsänderungen, wie die Eheschließung und die unmittelbaren Folgen von Personenstandsänderungen der Gläubigeranfechtung.[356] Eine Personenstandsänderung sei Auswuchs des allgemeinen Handlungs- und Persönlichkeitsrechts und könne nicht durch Dritte beschnitten werden.

---

356 *Kilger/ Schmidt*, KO, § 29 Anm. 14; *Böhle-Stamschräder/Kilger*, § 29 Anm. 14; *Jaeger/Lent* (8. Aufl.), § 29 Anm. 22.

Gegen diese Auffassung wird jedoch teilweise vorgebracht, dass die Ehegatten sich unter Umständen gerade mit dem Ziel der Gläubigerbenachteiligung scheiden lassen. Damit bezweckten sie unmittelbar vermögensrechtliche Benachteiligungen zu Lasten der Gläubiger. Eine generelle Unanfechtbarkeit der unmittelbaren Folgen von Personenstandsänderungen sei deshalb abzulehnen.[357] Um eine absichtliche Benachteiligung durch die Ehegatten einzelfallgerechter lösen zu können, sei deshalb darauf abzustellen, dass die Versorgungsausgleichsentscheidung keine Rechtshandlung i.S.d. § 129 InsO ist und aus diesem Grund nicht der Anfechtung nach den §§ 129 ff. InsO unterliege.[358] Vielmehr handele es sich beim Versorgungsaugleich um eine Rechtshandlung einer Behörde bzw. eines Rechtspflegeorgans. Der Versorgungsaugleich werde von Amts wegen unter Beachtung des Untersuchungsgrundsatzes entschieden (vgl. §§ 217 ff. FamFG). Folglich seien die Handlungen bzw. Unterlassungen der benachteiligungsgewillten Ehegatten unerheblich.[359] Nach dieser Auffassung besteht lediglich die Möglichkeit der Absichtsanfechtung nach § 133 InsO für den Fall einer vorsätzlichen Benachteiligung der Gläubiger durch die Ehegatten. Diese Differenzierung erscheint sachgerechter, da sie den bewussten Missbrauch und eine mögliche vorsätzliche Benachteiligung durch die Ehegatten berücksichtigt und Raum lässt für individuellere Entscheidungen der Ehegatten, wie im Insolvenzfall zu verfahren ist.

3. Ersatzleistungen des Versorgungsausgleichs

Nach § 1408 Abs. 2 BGB können die Ehegatten im Zusammenhang mit einem wirksamen Ausschluss des Versorgungsausgleichs auch Ersatzleistungen vereinbaren. Es besteht zum Beispiel die Möglichkeit, dass eine

---

357 *Jaeger/Henckel*, KO, § 29 Rn. 51, entgegen der Vorauflage, s. Fn. 342.

358 *Kuhn/Uhlenbruck*, KO, § 32 Rn. 22.

359 *Scholz*, Versorgungsausgleich und Konkurs, S. 17 f.; *Jaeger/Lent* (8.Auf.), KO, § 29 Anm. 11; *Böhle-Stamschräder/Kilger*, KO, § 29 Anm. 9.

Verpflichtung zur Nachentrichtung von Beiträgen für den Fall der Scheidung bestimmt wird.[360]

Fraglich ist jedoch, ob diese Nachentrichtung wiederum durch die Gläubiger angefochten werden kann. Anfechtbar könnte der die Nachzahlung begründende Vertrag als Rechtshandlung des Schuldners i.S.d. § 129 InsO sein. Es kommt wiederum lediglich die Möglichkeit der Absichtsanfechtung nach § 133 InsO in Betracht. Der Insolvenzverwalter müsste jedoch die Benachteiligungsabsicht und die entsprechende Kenntnis der Ehegatten – auch des begünstigten Ehegatten – nachweisen können. Das wird diesem nur selten gelingen. Der begünstigte Ehegatte müsste dann den vollen Nachzahlungsbetrag der Insolvenzmasse zurückzuführen.[361]

Daneben hat der Schuldner auch noch andere Möglichkeiten der Ersatzleistung. So kann er mit dem Ehegatten einen schuldrechtlichen Versorgungsausgleich i.S.d. § 1587g BGB vereinbaren bzw. sonstige Vermögenswerte ersatzweise übertragen. Diese Ersatzleistungen unterliegen jedoch wiederum der Anfechtung.[362] Nach neuer Rechtslage bleibt ihm dies allerdings unbenommen, vgl. § 20 Abs. 1 VersAusglG.

IV. Zwischenergebnis

Eheverträge bzw. Zuwendungen auf Grund von Eheverträgen können grundsätzlich im Rahmen der §§ 132 Abs. 2, 134 InsO angefochten werden. Voraussetzung ist jedoch, dass die Ehegatten den ihnen zustehenden innerehelichen Verfügungsspielraum zu Lasten der Gläubiger missbraucht haben. Ansonsten sind die insolvenzrechtlichen Anfechtungstatbestände dahingehend teleologisch zu reduzieren, dass eine haftungsmäßig günstige Organisation des Familienvermögens zuläs-

---

360 *Jaeger/Henckel*, KO, § 29 Rn. 52.

361 *Scholz*, Versorgungsausgleich und Konkurs, S. 32 ff.

362 Dazu weiterführend *Scholz*, Versorgungsausgleich und Konkurs, S. 118, 125

sig ist (Bereichsausnahme des Insolvenzrechts). Eine solche Organisation hat im Verhältnis zu den Interessen der Gläubiger Vorrang. Dies gilt auch für Zuwendungen im Rahmen des Zugewinnausgleichs zwischen den Ehegatten. Damit diese unanfechtbar sind, ist darauf zu achten, dass die Zuwendungen nicht aus einer ehefremden Motivation der Ehegatten heraus erfolgt sind oder missbräuchlichen Charakter haben. Schließlich ist auch der innereheliche Versorgungsausgleich anfechtungsfest, soweit dieser nicht auf einer vorsätzlichen Gläubigerbenachteiligung fußt.

V. Haftungsvereinbarungen durch Eheverträge

Insolvenzrecht ist Haftungsrecht.[363] Primärer Zweck von Insolvenzverfahren ist die Haftungsverwirklichung und damit Befriedigung der Gläubiger aus dem schuldnerischen Vermögen. Es ist daher für die Gläubiger relevant, wie sich die Haftungssituation verschiebt, wenn es zur Eheschließung kommt bzw. inwiefern die Haftung der vertraglichen Disposition der Ehegatten unterworfen ist. Dieser Aspekt wird im Folgenden untersucht.

1. Die Haftungssituation

a) Allgemein

Der gesetzliche Güterstand der Zugewinngemeinschaft sieht vor, dass jeder Ehegatte allein Eigentümer seines Vermögens bleibt. Auch das Vermögen, welches er nach der Eheschließung erwirbt, bleibt in dem jeweils alleinigen Vermögen, vgl. § 1363 Abs. 2 BGB. Erst nach Beendigung der Ehe findet ein Zugewinnausgleich statt. Da grundsätzlich beim gesetzlichen Güterstand der Zugewinngemeinschaft die Vermögensmas-

---

363 Begr. RegE InsO, Allg. 4a cc, BT-Drucks. 12/2443, S. 83; vgl. BGHZ 150, S. 353; *Häsemeyer*, Rn. 1.11 ff.; *Müko-InsO/Ganter*, § 1 Rn. 20, 51 f.; *Uhlenbruck*, InsO, § 1 Rn. 1.

sen während der Ehe getrennt voneinander bestehen und lediglich ein Ausgleich bei Beendigung der Ehe durch Scheidung oder Tod stattfindet, haften die Ehegatten nicht für Verbindlichkeiten des jeweils anderen. Jeder Ehegatte haftet nach außen grundsätzlich allein für seine Verbindlichkeiten. Kommt es zu Vermögensverschiebungen unter den Ehegatten, so sind die verschobenen Vermögenswerte zunächst dem Gläubiger entzogen.

Auch bei der Insolvenz eines Ehegatten bleibt das Vermögen des anderen Ehegatten prinzipiell unberührt. Bei der Berechnung des Zugewinnausgleichs werden positive und negative Vermögensteile, d.h. die Verbindlichkeiten, verrechnet, um das Endvermögen festzustellen.

Als Sittenwidrigkeitsmaßstab im Rahmen einer Sittenwidrigkeitskontrolle ehevertraglicher Vereinbarungen ist der gesetzliche Güterstand des Zugewinnausgleichs maßgeblich. Daraus folgt, dass grundsätzlich eine geringe Verpflichtung zur Haftung der Ehegatten untereinander besteht, da der gesetzliche Güterstand dies nicht vorsieht. Sollten die Ehegatten durch ehevertragliche Vereinbarung die Haftung einschränken wollen, so ist dies zumindest nicht sittenwidrig. Fraglich ist jedoch, ob der Insolvenzverwalter solche ehevertraglichen Vereinbarungen unter Umständen anfechten kann.

b) Haftungserweiterung durch § 1357 Abs. 1 BGB

aa) Grundsatz

§ 1357 Abs. 1 BGB bewirkt *unabhängig* von dem durch die Ehegatten gewählten Güterstand eine Haftungserweiterung für Verheiratete. Dies bedeutet, dass die erweiterte Haftung der Ehegatten aus § 1357 Abs. 1 BGB auch bei dem Güterstand der Gütertrennung und Gütergemeinschaft besteht.

Danach ist jeder Ehegatte auch ohne ausdrückliche Vollmacht berechtigt, Geschäfte zur angemessenen Deckung des Lebensbedarfs der Familie mit Wirkung für und gegen den anderen Ehegatten zu besorgen. Es besteht folglich im Rahmen der Deckung des Lebensbedarfs grundsätzlich eine gesamtschuldnerische Haftung nach §§ 1357 Abs. 1 S. 2, 421 BGB.[364] Sollten diese Voraussetzungen gegeben sein, ist damit der andere Ehegatte sowohl mitberechtigt als auch mitverpflichtet. Diese sogenannte „Schlüsselgewalt“ sollte der haushaltsführenden Ehefrau die Möglichkeit geben, adäquat die Familie versorgen zu können.[365] Seit der Reform des 1. EheRG hat § 1357 BGB für das Ehegatteninnenverhältnis keine große Bedeutung mehr.[366] Vielmehr hat § 1357 BGB mittlerweile lediglich die Funktion des Gläubigerschutzes. Hinsichtlich einer angemessenen Deckung des Lebensbedarfs führt § 1357 BGB somit zu einer Haftungsgemeinschaft der Ehegatten.[367] Daher besteht im Vergleich mit Unverheirateten eine erweiterte Haftung, auch „Solidarhaftung“ genannt, die aus der besonderen Verbundenheit der Partner resultiert.[368] Die Vermögenstrennung, die ansonsten in der Zugewinngemeinschaft besteht (vgl. § 1363 Abs. 2 BGB), bleibt folglich nur für alle nicht unter § 1357 BGB unterfallenden Geschäfte erhalten. Das moderne Eheverständnis geht von einem Gemeinschaftsprinzip bei Haushaltsgeschäften und einem Trennungsprinzip bei Investitionsgeschäften aus.[369]

---

364 Etwas anderes gilt lediglich, sollte der Ehegatte ausdrücklich klarstellen, dass er sich nur alleine verpflichten möchte, so z.B. wenn er ein Geschenk für seinen Ehegatten kaufen möchte.

365 *MüKo/Roth*, § 1357 Rn. 2 ff.; das Einstehen für gemeinsame Schulden wird über das Institut der Gesamtschuldner- und Gesamtgläubigerschaft nach den §§ 420 ff. BGB geregelt, vgl. *Bergschneider*, FS Schwab, S. 459, 460.

366 *Soergel/Lange* (13. Aufl.), § 1357 Rn. 2; *Wellenhofer*, Familienrecht, S. 53 f.

367 *MüKo/Roth*, § 1357 Rn. 3.

368 Zur Vereinbarkeit mir den Artt. 2 Abs. 1, 3 und 6 GG: BVerfG FamRZ 1989, S. 1273; *Holzhauer*, JZ 1977, S. 729, 731; *Soergel/Lange*, (13. Aufl.), § 1357 Rn. 2; *Wacke*, NJW 1979, S. 2585, 2587.

369 *Müller- Freienfels*, FS Lehmann I, S. 388, 401.

bb) Ausschluss und Beschränkung der Verpflichtungsermächtigung

Die Mitverpflichtung des Ehegatten im Rahmen der Schlüsselgewalt ist Dritten gegenüber nur unter besonderen Voraussetzungen abdingbar. So kann das Mitvertretungsrecht des handelnden Ehegatten nach § 1357 Abs. 2 S. 2 i.V.m. § 1412 BGB durch einen Vermerk im Güterrechtsregister ausgeschlossen werden. Diesem Vermerk steht die Kenntnis des Dritten gleich. War eine entsprechende Vereinbarung dem Dritten bei Abschluss des Rechtsgeschäfts bekannt, so entfällt die Bindungswirkung für den unbeteiligten Ehegatten, vgl. § 1412 BGB.[370]

Das Mitvertretungsrecht wird zudem verneint, wenn die Umstände des Rechtsgeschäfts dafür sprechen, dass der Ehegatte nur für sich tätig werden wollte, vgl. § 1357 Abs. 1 S. 2 BGB.

Im Innenverhältnis der Ehegatten zueinander ist eine Beschränkung der Schlüsselgewalt auch ohne Eintragung in das Güterrechtsregister wirksam.

c) Eigentumsvermutung nach § 1362 BGB

Nach § 1362 Abs. 1 S. 1 BGB wird zu Gunsten der Gläubiger der Ehegatten vermutet, dass die im Besitz eines der Ehegatten bzw. beider Ehegatten befindlichen beweglichen Sachen dem Schuldner gehören. Der Regelungsgehalt des § 1362 BGB ist dem des § 1357 BGB von daher insoweit ähnlich, als dass beide Vorschriften dem Gläubigerschutz dienen. Für die Zwangsvollstreckung liefert § 739 ZPO eine dem § 1362 BGB entsprechende Parallelfiktion.

Die Eigentumsvermutung soll den Beweisnotstand verhindern, in dem sich die Gläubiger im Vollstreckungsfall befinden können, wenn die Eigentumsverhältnisse von Mobilien im Einzelnen nicht geklärt sind und die allgemeine Eigentumsvermutung des Besitzes nach § 1006 BGB ver-

---

370 *Soergel/Lange* (13. Aufl.), § 1357 Rn. 30; *MüKo/Roth*, § 1357 Rn. 38 f.

drängt wird. Soweit die Vermutung des § 1362 BGB nicht widerlegbar ist, kommt es zu einer Vollstreckung in die ehelichen Mobilien.[371]

Bei einer Schenkungsanfechtung des Insolvenzverwalters nach § 134 InsO wirkt sich § 1362 Abs. 1 S. 1 BGB zu Gunsten der Masse aus. Alle Zuwendungen, die Ehegatten wechselseitig aus ihrem Besitz gewähren, sind im Zweifel unentgeltlich und damit nach § 134 InsO durch den Insolvenzverwalter anfechtbar.[372] § 1362 BGB enthält jedoch lediglich eine Rechtsvermutung; die Ehegatten haben die Möglichkeit, den Beweis des Gegenteils anzutreten.

Allerdings können die Ehegatten diese Eigentumsvermutung wirksam umgehen, indem sie dem Ehevertrag ein notarielles bzw. öffentlich beglaubigtes Vermögensverzeichnis nach §§ 1035 S. 2 i.V.m. 1377 BGB hinzufügen. Da der Ehevertrag ebenso gemäß § 1410 BGB notariell beglaubigt werden muss, wäre eine entsprechende gemeinsame Beglaubigung wohl sinnvoll. Die Eigentumsvermutung nach § 1362 Abs. 1 BGB ist im Rahmen einer ehevertraglichen Vereinbarung jedoch ohne Wirkung im Außenverhältnis abdingbar.[373]

2. Gleiche Haftung bei Gütertrennung

Statt des gesetzlichen Güterstands der Zugewinngemeinschaft besteht - wie bereits festgestellt - die Möglichkeit der Vereinbarung der Gütertrennung. Schließen die Ehegatten den gesetzlichen Güterstand der Zugewinngemeinschaft ehevertraglich aus, so ist der Güterstand der Gütertrennung mangels anderweitiger Anhaltspunkte anzunehmen, vgl. § 1414 S. 1 BGB.

Die Eröffnung des Insolvenzverfahrens hat im Rahmen der Gütertrennung keine Auswirkung auf den solventen Ehegatten, da das jeweilige

---

371 Kritisch *Struck*, AcP 187 (1987), S. 404, 416 ff.; *Brox*, FamRZ 1981, S. 1125, 1127 f.

372 *MüKo/Weber-Monecke*, § 1362 Rn. 20.

373 Eine Eintragung in das Güterstandsregister kann nicht erfolgen.

Vermögen während der Ehe nicht zusammengeführt wurde, sondern während der gesamten Ehezeit getrennt blieb. Im Falle der Gütertrennung haftet jeder Ehegatte – wie im Rahmen des gesetzlichen Güterstandes – für seine Schulden ausschließlich selbst. Die Insolvenzmasse umfasst lediglich das Vermögen des Gemeinschuldners. Der Ehegatte kann also sein Eigentum bzw. seine Vermögensgegenstände aus der Insolvenzmasse aussondern. Dies entspricht der grundsätzlichen Wertung, dass ein Partizipieren am Vermögen des anderen im Umkehrschluss bzw. als Kehrseite einen Gläubigerzugriff zur Folge haben kann. Durch Vereinbarung der Gütertrennung sollen meist unpraktische Vermögensverfügungsbeschränkungen nach § 1365 BGB umgangen werden. Es besteht daher keine Besonderheit im Vergleich zu der Haftung im Rahmen der Zugewinngemeinschaft. Dies liegt vor allem daran, dass die Zugewinngemeinschaft und die Gütertrennung auf den gleichen Grundsätzen basieren. Der Unterschied liegt lediglich darin, dass die Zugewinngemeinschaft eine Gütertrennung mit schuldrechtlicher Augleichspflicht bei Beendigung des Güterstandes darstellt.[374]

Die modifizierte Haftung bei Ehegatten im Vergleich zu nichtehelichen Lebensgemeinschaften und Alleinstehenden knüpft an die Wirkung der Ehe im Allgemeinen im Rahmen der §§ 1353 bis 1362 BGB an und ist folglich unabhängig von der Wahl des Güterstandes.[375]

3. Erweiterte Haftung bei Gütergemeinschaft

Die haftungsrechtliche Konzeption der Gütergemeinschaft unterscheidet sich grundlegend von der Haftungssituation bei Zugewinngemeinschaft und Gütertrennung. Es handelt sich bei der Gütergemeinschaft um eine Gesamthandsgemeinschaft und damit um eine Art „Schicksalsgemeinschaft", vor allem im Haftungsfall.

---

374 BGH NJW 1989, S. 1920, 1921.

375 Vgl. *Hayler*, Schuldenhaftung nach Scheidung oder Trennung einer Ehe oder ehelichen Lebensgemeinschaft, S. 243.

Bei dem mittlerweile selten verwendeten Güterstand der Gütergemeinschaft ist die Schuldenhaftung der Ehegatten untereinander erweitert. Das Vermögen der Ehegatten wird, wie bereits in der Einführung erläutert, in ein Gesamtgut, ein Sondergut und ein Vorbehaltsgut eingeteilt. Diese einzelnen Vermögensmassen können im Folgenden unterschiedlichen Rechtsschicksalen unterliegen. Haftungsrechtlich vor allem relevant ist jedoch das Gesamtgut, da hier grundsätzlich das gesamte beiderseitige Vermögen der Ehegatten eingebracht wird. Das Gesamtgut gehört zur Insolvenzmasse. Eine Gläubigerbenachteiligung besteht folglich grundsätzlich nicht.[376]

Die Insolvenzordnung regelt die Haftung des Gesamtguts in § 37 InsO, das Sonder- und Vorbehaltsgut werden hingegen nicht gesondert insolvenzrechtlich geregelt. Diese Vermögensmassen unterliegen lediglich der Haftung des jeweiligen Ehegatten, eine gegenseitige Haftung besteht nicht.

a) Gemeinschaftliche Verwaltung

Die Haftung des Gesamtguts hängt dabei grundsätzlich davon ab, ob die Ehegatten das Gesamtgut gemeinschaftlich verwalten oder ein Ehegatte allein. Jedoch lassen sich einige übereinstimmende Grundregeln feststellen. Wird ehevertraglich nichts vereinbart, so verwalten die Ehegatten das Gesamtgut grundsätzlich gemeinschaftlich, vgl. § 1421 S. 2 i.V.m. § 1450 ff. BGB.[377]

Für Verbindlichkeiten beider Ehegatten haftet das Gesamtgut gemäß §§ 1459 Abs. 1, 1437 Abs. 1 BGB grundsätzlich für alle Verbindlichkeiten, sollten keine der Ausnahmetatbestände der §§ 1460 bis 1462 BGB und §§ 1338 bis 1440 BGB vorliegen. Das Vermögen der Ehegatten entgeht also durch die Vereinbarung der Gütergemeinschaft nicht deren

376 *FK-InsO/Schumacher*, § 37 Rn. 1 ff.
377 Vgl. *Jaeger/Henckel*, KO, § 29 Rn. 46.

Gläubigern als Haftungsmasse. Vielmehr erweitert sich die Haftungsmasse um das Vermögen des jeweils anderen Ehegatten.

Daneben haftet jeder Ehegatte für die ihn treffenden Verbindlichkeiten mit seinem persönlichen Vermögen, d.h. gesamtschuldnerisch nach §§ 1437 Abs. 2 S. 1, 1459 Abs. 2 S. 1 BGB. Bei gemeinschaftlicher Verwaltung besteht also eine Haftung der Ehegatten auch für die Schulden des jeweils anderen, bei Alleinverwaltung lediglich für den verwaltenden Teil.[378]

Nehmen die Ehegatten gemeinsam Verbindlichkeiten auf, so begründet sich ihre Haftung nach außen nach den allgemeinen Vorschriften, d.h. sie haften gesamtschuldnerisch nach § 421 ff. BGB, es handelt sich dabei um Gesamtgutsverbindlichkeiten. Erfolgt eine Verwaltung durch beide Ehegatten, so sind die §§ 1459 bis 1462 BGB beachtlich, bei einer Verwaltung durch einen der Ehegatten müssen die §§ 1437 bis 1440 BGB einbezogen werden. Gesamtgutsverbindlichkeiten bestehen folglich in jedem Fall dann, wenn die Ehegatten im Außenverhältnis die Schuld gemeinschaftlich eingehen, vgl. § 1459 Abs. 1 BGB. Auch im Falle der Einzelverwaltung besteht eine solche Haftung, vgl. § 1437 Abs. 1 BGB.

Darüber hinaus haften die Ehegatten im Rahmen der gesamtschuldnerischen Verpflichtung den Gläubigern gegenüber persönlich auch mit ihrem Vorbehalts- und Sondergut. Daneben können die Ehegatten das Gesamtgut mit Zustimmung des anderen Ehegatten verpflichten, vgl. §§1459 Abs. 1, 1460 Abs. 1, 1. Alt. BGB. Stimmt der andere Ehegatte jedoch nicht zu, so kann der einseitig handelnde Ehegatte lediglich sich selbst verpflichten, den anderen Ehegatten hingegen nicht mit. Es besteht dann lediglich eine Haftung in Bezug auf das Vorbehalts- bzw. Sondergut. Das Gesamtgut haftet jedoch unabhängig davon, welcher der Ehegatten dieses begründet hat. Eine persönliche Haftung als Gesamtschuldner kann hier nicht beschränkt werden. Durch die Güterstands-

---

378 *Schwab*, Familienrecht, § 29 Rn. 201.

vereinbarung der Ehegatten untereinander kann diese Haftung Dritten gegenüber auch nicht beschränkt werden.

Eine echte gesamtschuldnerische Haftung der Ehegatten findet sich neben § 1357 BGB lediglich bei Ehegatteninnengesellschaften (GbR, OHG, KG). Solche Gesellschaften sind jedoch auf Grund dieser weitgehenden Haftung relativ selten oder werden lediglich für bestimmte Vermögensmassen vereinbart. Im Rahmen der GbR besteht die Möglichkeit der konkludenten Vereinbarung. Hier kommt es entscheidend auf den über ein normales Maß hinausgehenden Zweck an (Abgrenzung s.o.).

Bei einem Ehevertrag, der den Güterstand der Gütergemeinschaft wählt, kann schließlich vereinbart werden, dass zukünftiger Schenkungserwerb dem Vorbehaltsgut zufällt. Eine solche Zuteilung wirkt Dritten gegenüber gemäß § 1412 BGB lediglich bei Eintragung im Güterrechtsregister oder bei positiver Kenntnis.[379]

b) Verwaltung durch den Schuldner/Ehegatten des Schuldners

Verwaltet nur einer der Ehegatten das Gesamtgut nach § 1422 BGB, so kann er das Gesamtgut gemäß § 1437 Abs. 1 BGB verpflichten. Der nichtverwaltende Ehegatte kann hingegen nach § 1438 Abs. 1, Alt. 2 BGB das Gesamtgut nur mit Zustimmung des Verwalters nach § 1431 BGB oder im Rahmen einer Notverwaltung nach § 1429 BGB verpflichten. Wird ein Insolvenzverfahren über das Vermögen des nicht verwaltenden Ehegatten eröffnet, so ist das Gesamtgut davon nicht betroffen, vgl. § 37 Abs. 1 S. 3 InsO.[380] Der Gesamtgutsverwalter hat vielmehr die Möglichkeit, das Gesamtgut nach §§ 47 f. InsO auszusondern.[381] Die Anteile des nicht verwaltenden Ehegatten am Gesamtgut gehören nicht nach § 36 InsO zur Insolvenzmasse. Allerdings können die Gläubiger des

---

379 *MüKo/Kanzleiter*, § 1412 Rn. 1, 3 ff.

380 Vgl. Mot IV 373.

381 Auch bei Betreiben eines Erwerbsgeschäfts durch den nicht verwaltenden Ehegatten, vgl. BGH FamRZ 2006, S. 1030.

nicht verwaltenden Ehegatten die Einzelzwangsvollstreckung in das Gesamtgut betreiben, da der verwaltende Ehegatte ihnen gegenüber als Gesamtschuldner nach § 1437 Abs. 2 S. 1 BGB haftet. Lediglich das Sondergut bzw. das Vorbehaltsgut gehören zur Insolvenzmasse des nicht verwaltenden Ehegatten.

Nur ausnahmsweise kann es bei der Gütergemeinschaft zu einer persönlichen Haftung des am jeweiligen Rechtsgeschäft Unbeteiligten kommen. Dies ist der Fall, wenn die Ehegatten Einzelverwaltung vereinbaren; es besteht die Möglichkeit der Haftung lediglich des verwaltenden Ehegatten.[382] Wird über das Vermögen des verwaltenden Ehegatten ein Insolvenzverfahren eröffnet, so gehört das Gesamtgut gemäß § 37 Abs. 1 S. 1 InsO zur Insolvenzmasse. Die Einbeziehung eines schuldnerfremden Vermögens stellt eine Ausnahme des Grundsatzes nach § 35 InsO dar, welcher den Insolvenzgläubigern nur die Befriedigung aus dem Vermögen des Schuldners gewährt.

Die Eröffnung eines Insolvenzverfahrens steht der Beendigung des Güterstandes entgegen. Bei einer Beendigung der Ehe, etwa durch Scheidung, endet grundsätzlich der Güterstand der Gütergemeinschaft. Die Ehegatten setzen sich nach § 1471 Abs. 1 BGB über das Gesamtgut auseinander.[383] Eine solche Auseinandersetzung des Gesamtguts unter den Ehegatten findet allerdings nicht statt, sollte über das Vermögen des verwaltenden Ehegatten ein Insolvenzverfahren eröffnet worden sein, vgl. § 37 Abs. 1 S. 2 InsO. Bei der Interessenabwägung zwischen nicht verwaltendem Ehegatten und Gläubigern hat sich der Gesetzgeber dafür entschieden, dass die Ansprüche der Gläubiger vorrangig zu befriedigen sind.[384]

---

382 Im Rahmen der Einzelverwaltung bedarf es bei der Zwangsvollstreckung in das Gesamtgut nach § 740 Abs. 1 ZPO eines Urteils gegen den verwaltenden Ehegatten, bei gemeinschaftlicher Verwaltung setzt die Zwangsvollstreckung hingegen nach § 740 Abs. 2 ZPO voraus, dass beide Ehegatten zur Leistung verurteilt wurden.

383 BGH NJW 1989, S. 1920, 1921.

384 *FK-InsO/Schumacher*, § 37 Rn. 5.

4. Anfechtung des Güterstandsvertrages durch den Insolvenzverwalter

a) Gemeinschaftliche Verwaltung

Fraglich ist, ob der Insolvenzverwalter den die Gütergemeinschaft begründenden Ehevertrag anfechten kann, weil dieser Auswirkungen auf die Haftungssituation wegen der Vereinbarung der Gütergemeinschaft hat. Die Gütergemeinschaft wird nicht durch die Eröffnung des Insolvenzverfahrens automatisch beendet.[385] Verwalten die Ehegatten das Gesamtgut gemeinsam, so wie es der gesetzliche Regelfall ist, erhöht sich grundsätzlich die Haftungsmasse und eine Anfechtung bringt dem Insolvenzverwalter auf den ersten Blick keinen Vorteil. Der Insolvenzverwalter kann durch Liquidation des Gesamtguts die Gesamtgutsgläubiger befriedigen.

Für die Gläubiger des begüterten Ehegatten kann sich jedoch eine gemeinschaftliche Verwaltung nachteilig auswirken, da die Gefahr besteht, dass sein Vermögen durch die Gläubiger des weniger begüterten Ehegatten geschmälert werden könnte. Für diese Gläubiger könnte der Güterstand der Gütergemeinschaft somit nachteilig sein, da sich die Gläubiger des weniger begüterten Ehegatten nun auch am Gesamtgut befriedigen können, vgl. § 1459 Abs. 1 BGB.[386]

Eine Gläubigerbenachteiligung des begüterten Ehegatten ist jedoch trotz Zugriffsmöglichkeit der Gesamtgutsgläubiger des weniger begüterten Ehegatten auf das Gesamtgut nicht gegeben. Die Gesamtgutsgläubiger des begüterten Ehegatten könnten selbst dann nicht auf das Gesamtgut zugreifen, solange nicht ein entsprechender Ehevertrag mit der Vereinbarung der Gütergemeinschaft geschlossen worden wäre bzw. der

385 *Staudinger/Thiele* (2007), Vor. § 1437 Rn. 19.
386 *Jaeger/Henckel*, KO, § 29 Rn. 46.

Insolvenzverwalter diesen Ehevertrag wirksam anfechten würde.[387] Die Gesamtgutsgläubiger haben dann lediglich im Wege des besonderen Insolvenzverfahrens nach §§ 333 f. InsO die Möglichkeit des Zugriffs.[388] Der teilweise Zugriff auf Vermögenswerte des Ehegatten wäre ihnen im Falle eines Schuldners, der im gesetzlichen Güterstand der Zugewinngemeinschaft lebt, auch verwehrt. Die Gläubiger genießen keinen Schutz davor, dass der Schuldner neben seiner Forderung auch andere Verbindlichkeiten eingeht. Daher ist dieses Ergebnis auch sinngemäß. Nach den §§ 1441 bis 1444 BGB findet zudem ein Ausgleich im Innenverhältnis statt.

Eine Motivation des Insolvenzverwalters, den Güterstand der Gütergemeinschaft anfechten zu wollen, besteht daher nicht. Daneben ist es nach allgemeiner Meinung, wie bereits festgestellt, nicht möglich, die unmittelbaren Folgen von Personenstandsänderungen anzufechten, es sei denn, diese wurden lediglich mit dem Ziel des Missbrauchs und der Absicht der Drittbenachteiligung eingegangen. Allerdings dürfte im Falle der gemeinschaftlichen Verwaltung auch kein Bedürfnis nach einer Anfechtung bestehen.

b) Einzelverwaltung

Ebenso besteht keine Gläubigerbenachteiligung, wenn im Rahmen der Einzelverwaltung lediglich der verwaltende Ehegatte insolvent ist. Das Gesamtgut stellt einen Teil der Insolvenzmasse dar, aus der sich die Insolvenzgläubiger befriedigen können, vgl. § 37 InsO. Die Gläubiger des begüterten Ehegatten könnten jedoch insofern benachteiligt sein, als die Verbindlichkeiten des nicht verwaltenden Ehegatten das Gesamtgut nach den §§ 1437 bis 1440 BGB verpflichten können und die Ausgleichsmöglichkeit des Innenverhältnisses wertlos ist. Hier gilt jedoch auch das bei der gemeinsamen Verwaltung Festgestellte. Die persönliche Haftung des

---

387 *Jaeger/Henckel*, KO, § 29 Rn. 47.
388 *FK-InsO/Schumacher*, § 37 Rn. 2.

allein verwaltenden Ehegatten stellt damit die Kehrseite der umfassenden Verwaltungsbefugnis dar.[389] Im Rahmen der Einzelverwaltung durch einen der Ehegatten werden die Gläubiger daher nicht benachteiligt und es besteht damit kein Anfechtungsinteresse und -recht des Insolvenzverwalters. Zudem erleichtert die Eigentumsvermutung des § 1362 BGB den Gläubigern bzw. dem Insolvenzverwalter die Inbesitznahme der zur Insolvenzmasse gehörigen Gegenstände, da dem Schuldner die volle Beweislast zufällt, die Eigentumsvermutung zu widerlegen.

5. Ergebnis

Die erweiterte Haftung der Ehegatten aus § 1357 Abs. 1 BGB kommt bei allen Güterständen zum Tragen. Danach kommt es im Rahmen des Haushaltsbedarfs zu einer gesamtschuldnerischen Haftung der Ehegatten untereinander. Durch einen Ehevertrag kann die Haftung nach § 1357 BGB jedoch auch mit Wirkung gegenüber Dritten abbedungen werden, vgl. §§ 1357 Abs. 2 S. 2 i.V.m. § 1412 BGB.

Nach § 1362 Abs. 1 S. 1 BGB wird daneben zu Gunsten der Gläubiger der Ehegatten vermutet, dass die im Besitz eines der Ehegatten bzw. beider Ehegatten befindlichen beweglichen Sachen dem Schuldner gehören. Zuwendungen, die Ehegatten wechselseitig aus ihrem Besitz gewähren, sind nach der Rechtsprechung des BGH im Verhältnis zu Dritten im Zweifel unentgeltlich und damit nach § 134 InsO durch den Insolvenzverwalter anfechtbar. Im Rahmen des § 1362 BGB handelt es sich daher um eine güterstandsabhängige Vermutung, die grundsätzlich zum Schutze der Gläubiger angestellt wird. Allerdings können die Ehegatten diese Eigentumsvermutung umgehen, indem sie dem Ehevertrag ein notarielles bzw. öffentlich beglaubigtes Vermögensverzeichnis nach §§ 1035 S. 2, 1377 BGB hinzufügen. Der Gläubiger hat dann die Möglichkeit sich über den Güterstand seines Vertragspartners zu informieren. Er ist nicht mehr gutgläubig bzw. schutzbedürftig.

---

389 *FK-InsO/Schumacher*, § 37 Rn. 3a.

Im Falle der Gütertrennung haftet jeder Ehegatte für seine Schulden ausschließlich selbst. Die haftungsrechtliche Konzeption der Gütergemeinschaft unterscheidet sich demgegenüber grundlegend von der Haftungssituation bei Zugewinngemeinschaft und Gütertrennung; die Gütergemeinschaft ist eine Gesamthandsgemeinschaft. Bei diesem mittlerweile selten verwandten Güterstand ist die Schuldenhaftung der Ehegatten erweitert. Das Vermögen der Ehegatten wird in ein Gesamtgut, ein Sondergut und ein Vorbehaltsgut eingeteilt. Haftungsrechtlich vor allem relevant ist jedoch das Gesamtgut, da hier grundsätzlich das gesamte beiderseitige Vermögen der Ehegatten eingebracht wird. Ein Unterschied für die Haftung ergibt sich zudem daraus, ob die Ehegatten das Gesamtgut gemeinschaftlich verwalten – dann haften sie auch beide – oder nur einer der Ehegatten der Verwalter ist, dann haftet nur dieser persönlich.

VI. Fortgesetzte Gütergemeinschaft

1. Allgemeines

Im Rahmen der fortgesetzten Gütergemeinschaft hat der überlebende Ehegatte grundsätzlich die Möglichkeit, die Gütergemeinschaft gemäß §§ 1416, 1419, 1483 ff. BGB mit dem gemeinsamen Abkömmling bzw. den gemeinsamen Abkömmlingen fortzusetzen. Die fortgesetzte Gütergemeinschaft tritt nur dann ein, wenn die Ehegatten eine solche vereinbart haben.[390] Zudem muss zum Zeitpunkt des Versterbens einer der Ehegatten ein Abkömmling vorhanden sein; der überlebende Ehegatte darf die Fortsetzung der Gütergemeinschaft außerdem nicht ablehnen.[391] Ist eine dieser Voraussetzungen nicht gegeben, so besteht lediglich die Möglichkeit der gesetzlichen bzw. gewillkürten Erbfolge. Nach § 1484 BGB bzw.

---

390 *Staudinger/Thiele* (2007), Vor. § 1483 Rn. 1, 4.
391 *MüKo-InsO/Schumann*, § 83 Rn. 14.

§ 1509 BGB darf der überlebende Ehegatte die Fortsetzung nicht ablehnen bzw. der vorverstorbene Ehegatte diese nicht durch letztwillige Verfügung ausgeschlossen haben. Der Eintritt der fortgesetzten Zugewinngemeinschaft wirkt sich lediglich auf das bisherige Gesamtgut aus. An die Stelle des verstorbenen Ehegatten treten nun die Abkömmlinge bzw. der Abkömmling.[392] Die fortgesetzte Gütergemeinschaft endet ferner durch Aufhebung, Wiederverheiratung, Urteil auf Klage, Tod oder Verzicht des Abkömmlings vgl. §§ 1491 bis1496 BGB.

2. Fortgesetzte Gütergemeinschaft und Insolvenz

Nach § 83 S. 2 InsO ist die Entscheidung über die Ablehnung der fortgesetzten Gütergemeinschaft höchstpersönlicher Natur, sie verbleibt daher bei dem Schuldner selbst und geht nicht ab Eröffnung des Insolvenzverfahrens auf den Insolvenzverwalter über.[393] Die Entscheidung ist auch nicht durch den Insolvenzverwalter anfechtbar.[394]

Auch im Falle der Insolvenz besteht die Möglichkeit der fortgesetzten Gütergemeinschaft.[395] Lehnt der überlebende Ehegatte die fortgesetzte Gütergemeinschaft nicht ab bzw. lässt die Ablehnungsfrist verstreichen, wird die Gütergemeinschaft fortgesetzt. Nach § 37 Abs. 3, 1 InsO gehört dann das komplette Gesamtgut der fortgesetzten Gütergemeinschaft zur Insolvenzmasse. Es findet in diesem Fall keine Auseinandersetzung zwischen dem Abkömmling und dem überlebenden Ehegatten statt, das Insolvenzverfahren hat gemäß § 37 Abs. 1 S.2, Abs. 3 InsO keine Auswirkungen auf das eigene Vermögen des Abkömmlings.[396]

Der überlebende Ehegatte tritt an die Stelle des allein verwaltenden Ehegatten, der Abkömmling ist nun „nicht verwaltender Ehegatte“. Im

---

392 *Staudinger/Thiele* (2007), Vor. § 1483 Rn. 5 f.

393 RT-Drucks. 9/100, S. 27; *MüKo-InsO/Schumann*, § 83 Rn. 1, 14; *Jaeger/Henckel*, KO, § 9 Rn. 12; *Kübler/Prütting/Lüke*, InsO, § 83 Rn. 13.

394 Müko-InsO/Schumann, § 83 Rn. 14

395 *HamKo/Wehr*, InsO, § 11 Rn. 46.

396 *Staudinger/Thiele* (2007), § 1489 Rn. 12.

Falle der Eröffnung des Insolvenzverfahrens über das Vermögen des überlebenden Ehegatten gehört das Gesamtgut zur Insolvenzmasse.[397] Schließlich besteht auch nicht die Möglichkeit, dass der Abkömmling das Gesamtgut verpflichten kann. Auch wenn über das Vermögen des Abkömmlings das Insolvenzverfahren eröffnet wurde, besteht dadurch nicht die Möglichkeit des Zugriffs auf das Gesamtgut der fortgesetzten Gütergemeinschaft. Dies ergibt sich bereits aus dem Wortlaut des § 1488 BGB.[398] Allerdings besteht auch bei der fortgesetzten Gütergemeinschaft die Möglichkeit des gesonderten Insolvenzverfahrens über das Gesamtgut nach § 332 InsO.

3. Ergebnis

Auch nach Eröffnung eines Insolvenzverfahrens besteht für den überlebenden Ehegatten noch die Möglichkeit der fortgesetzten Gütergemeinschaft. Es ergeben sich keine Besonderheiten. In der Regel wird dem überlebenden Ehegatten im Falle der drohenden Insolvenz zu raten sein, die ehevertraglich vereinbarte fortgesetzte Gütergemeinschaft auszuschlagen. So verbleibt zumindest die Möglichkeit, das Vermögen, welches dem Abkömmling zusteht, aus der Insolvenzmasse zu halten und damit dem Zugriff der Gläubiger zu entziehen. Schlägt der Ehegatte die fortgesetzte Gütergemeinschaft aus, kann er den aus der Ausschlagung resultierenden Erbanspruch bzw. Pflichtteilsanspruch nach § 83 Abs. 1 S. 1 InsO ausschlagen; das Vermögen geht dann auf den gemeinsamen Abkömmling über. Eine andere Regelung würde die Privilegierung des Ehegatten durch die Möglichkeit der Ausschlagung der fortgesetzten Gütergemeinschaft konterkarieren. Daher bedingt § 83 Abs. 1 S. 2 InsO den ersten Satz des § 83 Abs. 1 InsO. Eine Ausschlagungsmöglichkeit im Rahmen der fortgesetzten Gütergemeinschaft würde für den begünstigten Ehegatten keinen Sinn machen, wenn er im

---

397 *FK-InsO/Schumacher*, § 37 Rn. 8.
398 *Staudinger/Thiele* (2007), § 1488 Rn. 14.

Rahmen des Erb- bzw. Pflichtteilsanspruchs an seine Begünstigung Dritten gegenüber gebunden wäre.

C. Ehegatten als nahestehende Personen gem. § 138 InsO

Nach der Legaldefinition des § 138 Abs. 1 Nr. 1 InsO stellen Ehegatten des Schuldners nahestehende Personen dar. Ehegatten werden auch dann als nahestehende Personen i.S.d. Gesetzes behandelt, wenn die Ehe erst nach der Rechtshandlung geschlossen bzw. im letzten Jahr vor der Handlung i.S.d. § 138 InsO aufgelöst wurde. Dies bildet insofern eine Ausnahme zum Simultanitätsgrundsatz, als die eheliche Nähebeziehung nicht zum Zeitpunkt der Vornahme des Rechtsgeschäfts i.S.d. § 140 InsO bestanden haben muss. § 138 InsO hat insoweit mehrere Funktionen.

I. Beweislastregel zu Lasten der Ehegatten

Die Qualifikation als nahestehende Person hat für alle spezifischen insolvenzrechtlichen Anfechtungstatbestände eine Beweislastumkehr zur Folge. Die Regel, dass der Insolvenzverwalter grundsätzlich objektive und subjektive Voraussetzungen des Anfechtungsgrundes beweisen muss, wird dadurch eingeschränkt. Bei der Anfechtung gegenüber Personen, denen der Schuldner zur Zeit der angefochtenen Rechtshandlungen nahe stand, wird die Beweislast für die subjektiven Voraussetzungen der Insolvenzanfechtung nach den §§ 130, 131, 132 und 137 InsO umgekehrt.[399] Der Insolvenzverwalter braucht lediglich die objektive Gläubigerbenachteiligung zu beweisen. Mit Blick auf die subjektive Seite des Tatbestands besteht die gesetzliche Vermutung, dass die erforderliche Kenntnis gegeben ist, vgl. § 133 Abs. 1 S. 2 InsO. Der nahestehenden Person obliegt damit der Beweis des Gegenteils. Dieser Beweis ist jedoch genauso

---

399 *Hess*, InsO § 138 Rn. 1; *Uhlenbruck*, KTS 1999, S. 413, 415.

schwer zu führen wie der Beweis der Kenntnis der Benachteiligungsabsicht. Ein Erfolg der Anfechtung durch den Insolvenzverwalter hängt folglich stark von der Beweisverteilung im Anfechtungsrecht ab.[400]

Die Regelung des § 138 InsO wird damit begründet, dass innerfamiliär der Informationszugriff auf die wirtschaftlichen Verhältnisse des Schuldners besonders gut sei.[401] Die Familienmitglieder hätten in der Regel Kenntnis über die wirtschaftlichen Schwierigkeiten des Schuldners. Außerdem seien diese Personen eher bereit, mit dem Schuldner in Gläubigerbenachteiligungsabsicht Verträge abzuschließen, da ein grundsätzliches Vertrauensverhältnis gegeben ist. § 138 InsO erleichtert im Wege eines institutionalisierten Misstrauens damit den Zugriff auf diese Vermögensgegenstände, die an der Insolvenzmasse vorbei geschafft werden sollen.

Flankiert wird diese Vorschrift durch die Eigentumsvermutung des § 1362 Abs. 1 S. 1 BGB, der die Gläubiger ebenfalls im familiären Rahmen in Verbindung mit entgeltlichen Verfügungen durch eine Beweislastumkehr zu Lasten der Ehegatten begünstigt. Wie bereits oben dargestellt, wird zugunsten des Gläubigers vermutet, dass die im Alleinbesitz bzw. Mitbesitz befindlichen Gegenstände dem Schuldner gehören.[402] Bei § 133 Abs. 2 InsO besteht lediglich die Besonderheit, dass hier der Begriff „nahestehende Personen" nicht lediglich eine Beweislastregel zur Folge hat, sondern vielmehr Tatbestandsvoraussetzung ist.

Die besondere Nähebeziehung muss dabei im Zeitpunkt der Vornahme des Rechtsgeschäfts bestanden haben, vgl. § 140 InsO. Bei Ehegatten

---

400 *App*, FamRZ 1996, S. 1523, 1523; Kritisch *Kübler/Prütting/Bork*, InsO, § 138 Rn. 1 („institutionalisiertes Misstrauen"); *Nerlich/Römermann*, InsO, § 138 Rn. 4.; *HK-InsO/Kreft*, InsO, § 138 Rn. 4 („Angehörige als von Gesetzes wegen suspekt").

401 *HK-InsO/Kreft*, § 138 Rn. 4.

402 *MüKo/Weber-Monecke*, § 1362 Rn. 2 ff.; teilweise wurde diese Vorschrift für verfassungswidrig gehalten, vgl. *Bosch*, FamRZ 1957, S. 194 ff.; 1958, S. 85 ff.; 1963, S. 421 ff.; 1968, S. 439 ff.; *Baur*, FamRZ 1958, S. 253 f.; *Boennecke*, NJW 1959, S. 1260 f.; *Esser*, JZ 1953, S. 521, 524; *Dölle*, JZ 1953, S. 353, 358.

wird diese Nähebeziehung bereits vor Eheschließung angenommen. Ausreichend ist dabei, dass die Ehe vor Schluss der letzten Tatsacheninstanz geschlossen wurde. Auch frühere Ehegatten des Schuldners werden von der Regelung umfasst, sofern die Ehe nicht früher als ein Jahr vor der anfechtbaren Handlung aufgelöst wurde.

Wenn eine Ehe erst nach Vornahme der entsprechenden Zuwendung geschlossen wird, so stellt der spätere Ehegatte nach dem Wortlaut der Norm eine „nahestehende Person" dar.[403] Unerheblich ist dann, dass die späteren Ehegatten zum Zeitpunkt der Zuwendung noch gar nicht unter § 138 Abs. 1 Nr. 3 InsO fielen, weil sie zu diesem Zeitpunkt noch gar nicht zusammen gelebt haben.[404] Es ist keine Simultanität erforderlich. Dieses grundsätzliche System findet ohne Einzelfallbetrachtung und – adjustierung Anwendung. Unter die Regelung des § 138 InsO fallen auch Ehen, die im Nachhinein aufgrund nichtiger Eheschließung aufgehoben wurden.[405] Sie sind ehemaligen Ehen gleichgestellt, bei denen die angegriffene Rechtshandlung innerhalb eines Jahres nach Auflösung der Ehe vorgenommen wurde.

Dabei ist die Wirksamkeit der Ehe nach den §§ 1310 f. BGB zu bewerten. Aufgelöst ist die Ehe mit Rechtskraft des Aufhebungsurteils.[406] Nacheheliche Lebensgemeinschaften fallen unter den Auffangtatbestand des § 138 Abs. 1 Nr. 3 InsO gegeben sein.[407]

Hintergrund für die Wertung als „nahestehende Person" sind praktische Erwägungen. Trotz Umgehung des Simultanitätsprinzips einer zum Zeitpunkt der Rechtshandlung noch nicht bzw. nicht mehr bestehenden Ehe, soll dem Vertrauensverhältnis zwischen den Ehegatten auch vor Eheschließung Rechnung getragen werden. Dieses besteht bei praktischer

---

403 Es kommt auf den Zeitpunkt der letzten mündlichen Verhandlung.

404 *Graf-Schlicker/Huber*, InsO, § 138 Rn. 2; *Kübler/Prütting/Bork,* InsO, § 138 Rn. 5.

405 *Hess*, InsO, § 13 Rn. 26; *Kübler/Prütting/Bork,* InsO, § 138 Rn. 6.

406 *HK-InsO/ Kreft*; InsO, § 138 Rn. 7; *Kübler/Prütting/Bork*, InsO, § 138 Rn. 4.

407 *Kübler/Prütting/Bork*, InsO, § 138 Rn. 10.

Betrachtung nicht erst ab dem genauen Zeitpunkt der Eheschließung bzw. ab dem Zeitpunkt der Scheidung nicht mehr. Eine pauschale Wissenszurechnung unter den Ehegatten sei somit gerechtfertigt.[408]

II. Kritische Würdigung

Bereits im Rahmen der Konkursordnung wurde die Diskriminierung von Ehegatten kritisiert. Nach § 32 Abs. 2 KO waren unentgeltliche Verfügungen des Schuldners zu Gunsten des Ehegatten im Zeitraum von zwei Jahren vor Konkurseröffnung von der Möglichkeit der Anfechtbarkeit betroffen, wohingegen unentgeltliche Verfügungen normalerweise lediglich im letzten Jahr vor Konkurseröffnung der Anfechtbarkeit unterlagen. Durch die Einführung der Insolvenzordnung[409] wurde die Benachteiligung Verheirateter nivelliert, indem die Fristen der Anfechtbarkeit unentgeltlicher Leistungen vereinheitlicht wurden. Nach § 134 Abs. 1 InsO besteht nun ein genereller Anfechtungszeitraum von vier Jahren; auf eine Differenzierung zwischen Ehegatten und nicht Verheirateten wurde verzichtet.[410] Dieser begrüßenswerte Schritt hätte jedoch noch eine Stufe weiter gehen sollen, da die Vermeidung der Schlechterstellung Verheirateter war ein ausdrückliches Ziel des Gesetzesentwurfs der Insolvenzordnung. Ziel war es, verfassungsrechtliche Bedenken an der vorherigen Regelung der Konkursordnung vor dem Hintergrund des Art. 6 Abs. 1 GG auszuräumen.[411] Zumindest sollte der Personenstand und damit die Ehe als Anknüpfungspunkt der Benachteiligung beseitigt werden; während gleichzeitig die Rechtsposition aller Empfänger unentgeltlicher Leistungen verschlechtert wurde. Im Ergebnis hatte die Einführung der Insolvenzordnung jedoch mehr negative Folgen für die

---

408 *Kübler/Prütting/Paulus*, InsO, § 138 Rn. 10.

409 Gesetz vom 05.10.1994, BGBl 1994 I, S. 2866; trat am 01.01.1999 in Kraft.

410 Vgl. *Uhlenbruck*, Das neue Insolvenzrecht, S. 100.

411 Vgl. Begr. RegE., *Kübler/Prütting*, Das neue Insolvenzrecht, § 138.

Ehepartner als positive, denn durch § 138 InsO werden nunmehr auch geschiedene Ehegatten von der Beweislastumkehr erfasst. Durch diese Regelung sollte aufgefangen werden, dass Verwandte des getrennten Ehegatten von § 138 InsO betroffen sind, der getrennte Ehegatte jedoch nicht.[412] Der Anknüpfungspunkt der Beweislastumkehr hat sich somit zum Nachteil der getrennten und geschiedenen Ehegatten erweitert.

Diese Ausweitung des Anwendungsbereichs trägt den tatsächlichen Gegebenheiten und Vertrauensverhältnissen einer Ehescheidung jedoch kaum Rechnung und auch die Gefahr des Missbrauchs legitimiert diese nicht. Wie kann auf der einen Seite eine Ehe zerrüttet bzw. gescheitert i.S.d. § 1565 Abs. 1 BGB sein, keine Lebensgemeinschaft mehr bestehen und auch nicht zu erwarten sein, dass diese wiederhergestellt wird, während andererseits ein erhöhtes Vertrauensverhältnis bestehen soll, welches die Beweislastumkehr weiterhin rechtfertigt? Dies ist ein Widerspruch in sich.

Daneben wurde die Vermutung des § 138 Abs. 1 InsO und damit die Beweiserleichterung auf andere persönliche Verhältnisse des Schuldners erweitert. Nun sind auch nichteheliche Lebenspartner, welche in häuslicher Gemeinschaft leben (Nr. 3) und eingetragene Lebenspartner (Nr. 1a) von der Vermutung des § 138 Abs. 1 InsO umfasst.[413] Der Begriff der häuslichen Gemeinschaft meint dabei nicht eheliche Lebensgemeinschaften, wenn die häusliche Gemeinschaft nicht bereits ein Jahr vor der anfechtbaren Handlung aufgelöst wurde, vgl. § 138 Abs. 1 Nr. 3 InsO. Dadurch soll dem in der Gesellschaft zunehmenden Personenkreis an nichtehelich zusammenlebenden Partnern Rechnung getragen werden, zwischen denen häufig eine engere Beziehung besteht, als zwischen den unter § 138 Abs. 1 Nr. 2 InsO genannten Verwandten.

In dieser Benachteiligung ehelicher gegenüber nichtehelicher Lebensgemeinschaften könnte allerdings immer noch ein Verstoß gegen Art. 6 Abs. 1 GG zu sehen sein. Bei nichtehelichen Lebenspartnern wird

---

412 *App*, FamRZ 1996, S. 1523, 1524; *Uhlenbruck*, InsO, § 138 Rn. 4.
413 *Uhlenbruck*, InsO, § 138 Rn. 5.

nach § 138 Abs. 1 Nr. 3 InsO auf den Zeitpunkt der Vornahme der Rechtshandlung abgestellt. Zwar braucht die häusliche Gemeinschaft entsprechend der Regelung in § 138 Abs. 1 Nr. 1 InsO bei Vornahme der Rechtshandlung nicht mehr bestanden haben, solange die Auflösung der Gemeinschaft nicht länger als ein Jahr vor der Rechtshandlung stattgefunden hat, anders als in der Regelung des § 138 Abs. 1 Nr. 1 InsO darf die Gemeinschaft jedoch nicht erst nach Vornahme der Rechtshandlung begründet worden sein. [414]

Grund für diese unterschiedliche Behandlung ist wohl weiterhin, dass der Gesetzgeber in der Eheschließung einen stärkeren „Vertrauensbeweis“ erblickt, als in dem bloßen Zusammenleben. Eine Ehe soll anscheinend Indiz für eine bessere Kenntnis der wirtschaftlichen Situation des anderen Partners sein. Dies mag zwar im Idealfall bei einer funktionierenden Ehe so sein. Es ist jedoch nicht nachvollziehbar, warum der Anknüpfungszeitraum für die Vornahme der Rechtshandlung sich auch bei bereits geschiedenen Ehegatten bzw. zum Zeitpunkt der Vornahme der Handlung noch nicht verheirateten Ehegatten erweitert. Vor allem im Rahmen von Trennungen ist eine Vermutung, die Ehe sei automatisch mit einer besonderen Nähebeziehung verbunden, nicht (mehr) angebracht. Da diese zwangsläufig mindestens ein Jahr, jedoch auch bis drei Jahre dauern kann, ist diese Phase nicht unerheblich lang. Aber auch bei zum Zeitpunkt der Vornahme der Rechtshandlung noch nicht verheirateten Partnern ist die Ausweitung des Anknüpfungszeitraums nicht nachvollziehbar. Der Umstand, dass ein Paar nach Vornahme einer anfechtbaren Handlung heiratet, darf keine Auswirkungen bzw. Rückwirkungen auf die rechtliche Würdigung haben. Dies widerspricht dem Simultanitätsgedanken. Eine abschließende rechtliche Behandlung wäre erst ab Verjährung möglich, da die nahestehenden Personen i.S.d. § 138 Abs. 1 Nr. 3 InsO heiraten könnten und damit unter § 138 Abs. 1 Nr. 1 InsO fielen.

---

414 *MüKO-InsO/Stodolkowitz/Bergmann*, § 138 Rn. 7; *Hess*, InsO, § 138 Rn. 31; *Häsemeyer*, InsO, S. 513, Rn. 21.35.

Im Ergebnis ist es daher (*de lege ferenda*) abzulehnen, nahestehende Personen grundsätzlich schlechter zu stellen als Gläubiger ohne persönliche Beziehung bzw. anderer persönlicher Beziehung i.S.d. § 138 Abs. 1 InsO.

Fraglich ist zudem, ob die gleiche Schlechterstellung der nichtehelichen Lebensgemeinschaften die verfassungsrechtlichen Bedenken beseitigt. In Anbetracht der zunehmenden Anzahl nichtehelicher Lebensgemeinschaften kann dieser Wertung nicht gefolgt werden. Die nichteheliche Lebensgemeinschaft ersetzt vielmehr immer häufiger eine konventionelle Familienplanung.[415] Dies wurde vom Gesetzgeber auch an anderer Stelle des Öfteren festgestellt. Der Gesetzgeber passt sich mit Hinweis auf diese gesellschaftliche Entwicklung vielmehr entsprechenden gesetzlichen Änderungen an.[416] Die Entscheidung, ob der konventionelle Weg der Eheschließung im Rahmen der Familiengründung beschritten wird, hängt indes von anderen Kriterien als der größeren Vertrautheit ab. Es stehen oft vielmehr familiäre und traditionelle, religiöse oder gar regionale Gründe für eine Eheschließung im Vordergrund.[417] Das Argument,

415 *Kruse*, Einführung in die rekonstruktive Familienforschung, 4, www.soziologie.uni-freiburg.de/Personen/kruse/UniHomepage/Skript_ Familienforschung.pdf; Rückgängige Tendenz der standesbeamtlichen Trauungen seit Anfang der 90er Jahre, daraus folgt ein Anstieg der nichtehelichen Lebensgemeinschaften, vgl. Pressemitteilung 100 des Statistischen Bundesamtes, www.destatis.de/jetspeed/portal/cms/sites/destatis/Internet/DE/Presse/pm/2005/03/PD05_100_126.psml (2005).

416 So sind nichteheliche Kinder mittlerweile den ehelichen gleichgesetzt, sie sind vollberechtigte Erben und haben nicht nur einen Erbersatzanspruch. Zudem ist nun auch der in eheähnlicher Lebensgemeinschaft lebende Partner in den Schutzbereich des Mietvertrages miteingebunden, vgl. § 1924 Abs. 1 BGB, §§ 1591 ff. BGB.

417 Laut *Statistischem Bundesamt* gibt es weitaus mehr, d.h. fast doppelt so viele nichteheliche Paare mit Kindern unter 18 im Osten (23%), als im Westen (44%) Deutschlands, vgl. www.destatis.de/jetspeed/portal/cms/sites/destatis/Internet/DE/Presse/pm/zdw/PD04_026_P002.psml (2004). Eine andere Statistik des Statistischen Bundesamtes besagt, dass in Ostdeutschland 62 % und in Westdeutschland 81% der minderjährigen Kinder bei Ehepaaren aufwachsen, vgl. www.destatis.de/jetspeed/portal/

dass aus gesellschaftlichen Gepflogenheiten eine Eheschließung einen stärkeren Vertrauensbeweis darstellt, bietet insofern eine untaugliche Differenzierungsmöglichkeit. Nicht eheliche Lebenspartner werden auch nicht von § 138 InsO erfasst, wenn zum Zeitpunkt der anfechtungsrelevanten Handlung noch keine bzw. keine Beziehung mehr bestand. Eine hinreichende Begründung, weshalb Ehegatten in der Art und Weise benachteiligt werden sollen, wie es durch § 138 Abs. 1 Nr. 1 InsO geschieht, ist somit nicht ersichtlich. Es bleibt dabei, dass die Ehe als geschütztes Rechtsinstitut Anknüpfungspunkt einer Schlechterstellung des insolventen Ehegatten ist. Daraus folgt, dass der Schutzbereich des Art. 6 Abs. 1 GG verletzt ist und sich dies kaum mit der Schutzwürdigkeit der Gläubiger vor innerehelichen Verschiebungen rechtfertigen lässt, denn vor diesen sind sie nur im Rahmen einer bestehenden Ehe geschützt.

III. Zusammenfassung

Die Qualifikation als „nahestehende Person" i.S.d. § 138 InsO hat für alle spezifischen insolvenzrechtlichen Anfechtungstatbestände eine Beweislastumkehr zur Folge. Der Insolvenzverwalter braucht dann lediglich die objektive Gläubigerbenachteiligung zu beweisen. Es besteht die gesetzliche Vermutung, dass die erforderliche Kenntnis auf Grund des Näheverhältnisses besteht, der nahestehenden Person obliegt der Beweis des Gegenteils. Die besondere Nähebeziehung muss allerdings im Zeitpunkt der Vornahme des Rechtsgeschäfts bestanden haben. Bei Ehegatten

cms/sites/destatis/Internet/DE/Presse/pm/2005/09/PD05_418_122.psml. Zu dem kommt, dass es ein gewisses Stadt/Land Gefälle gibt, auf dem Land wird mehr geheiratet, als in der Stadt, vgl. *Statistisches Bundesamt*, Fachserie 1, Reihe 1.1.2006, Regionale Ergebnisse N 50 Eheschließungen, Geborene und Gestorbene 2006 nach Kreisen, so gibt es z.B. in Baden-Württemberg 4,5 Eheschließungen je 1000 Einwohner, in Stuttgart jedoch lediglich 3,9; in Bayern 4,8 Eheschließungen je 1000 Einwohner, in München jedoch lediglich 3,7; in Hessen 4,5 Eheschließungen je 1000 Einwohner und in nur Frankfurt 4,1.

wird diese Nähebeziehung bereits vor Eheschließung angenommen bzw. nach deren Trennung. Ausreichend ist danach, dass die Ehe vor Schluss der letzten Tatsacheninstanz geschlossen wurde. Es kommt nicht mehr auf den Zeitpunkt der Rechtshandlung an. Das Simultanitätsprinzip wird dadurch aus reinen Praktikabilitätserwägungen zu Gunsten der Gläubiger durchbrochen. Auch frühere Ehegatten des Schuldners werden als nahestehende Personen qualifiziert, sofern die Ehe nicht früher als ein Jahr vor der anfechtbaren Handlung aufgelöst wurde. Daneben findet auch bei nichtigen Ehen eine pauschale Wissenszurechnung statt. Diese Benachteiligung von Ehegatten verletzt immer noch in nicht gerechtfertigter Weise den Schutzbereich des Art. 6 GG und ist damit verfassungswidrig. Das Ziel der Insolvenzordnung, die Diskriminierung durch die Konkursordnung zu beseitigen, wurde damit nicht erreicht.

D. Anfechtungsfrist nach § 140 InsO

Gemäß § 140 Abs. 1 InsO gilt die Rechtshandlung als in dem Zeitpunkt vorgenommen, in dem ihre rechtliche Wirkung eintritt. Gegenstand von Insolvenzanfechtungen sind Rechtshandlungen i.S.d. § 129 InsO, die vor der Eröffnung des Insolvenzverfahrens vorgenommen wurden. Dies ist auch im Rahmen der anfechtbaren Zuwendungen zwischen den Ehegatten relevant. Für die Auswahl des richtigen Anfechtungstatbestandes ist wegen der Gefahr der Verfristung und der unterschiedlichen Anfechtungszeiträume die Bestimmung des anfechtungsrechtlich relevanten Zeitpunktes besonders wichtig. Der Zeitpunkt der Rechtshandlung muss zudem für die Beurteilung der subjektiven Tatbestandsmerkmale eventueller Anfechtungsgründe bestimmbar sein und bestimmt werden.[418]

---

418 *Müko-InsO/Ott/Vuia* § 81 Rn. 8; *Breutigam/Tanz*, ZIP 1998, S. 717; 720 f.; vertiefend vgl. *Eckert*, Probleme der Bestimmung des für die Insolvenzanfechtung relevanten Zeitpunktes nach § 140 InsO.

I. Allgemeines

Die Frage des Zeitpunktes der anfechtbaren Rechtshandlung wurde erstmalig in der Insolvenzordnung geregelt. Die Konkursordnung kannte eine solche Regelung nicht. Daraufhin entwickelte die höchstrichterliche Rechtsprechung den Grundsatz, dass es im Rahmen der anfechtbaren Handlungen auf den Zeitpunkt der rechtlichen Wirkung der Rechtshandlung ankomme und nicht auf den Zeitpunkt der Handlung selbst.[419] § 140 Abs. 1 InsO hat diese Wertung übernommen.[420] Besteht hingegen weder ein bedingtes noch ein befristetes Recht, sondern lediglich eine Erwerbsaussicht, so ist § 140 Abs. 3 InsO nicht einschlägig. Nach § 140 Abs. 3 InsO ist im Falle von bedingten und befristeten Rechtshandlungen der maßgebliche Zeitpunkt einer Anfechtung auf den Zeitpunkt des Abschlusses der rechtsbegründenden Tatumstände zu verlegen.[421] Eine Fristenvorverlegung nach § 140 Abs. 3 InsO setzt folglich eine gesicherte Rechtsstellung des Gläubigers voraus. Der Gesetzgeber rechtfertigte dies damit, dass solche Rechtshandlungen im Falle der Insolvenz bereits vor Bedingungseintritt geltend gemacht werden könnten.[422] Dadurch soll der zeitlichen Streckung zum Zwecke der Umgehung der Anfechtbarkeit vorgebeugt werden. Für die Berechnung der Anfechtungsfrist wird zudem, anders als im Konkursrecht, wo es bei der Berechnung der Fristen auf die Eröffnung des Konkurses ankam (vgl. § 32 Nr. 2, § 31 Nr. 2 KO), auf den Zeitpunkt des Eröffnungsantrags nach § 13 InsO abgestellt. Hierdurch sollen die Gläubiger vor Nachteilen, die

---

419 BGH ZIP 1999, S. 973; BGH ZIP, 1998, S. 793, 798; BGH ZIP 1997, S. 423, 426; BGH ZIP 1996, S. 2080, 2082; BGH ZIP 1992, S. 271, 274; BGHZ 86, S. 340, 346; *Müko-InsO/Kirchhof*, § 140 Rn. 5f.

420 *Uhlenbruck*, InsO, § 140 Rn. 1; *Fischer*, ZIP 2004, S. 1679.

421 *Müko-InsO/Kirchhof*, § 140 Rn. 50; *Uhlenbruck/Hirte*, InsO, § 140 Rn. 17.

422 RegE zu § 159 InsO, BT-Drucks. 12/2443, S. 167; in Anbetracht des besonderen Schutzes bedingter und befristeter Rechte durch § 161 Abs. 1 S. 2, § 163 BGB und § 106 und § 107 InsO; *Kölner Schrift/Henckel*, S. 813, 848 f., Rn. 80.

durch Verzögerung des Eröffnungsverfahrens entstehen können, bewahrt und eine Beweiserleichterung ermöglicht werden.[423] § 140 Abs. 3 InsO trägt der Regelung Rechnung, dass bedingte und befristete Forderungen im Rahmen eines Insolvenzverfahrens vor Eintritt der Bedingung bzw. Befristung geltend gemacht werden können.[424]

II. Fristbeginn bei unbenannten Zuwendungen

Im Rahmen der Anfechtung von Eheverträgen ist wiederum zweifelhaft, ob für deren Anfechtbarkeit der Zeitpunkt des Vertragsschlusses oder der Zeitpunkt der Scheidung ausschlaggebend ist. Dies hängt davon ab, ob eine Scheidung als Bedingung oder Befristung im Rahmen ehevertraglicher Vereinbarungen qualifiziert werden kann und damit die Rechtswirkung der Zuwendung – d.h. deren Leistungserfolg – erst in dem Zeitpunkt der Scheidung eintritt und sich die Anfechtungsfrist danach richtet.

Dann könnte gemäß § 140 Abs. 3 InsO der Zeitpunkt der Scheidung für die Anfechtung relevant sein und nicht der Zeitpunkt der tatsächlichen Zuwendung. Dies hätte erhebliche Auswirkungen auf die Anfechtungsmöglichkeit durch den Insolvenzverwalter. Fraglich ist daneben, inwiefern sich unbenannte Zuwendungen auch unabhängig von einer Zuwendung durch Ehevertrag generell in die Regelung des § 140 InsO einfügen lassen und ob § 140 Abs. 1 oder Abs. 3 InsO Anwendung findet. Maßgeblicher Anfechtungszeitpunkt ist in der Regel der Zeitpunkt, in dem die rechtliche Wirkung der Leistung eintritt.[425] Im Rahmen unbenannter Zuwendungen könnte man jedoch auch, anstatt auf den Zeitpunkt des Vollzugs der unbenannten Zuwendung, auf den Zeitpunkt der Auflösung der Ehe bzw. auf das Vorliegen der übrigen anfechtungsrechtlichen

---

423 *Hess/Weis*, Das neue Anfechtungsrecht, Rn. 180.

424 *Uhlenbruck*, InsO, § 140 Rn. 17; *Kuhn/Uhlenbruck*, KO (12. Aufl.), § 32 Rn. 17; *Fischer*, ZIP 2004, S. 1679, *Hess*, InsO, § 140 Rn. 51 ff.

425 FK-InsO/Dauernheim, § 134 Rn. 32.

Tatbestandsmerkmale abstellen. Für den Zeitpunkt der Ehescheidung spricht die Verrechnungsmöglichkeit von unbenannten Zuwendungen im Rahmen des Zugewinnausgleichs. Dies wird auch im Rahmen von Schenkungsversprechen unterschiedlich bewertet. Wird das Schenkungsversprechen vollzogen, so kommt es auf den Zeitpunkt des Vollzugs an und nicht auf den Zeitpunkt des Versprechens selbst, wird nicht vollzogen, so kommt es mangels anderweitigem Anknüpfungszeitpunkt auf das Schenkungsversprechen an.[426]

Die weitere Beantwortung der Frage ist dabei sehr stark abhängig von den Regelungen und Umständen des Einzelfalls. So könnte eine Scheidung als eine auflösende Bedingung für eine unbenannte Zuwendung unter Eheleuten zu qualifizieren sein. Zweck der ehebedingten Zuwendung ist ja eben gerade die eheliche Gemeinschaft. Eine Scheidung hat sofortige rechtliche Wirkung für die Zukunft und stellt eine Voraussetzung i.S.e. *conditio sine qua non* für nacheheliche Vereinbarungen dar. Allerdings ist die Ehe auch kein Rechtsgrund für das Behaltendürfen. Die einmal getätigte unbenannte Zuwendung muss im Gegensatz zu den Zuwendungen durch Dritte, die einem der Ehegatten nahe stehen, nicht zum Zeitpunkt der Scheidung zurückgegeben werden. Andererseits wird die ehebedingte Zuwendung auf den zu zahlenden Zugewinnausgleich angerechnet. Dies kann jedoch nicht zur Folge haben, dass die Anfechtungsfrist am Zeitpunkt der Scheidung festgemacht werden sollte. Das weitere rechtliche Schicksal der Zuwendung und die Möglichkeiten der Verrechnung sind unabhängig von seinem ursprünglichen Vollzug zu betrachten. Die Regelungen der Verrechenbarkeit der innerehelichen Zuwendungen sollen allein innereheliche Auswirkungen haben und nicht Dritten gegenüber Wirkung entfalten. Die Frist ist somit allein anhand der Zuwendung an sich zu berechnen, unabhängig vom Zeitpunkt der Scheidung. Für diese Lösung spricht auch der Vorteil der Praktikabilität und Rechtssicherheit.[427]

---

426 BGH ZIP 1988, S. 585, 586; OLG Köln ZIP 1988, S. 1203.
427 *Morhard*, NJW 1987, S. 1734, 1739.

Wie bereits unter B I 2 e dieses Abschnitts festgestellt, ist die Leistungsbewirkung im Rahmen einer unbenannten Zuwendung außerdem oft von den Parteien nicht als Bedingung i.S.d. § 158 Abs. 1 BGB gewollt.[428] Folglich würde § 140 Abs. 3 InsO bei unbenannten Zuwendungen keine Anwendung finden. Es wäre vielmehr § 140 Abs. 1 InsO regulär anwendbar, d.h. die Zuwendung selbst müsste vor dem Zeitpunkt von 4 Jahren vor Insolvenzeröffnung ergangen sein, um anfechtungsfest zu sein. Sollte die Gegenleistung jedoch die vom Parteiwillen getragene *conditio* für die unbenannte Zuwendung gewesen sein, so ist gemäß § 140 Abs. 3 InsO auf den Zeitpunkt des Bedingungseintritts abzustellen. Es kommt im Ergebnis bei der Abgrenzung entscheidend darauf an, ob bereits eine gesicherte Rechtsposition besteht. Dies ist dann im Einzelnen zu untersuchen, wobei der Wille der Parteien entscheidend ist.

III. Zusammenfassung

Eine Rechtshandlung gilt grundsätzlich als zu dem Zeitpunkt vorgenommen, in dem ihre rechtlichen Wirkungen eintreten, vgl. § 140 Abs. 1 InsO. Gegenstand von Insolvenzanfechtungen sind Rechtshandlungen, die vor der Eröffnung des Insolvenzverfahrens vorgenommen wurden. Gemäß § 140 Abs. 3 InsO wird im Falle von bedingten und befristeten Rechtshandlungen der maßgebliche Zeitpunkt auf den Zeitpunkt des Abschlusses der rechtsbegründenden Tatumstände verlegt. Für die Berechnung der Anfechtungsfrist wird weiter auf den Zeitpunkt des Insolvenzeröffnungsantrags abgestellt. Eine Verfügung, die aus mehreren Teilakten besteht, gilt nach allgemeiner Auffassung als vorgenommen, wenn der letzte für die Wirksamkeit erforderliche Teilakt erfolgt ist. Dabei wird auf den Eintritt der rechtlichen Wirkung abgestellt und nicht auf die Wirksamkeit der die Gläubiger benachteiligenden Vermögensübertragung.

---

428 Vgl. *Apfelbacher*, Ehebedingte Zuwendungen und Ehegatteneigenheimgesellschaft, S. 54 ff.

Im Rahmen der Anfechtung von unbenannten Zuwendungen kommt es nach § 140 Abs. 1 InsO auf den Zeitpunkt der ehebedingten Zuwendung selbst und nicht den Zeitpunkt der Scheidung ausschlaggebend an. Die Ehe stellt keinen Grund für das Behaltendürfen der ehebedingten Zuwendungen dar.

Dies gilt auch, sofern die Scheidung ehevertraglich als eine Bedingung oder Befristung der unbenannten Zuwendung festgesetzt wurde. Nach § 140 Abs. 3 InsO bleibt der Eintritt einer Bedingung außer Betracht und die Frist bemisst sich ebenfalls nach § 140 Abs. 1 InsO.

§ 3 Gestaltungsgrenzen zum Schutze der Vertragsparteien - Insolvenz durch ehevertragliche Vereinbarungen

Nachdem im vorherigen Abschnitt die voreheliche Vereinbarungen im Falle der Insolvenz behandelt wurden, soll in diesem Abschnitt die Frage behandelt werden, ob ein Ehegatte erst durch ehevertragliche Vereinbarung bzw. lediglich durch die auf Grund dieser Vereinbarung eingegangenen Zahlungsverpflichtungen in Zahlungsschwierigkeiten geraten kann und wie sich dies im Verhältnis zu anderen Gläubigern auswirkt, so dass der Ehegatte unter Umständen zur Einleitung eines Insolvenzverfahrens gezwungen ist.

A. Beschränkungen bei defizitärem Anfangsvermögen

Im gesetzlichen Güterstand der Zugewinngemeinschaft bleiben die Vermögensmassen der Ehegatten bis zur Beendigung des Güterstandes getrennt, bei Beendigung findet jedoch ein Zugewinnausgleich statt. Ein Zugewinn liegt vor, wenn das Endvermögen das Anfangsvermögen übersteigt. Stichtag ist jeweils Anfang und Ende des Güterstandes.

Zu untersuchen gilt es, wie sich eine Verschuldung des Zugewinnausgleichsverpflichteten Ehegatten zum Zeitpunkt der Eheschließung auswirkt und inwiefern der Halbteilungsgrundsatz zu einer Verschuldung desselben führen kann.

I. Das Anfangsvermögen

Grundsätzlich ist das Anfangsvermögen nach § 1374 BGB dasjenige Vermögen, das einem Ehegatten nach Abzug seiner Verbindlichkeiten beim Eintritt in den Güterstand gehört. Es stellt eine Rechnungsgröße zur Ermittlung des Zugewinns eines jeden Ehegatten dar und keine gesonderte Vermögensmasse.

Das Anfangsvermögen bildet die Gesamtheit der einzelnen Vermögensgegenstände in einer Geldsumme (wirtschaftlicher Vermögensbegriff)[429], welches sich zunächst aus den sog. „Aktivwerten“ zusammensetzt. Diese umfassen Sachen und Rechte, die objektiven Bewertungsgrundsätzen zugänglich sind, alle objektiv bewertbaren rechtlichen Positionen mit wirtschaftlichem Wert, aber auch Anwartschaftsrechte. Passivwerte wie Schulden werden vom Aktivwert abgezogen, um so das Nettovermögen zu ermitteln.[430] Die Verbindlichkeiten müssen allerdings bereits am Stichtag entstanden sein; der Rechtsgrund der in Abzug zu bringenden Verbindlichkeiten ist irrelevant.[431]

II. Abzug der Verbindlichkeiten nur bis zur Höhe des positiven Anfangsvermögens

Die bei Berechnung des Anfangsvermögens bei Eintritt des Güterstandes bestehenden Verbindlichkeiten wurden nach § 1374 Abs. 1, 2. Hs. BGB (a.F.) lediglich bis zur Höhe des Aktivvermögens abgezogen. Das Anfangsvermögen konnte daher niemals einen negativen Wert haben,

---

429 *Staudinger/Thiele* (2007), § 1373 Rn. 5; *Johannsen*, WM 1978, S. 654, 657 f.

430 *Staudinger/Thiele* (2007), § 1374 Rn. 3 ff.

431 *Staudinger/Thiele* (2007), § 1374 Rn. 14 ff.; *Muscheler*, FamRZ 1998, S. 265 ff., vgl. vertiefend *Kögler*, Das defizitäre Anfangsvermögen beim Zugewinnausgleich, S. 19 ff.

allenfalls einen Wert von mindestens Null. Trug ein Ehegatte im Laufe der Ehe seinen bei Eheschluss bestehenden Schuldenberg ab, so wurde diese gemeinsame eheliche Leistung im Rahmen des Zugewinns in der Regel nicht ausgeglichen, da das Abtragen von Schulden grundsätzlich nicht mit in den Zugewinn fiel.

1. Kritik an der früheren Gesetzeslage

Dieser früheren gesetzlichen Regelung standen jedoch erhebliche Bedenken entgegen.[432] Eine im Schrifttum verbreitete Meinung[433] sah § 1374 Abs. 1 S. 2 (a.F.) BGB als rechtspolitisch verfehlt, weil mit den Prinzipien des Zugewinnausgleichs unvereinbar an.[434] Die Tilgung von Schulden, die bereits zu Beginn des Güterstandes bestanden, sollte danach grundsätzlich im Zugewinn mit berücksichtigt werden. Das Prinzip des Zugewinnausgleichs folge dem Modell der Konsumgemeinschaft.[435] Der ausgleichsberechtigte Ehegatte würde ansonsten die Schulden des aus-

---

432 Kritik der Einzelfallgerechtigkeit, vgl. *Gernhuber*, FamRZ 1984, S. 1053, 1057; *Battes* FuR 1990, S. 311, 312 ff.; *Wellenhofer*, JURA 2008, S. 647, 651, *Gernhuber/Coester-Waltjen*, Lehrbuch des Familienrechts, § 36 VII Rn. 81.

433 *Dethloff*, in der Vorauflage *Lüderitz/Dethloff* Familienrecht, § 5 Rn. 111; *Gernhuber/Coester-Waltjen*, Lehrbuch des Familienrechts § 36 III Rn. 23; *MüKo/Koch*, § 1374 Rn. 12; *Johannsen*, WM 1978, S. 654, 657; *Cypionka*, MittRhNotK 1986, S. 157, 160; *Staudinger/Thiele* (2007), § 1374 Rn. 14; *Soergel/Lange* (13. Aufl.), § 1374 Rn. 8; *Johannsen/Henrich/Jaeger*, § 1374 Rn. 16; *Struck*, AcP 187, S. 404, 419 ff.; mit rechtsvergleichenden bzw. sogar verfassungsrechtlichen Bedenken: *Kögler*, Das defizitäre Anfangsvermögen beim Zugewinnausgleich, S. 39 ff.

434 *Staudinger/Thiele* (2007), § 1374 Rn. 18; *Schwab*, FamRZ 1984, S. 429, 434; auch der BGH räumte ein, dass die Entscheidung des Gesetzgebers rechtspolitisch bedenklich ist, vgl. BGHZ 129, S. 311, 314; Der Deutsche Familiengerichtstag hat wiederholt die Streichung des § 1374 Abs. 1, 2. Halbs. BGB (a.F.) verlangt (15. Deutscher Familiengerichtstag, Arbeitskreis 12; 16. Deutscher Familiengerichtstag, Arbeitskreis 21).

435 *Battes*, FuR 1990, S. 311, 322 mit Verweis auf die französische Rechtslage, welche die „participation aux acquets“ im Jahre 1985 in diesem Sinne reformierten, vgl. Art. 1571 al. 2 C.civ.

gleichsverpflichteten Ehegatten faktisch mit abtragen, wie er auch partizipieren würde, wenn es sich um einen Zugewinn im positiven Bereich handelte, jedoch erhielte der ausgleichsberechtigte Ehegatte dafür keinen Zugewinnausgleich. Insoweit trage er faktisch die Schulden des ausgleichsverpflichteten Ehegatten zur Hälfte.

Diese Schieflage nach alter Rechtslage wurde durch die Rechtsprechung und h.M.[436] hingenommen, da die eindeutige gesetzliche Regelung des § 1374 Abs. 1 S. 2 (a.F.) BGB für eine andere Interpretation keinen Raum ließ. Nach dem eindeutigen Wortlaut der Norm könne das Anfangsvermögen nie weniger als Null betragen, unabhängig davon, ob und wie hoch ein Ehegatte bei Eheschließung überschuldet war, auch wenn sich rein rechnerisch bei vollem Abzug der Schulden ein negativer Wert ergeben würde. Im Ergebnis ließ jedoch auch der BGH die Frage offen, ob die Regelung des § 1374 Abs. 1 2. Hs. (a.F.) BGB rechtspolitisch verfehlt bzw. unbillig sei, verwies für eine eindeutige Regelung auf den Gesetzgeber.[437]

Sinn und Zweck dieser Regelung wurden zudem darin gesehen, den ausgleichspflichtigen Ehegatten im Scheidungsfall nicht erneut durch Zahlung des Zugewinnausgleichs in Schulden zu stürzen. Der Zugewinnausgleich sollte also – den Halbteilungsgrundsatz ausblendend – nicht so weit gehen, dass der Ausgleichende dem anderen mehr als die Hälfte dessen geben muss, was er zum Zeitpunkt des Zugewinnausgleichs noch hat. Rechnete man jedoch eine anfangs bestehende Überschuldung mit ein, so führte der Zugewinnausgleich dazu, dass nahezu das gesamte Vermögen der Ausgleichspflicht unterfalle. Lediglich der aktive Überschuss solle geteilt werden. Die Ehe sei nicht lediglich eine Erwerbs-, sondern auch eine Verlustgemeinschaft, sie stelle eine Lebens- und Schicksalsgemein-

---

436 *Dölle*, Familienrecht, I S. 800; *Beitzke/Lüderitz*, § 14 III 3 a; *Erman/Heckelmann*, § 1374 Rn. 5; *Battes*, FuR 1990, S. 311, 312; *Rauscher*, Rn. 416; *Schwab*, Handbuch des Scheidungsrechts, VII Rn. 123; *RGRK/Finke*, § 1374 Rn. 11; 25; *MüKo/Koch*, § 1374 Rn. 11 f.; vgl. auch BT-Drucks. 2/3409 S. 9.

437 BGHZ 129, S. 311, 318.

schaft dar. Daraus folge, dass der Ehegatte nur insoweit am Zugewinn beteiligt werden solle, als dieser auch tatsächlich zum Zeitpunkt der Beendigung der Ehe vorhanden sei.[438]

Diese Argumentation überzeugte im Ergebnis jedoch nicht. Der Schutz des Zugewinnberechtigten bzw. der Ausgleich ehebedingter Nachteile ist vordringliches Ziel des gesetzlichen Güterstands der Zugewinngemeinschaft.

Sowohl wirtschaftlich als auch familiensoziologisch ist die Haushaltsführung des ausgleichsberechtigten Ehegatten der Erwerbstätigkeit des anderen Ehegatten gleichgestellt. Eine unterschiedliche Behandlung, je nach dem, ob dadurch Schulden abgetragen werden oder das Aktivvermögen vergrößert wird, erscheint ungerecht. Der Zugewinn wird im Ergebnis auch indirekt dadurch gemehrt, dass der verschuldete, ausgleichsverpflichtete Ehegatte die Passiva mindert. Dies steht rein rechnerisch einer Mehrung der Aktiva gleich.[439]

Insbesondere bei Doppelverdienerehen hatte die Lösung des § 1374 Abs. 1, 2. Hs. (a.F.) BGB noch eindeutigere Ungerechtigkeiten zur Folge, als dies bei der traditionellen Einverdienerehe der Fall war. Das Mittragen der Schulden des ausgleichsverpflichteten Ehegatten hatte in dieser Konstellation ein noch größeres Ausmaß.[440] Da die Doppelverdienerehen mittlerweile im Rahmen der gesellschaftlichen Entwicklung in

---

438 Weiterführend *Reinicke*, BB 1957, S. 759, 760; *Soergel/Lange* (13. Aufl.), § 1378 Rn. 6; *Battes*, *ders.*, FuR 1990, S. 311, 322; *Lieb*, Die Ehegattenmitarbeit im Spannungsfeld von Rechtsgeschäft, Bereicherungsausgleich und gesetzlichem Güterstand, S. 157 f.; *Battes*, FuR 1990, S. 311, 322 f.; gibt der Kritik jedoch im Kern recht und vertritt ebenso die Auffassung § 1374 Abs. 1, 2. Halbs. BGB zu streichen.

439 Vgl. *Gernhuber*, JZ 1996, S. 47 f.

440 Zudem nimmt die Brisanz dieses Themas immer weiter zu, da seit Einführung der Zugewinngemeinschaft der Anteil der verschuldeten Haushalte immer weiter zugenommen hat, vgl. Einkommens- und Verbraucherstichproben des Statistischen Bundesamts Wiesbaden, Wirtschaftsrechnungen, Fachserie 15 aus den Jahren 1962 – 1993.

Deutschland immer häufiger anzutreffen ist, erschien § 1374 Abs. 1, 2. Hs. BGB nicht mehr zeitgemäß.[441]

2. Aktuelle Gesetzeslage

Der Reformentwurf des Gesetzes zur Änderung des Zugewinnausgleichs- und Vormundschaftsrechts vom 1. November 2007[442] wurde am 20. August 2008 vom Bundestag beschlossen und trat am 1. September 2009 in Kraft.[443]

Das Prinzip hälftiger Teilhabe findet danach weiterhin Anwendung,[444] im Gegensatz zu der vorherigen Rechtslage ist negatives Anfangsvermögen nun jedoch möglich; das Schuldenprivileg ist damit abgeschafft. Künftig wird auch ein solcher Vermögenszuwachs in die Zugewinnausgleichsberechnung einbezogen, welcher nach der früherer Rechtslage dann unberücksichtigt geblieben ist, wenn das Anfangsvermögen des zugewinnausgleichsverpflichteten Ehegatten negativ gewesen ist, da nach § 1374 Abs. 1 2. Hs. BGB (a.F.) das Anfangsvermögen nicht kleiner als

---

441 Vgl. *Erman/Heckelmann*, § 1374 Rn. 8; *Johannsen/Henrich/Jaeger*, § 1374 Rn. 16, 29; *Gernhuber/Coester-Waltjen*, Lehrbuch des Familienrechts, § 36 III; *Soergel/Lange* (13. Aufl.), § 1374 Rn. 8, 14; *Beitzke/Lüderitz*, § 14 Nr. 3 a S. 135; weiterführend *Muscheler*, FamRZ 1998, S. 265 ff. Der BGH verwies jedoch darauf, dass diese Ansicht nicht folgerichtig denke, wenn sie vorschlägt, dass originäre negative Anfangsvermögen mit dem positiven Hinzuerwerb zu verrechnen, wenn sie gleichzeitig einen negativen Hinzuerwerb nicht mit einem positiven Anfangsvermögen verrechnet. Allerdings sind die beiden Ausgangslagen nicht vergleichbar und das Argument des BGH läuft damit ins Leere. In der Situation eines originär negativen Anfangsvermögens handelt es sich um Verbindlichkeiten, die vor dem Güterstand begründet wurden und damit Güterstandsfremd sind. Verbindlichkeiten, die im Rahmen des Güterstandes entstanden sind wie andere Verbindlichkeiten aus dieser Zeit zu behandeln; vgl. BGHZ 129, S. 311 ff.

442 http://www.bmj.bund.de/enid/Familienrecht/Gueterrecht_6i.html.

443 Entwurf des Gesetzes zur Strukturreform des Versorgungsausgleichs, BT-Drucks. 16/10144.

444 *Hilbig*, Jura 2008, S. 922 f; *Hoppenz*, FamRZ 2008, S. 1879.

Null sein konnte. Damit wird der Rechtsprechung des BGH und der bisher herrschenden Meinung das Argument des Gesetzeswortlauts entzogen.

Der Gesetzgeber folgt somit der Argumentation der Systemwidrigkeit und Einzelfallungerechtigkeit.[445] Die Forderung des BGH, dass allein der Gesetzgeber der rechtspolitischen Verfehlung Abhilfe schaffen könne, eine Korrektur durch die Rechtsprechung jedoch ausbleiben müsse, wurde somit erfüllt.[446]

Daneben wurde § 1374 Abs. 3 BGB neu eingeführt, welcher die Streichung des 2. Halbsatzes des § 1374 Abs. 1 BGB ergänzt.[447] Die Neuregelung des Abs. 3 als konsequente Fortführung der Streichung des zweiten Halbsatzes, soll zum einen ermöglichen, dass die Berücksichtigung eines negativen Anfangsvermögens auch für den privilegierten Erwerb nach § 1374 Abs. 2 BGB gilt und zum anderen verhindern, dass sich im praktisch seltenen Fall einer Übernahme von privilegierten Schulden das Endvermögen mindert. Der zugewinnausgleichsberechtigte Ehegatte soll hierdurch nicht benachteiligt werden.[448]

Aufgrund dieser gesetzlichen Novellierung ist fraglich, ob neben dem negativen Anfangsvermögen dann auch ein negatives Endvermögen möglich sein muss, um den Zugewinn des wirtschaftlich anfangs verschuldeten Ehegatten angemessen berücksichtigen zu können, wenn dieser es nicht geschafft hat, alle seine Schulden im Laufe der ehelichen Gemeinschaft zu tilgen und nunmehr ausgleichsverpflichtet ist.[449] Nach

---

445 Vgl. auch *von Eichel*, ZFE 08, S. 84 f.; *Koch*, FamRZ 2008, S. 1124, 1125; *Hilbig*, Jura 2008, S. 922, 925 ff.; *von Koppenfels-Spies*, JZ 2008, S. 801, 803 ff.

446 BGH NJW 1995, S. 2165; FamRZ 1995, S. 990

447 Die Vermögensbestandteile, die nicht im Zusammenhang mit der ehelichen Lebens- und Wirtschaftsgemeinschaft entstanden sind, werden folglich auch in Zukunft nicht im Rahmen des Zugewinnausgleichs berücksichtigt; vgl. Begr. des Entwurfs des Gesetzes zur Änderung des Zugewinns- und Vormundschaftsrechts vom 1. November 2007, S. 25.

448 *von Eichel*, ZFE 2008, S. 84, 85; *Finger*, FamRB 2008, S. 18, 19.

449 *Koch*, FamRZ 2008, S. 1124, 1125.

früherer Rechtslage war ein negatives Endvermögen nicht möglich, es wurde – ebenso wie das Anfangsvermögen – immer mindestens mit Null angesetzt, vgl. § 1375 Abs. 2 BGB (a.F.) Nach § 1375 Abs. 2 BGB (n.F.) sind bei der Bestimmung des Endvermögens Verbindlichkeiten abzuziehen, auch wenn diese die vorhandenen Aktiva übersteigen. Als Folgeänderung ist nunmehr also auch ein negatives Endvermögen zulässig. Damit kann im Rahmen der Berechnung des Zugewinnausgleichs auch ein Tilgungsgewinn erfasst werden, wenn sich der Gewinn auf die Reduktion der Schulden beschränkt.[450]

Allerdings unterliegen auch hier Ausgleichsforderungen einer Kappungsgrenze. Die Höhe der Ausgleichsforderung wird durch den Wert des Vermögens begrenzt, das nach Abzug der Verbindlichkeiten bei Beendigung des Güterstands vorhanden ist, vgl. § 1378 Abs. 2 S. 1 BGB.

Die Kappungsgrenze des § 1378 Abs. 2 BGB ist mit Blick auf die obigen Änderungen jedoch modifiziert worden. Der ausgleichsberechtigte Ehegatte wird nunmehr insbesondere vor illoyalen Vermögensminderungen geschützt. Allerdings stellt dies ein niedriges Schutzniveau dar, da § 1375 Abs. 2 BGB hohe Anforderungen an den Benachteiligungswillen aufstellt. Dieser muss sogar leitendes Motiv des Handelns sein. Durch diese Regelung wird das nun mögliche negative Anfangs- und Endvermögen kompensiert bzw. relativiert, der „mittellose Start in die Zukunft“[451] nach Beendigung der Ehe wird insoweit verhindert.

Vor illoyalen Vermögensminderungen soll zudem nunmehr durch die Veränderung des Berechnungszeitpunkts der Rechtshängigkeit des Scheidungsantrags nicht nur für die Berechnung des Zugewinns, sondern auch für die Höhe der Ausgleichsforderung relevant sein.[452] Zuvor wurde dies allein durch die Begrenzung der Ausgleichsforderung auf das tatsächlich vorhandene Vermögen (§ 1378 Abs. 2 (a.F.) BGB) verhindert. Diese Begrenzung der Ausgleichsforderung in § 1378 Abs. 2 (a.F.) BGB wurde in

450 *Münch*, MittBayNot 2009, S. 261, 262.
451 *Koch*, FamRZ 2008, S. 1124, 1126.
452 *Finger*, FamRB 2008, S. 18, 19

der Vergangenheit als reine Gläubigerschutzvorschrift kritisiert, die ausschließlich dem Schutz der Gläubiger des ausgleichspflichtigen Ehegatten vor der Konkurrenz anderer (Zugewinnausgleichs-)gläubiger diente.[453]

Ehevertragliche Vereinbarungen der Ehegatten zu § 1378 Abs. 2 BGB (a.F.) waren nach früherer Gesetzeslage weitgehend folgenlos, da diese wegen ungebührlicher Benachteiligung der Gläubiger meist nicht wirksam waren.

§ 1378 Abs. 2 Satz 2 BGB (n.F.) ergänzt daher die in § 1375 Abs. 2 BGB geregelte Hinzurechnung des Betrags der illoyalen Vermögensminderung zum Endvermögen um die Hinzurechnung des hälftigen Betrags zur Ausgleichsforderung und folgt damit wiederum dem Halbteilungsgrundsatz.

Allerdings bleibt fraglich, ob sich dadurch die Ungerechtigkeiten in der Zugewinnpartizipation nicht lediglich verschoben haben. Die Beteiligung an dem in der Schuldentilgung liegenden Gewinn setzt seinerseits einen Zugewinn des Ehegatten voraus. Je weniger Zugewinn der ausgleichsberechtigte Ehegatte selbst erwirtschaftet hat, desto weniger findet ein Zugewinnausgleich statt, da dieser gekappt ist. Die Kappungsgrenze bewirkt somit wiederum eine Nivellierung, die sich zu Lasten des Ausgleichsberechtigten mit hohem Zugewinnausgleichsanspruch auswirkt.

Indes gibt es auch nach der neuen Regelung keinen „negativen Zugewinn“ durch die Erwirtschaftung von Verlusten während der Ehe; d.h. Ehegatten tragen weiterhin grundsätzlich ihr eigenes wirtschaftliches Risiko (vgl. §§ 1363 f. BGB). Dies würde auch nur zu einer Begünstigung der Gläubiger des verschuldeten Ehegatten führen.[454]

Somit muss der wirtschaftliche Zugewinn in fast allen Fällen ausgeglichen werden. Nur besondere Härtefälle auf der Seite des ausgleichspflichtigen Ehegatten rechtfertigen nun noch eine teilweise Nichtverrech-

---

453 Vgl. *Staudinger/Thiele* (2007), § 1378 Rn. 7 ff.

454 Begr. des Entwurfs des Gesetzes zur Änderung des Zugewinns- und Vormundschaftsrechts vom 01. November 2007, S. 30.

nung. Hierfür werden die Prinzipien von Treu und Glauben herangezogen.

Schließlich ändert sich noch die Darlegungs- und Beweislast. Darlegungs- und beweisbelastet war bislang der Vermögensträger selbst, weil sich eine Verschiebung des Zugewinns immer zu seinen Gunsten auswirkte. Da jedoch nun auch ein negatives Anfangsvermögen gegeben sein kann, was auch vorteilhaft für den ausgleichsberechtigten Ehegatten sein kann, hat dieser das für ihn positive negative Anfangsvermögen zu beweisen und die Vermutung des § 1377 Abs. 3 BGB zu widerlegen. Die Beweislastverteilung hat wegen der dem Eherecht teils immanenten langen Zeiträume und der damit einhergehenden Gefahr des Verlusts der Beweismittel große Bedeutung. Teilweise wird hier vorgeschlagen, die Beweislast für das Aktivvermögen dem Vermögensträger und für die Verbindlichkeiten dem augleichsberechtigten Ehegatten aufzubürden.[455]

III. Ergebnis

Die frühere gesetzliche Regelung des § 1374 Abs. 1 2. Hs. BGB (a.F.), wonach bei Überschuldung das Anfangsvermögen nicht mit einem negativen Wert, sondern mit Null anzusetzen war, konnte mit dem Schrifttum als ungerecht, rechtspolitisch verfehlt und verfassungsrechtlich bedenklich bzw. als Verrat am Grundgedanken der Zugewinngemeinschaft bezeichnet werden.

Eine Differenzierung, wie sie das Gesetz vornahm, war nicht nachvollziehbar: Der verschuldete Ehepartner wurde begünstigt, der schuldenlose benachteiligt. Anders lag der Fall, wenn die Schulden während bestehender Ehe abgetragen wurden. Dann sollte dem anderen Ehegatten der Zugewinn ausgeglichen werden.

Obwohl die Gesetzesänderung an dieser Stelle zu befürworten ist, stellt sich die Frage, wie sich die Streichung des § 1374 Abs. 1 2. Hs. BGB in

455 *Hoppenz*, FamRZ 2008, S. 1889, 1891.

der Praxis und insbesondere im Zusammenhang mit Insolvenzen auswirkt.

Zwar schützt § 1378 BGB weiterhin die Gläubigerinteressen, so dass eine Insolvenz durch Zugewinnausgleich im gesetzlichen Güterstand der Zugewinngemeinschaft auch weiterhin ausgeschlossen ist. Der Zugriff dritter Gläubiger des ausgleichspflichtigen Ehegatten findet vorrangig, d.h. vor dem Ausgleich des Zugewinns statt. Im Ergebnis entsteht die Zugewinnausgleichsforderung erst, wenn nach Abzug der Verbindlichkeiten noch Vermögen vorhanden ist. Durch die Leistung des Zugewinnausgleichs wird der ausgleichsverpflichtete Ehegatte daher grundsätzlich nicht zu der Beantragung eines Insolvenzverfahrens über sein Vermögen gezwungen.

Im Hinblick auf illoyale Vermögensminderungen ist die Gesetzesnovellierung der Zugewinnausgleichsberechnung umfassend zu begrüßen, wonach nun der Zeitpunkt der Rechtshängigkeit des Scheidungsantrags auch für die Höhe der Ausgleichsforderung maßgeblich ist und nicht mehr nur für die Berechnung der Ausgleichsforderung. Allerdings ging die Reform nicht so weit, den Stichtag des § 1384 BGB auf den Zeitpunkt der Trennung vorzuverlegen. Illoyale Vermögensminderungen sind somit weiterhin vom Zeitpunkt der Trennung bis zum Zeitpunkt der Rechtshängigkeit der Scheidung möglich. Dies stellt immer noch einen erheblichen Nachteil dar, da der Nachweis der illoyalen Vermögensminderung von dem Benachteiligten schwer zu erbringen ist. Eine Beweislastumkehr könnte dieses Problem beheben.

Kehrseite dieser Novellierung ist jedoch, dass dem Umstand nicht Rechnung getragen wird, dass die Zugewinngemeinschaft bis zur Rechtskraft der Scheidung weiter besteht und einer eventuellen schicksalhaften Vermögensverminderung, welche etwa in Zeiten volatiler Märkte eintreten kann, nicht Rechnung getragen wird. Hierdurch besteht weiterhin eine Gefahr, dass der Ausgleichsverpflichtete durch Zahlung des Zugewinns wirtschaftlich überfordert ist und Insolvenzantrag stellen muss. Insbesondere wenn das Vermögen insgesamt oder zu größten Teilen in Aktien und

Fonds investiert wird, deren Bewertung auf Grund der Volatitlität der Märkte starken Schwankungen ausgesetzt ist und damit der „Wert des Vermögens“ doch erheblichen Bewertungsdifferenzen unterliegt, welche von für die Ehegatten nicht beeinflussbaren Unwägbarkeiten abhängig sind. Einerseits besteht somit die Gefahr der finanziellen Überforderung, diese wird durch teleologische Reduktion bzw. §§ 242, 1381 BGB von der Rechtsprechung begegnet, so dass auch kein Ausgleich zu zahlen ist, andererseits ist ein Partizipieren des getrennten Ehegatten an besonders positiven Entwicklungen durch den Halbteilungsgrundsatz nicht zu rechtfertigen.

Es muss somit für die Lösung dieses Problems eine einzelfallbezogene Regelung gefunden werden, um Einzelfallungerechtigkeiten zu vermeiden.

B. Modifikation des Zugewinnausgleichs und Zugewinnausgleichsanspruchs

I. Zugewinnausgleich und -ausgleichsanspruch

Der Zugewinnausgleich kann auf insgesamt drei verschiedene Arten modifiziert werden. Zunächst können die Ehegatten den Zugewinn insgesamt ausschließen. Vereinbaren die Ehegatten dies mit Wirkung für und gegen beide Ehegatten, so tritt nach § 1414 S. 2 BGB Gütertrennung ein. Zudem kann der Zugewinn auch nur für den Fall ausgeschlossen werden, dass der Güterstand durch Scheidung bzw. durch Tod beendet wird. Allerdings nur durch ausdrückliche Erklärung haben die Ehegatten die Möglichkeit, den gesetzlichen Güterstand der Zugewinngemeinschaft abzubedingen und damit die gesetzlichen Verfügungsbeschränkungen zu modifizieren.[456] Es tritt nicht automatisch Gütertrennung ein.[457]

Daneben besteht noch die Möglichkeit, den Zugewinnausgleich differenziert auszuschließen, d.h. ihn von gewissen Bedingungen, wie einer gewissen Dauer der Ehe, Kinderlosigkeit oder Berufstätigkeit beider Ehegatten, abhängig zu machen.[458] Hier haben die Ehegatten im Rahmen ihrer Vertragsfreiheit grundsätzlich auch die Möglichkeit, demjenigen den Zugewinnausgleich vertraglich abzusprechen, der das Verschulden hinsichtlich der Scheidung trägt.[459] Der Gesetzgeber ist zwar von dem Verschuldensprinzip bei Trennung der Ehe abgekommen und hat sich für das Zerrüttungsprinzip ausgesprochen; dies schließt jedoch noch nicht eine an das Verschulden anknüpfende vertragliche Regelung aus, für die sich die Eheleute gerade bewusst und trotz notarieller Aufklärung entscheiden. Vertragsinhalte sind grundsätzlich auch dann anzuerkennen, wenn diese unter objektiven Gesichtspunkten unvernünftig, unwirtschaftlich, unrichtig oder ungerecht erscheinen und die Wertungen der Vertragsparteien von denen abweichen, die gesetzlichen Regelungen zu Grunde liegen. Im Falle einer Ehescheidung überprüft der Richter den Ehevertrag nicht anhand der eigenen Gerechtigkeitsvorstellungen, sondern anhand des Willens der Vertragsparteien. Zu der personellen Freiheit gehört auch die Möglichkeit, sich auf Grundlage der eigenen Entschei-

---

456 So die herrschende Ansicht, vgl. *Staudinger/Thiele* (2007), § 1363 Rn. 23; *ders.* § 1414 Rn. 5; *Soergel/Gaul* (13.Aufl.), § 1408 Rn. 18; *Palandt/Brudermüller*, § 1414 Rn. 1; *Knur*, DNotZ 1957, S. 471; *Langenfeld*, Handbuch der Eheverträge und Scheidungs-vereinbarungen, S. 135; jedoch a.A. *Erman/Heckelmann* (7. Aufl.), § 1408 Rn. 1 a.E.

457 BayObLG DNotZ 1972, S. 38. Durch den Ausschluss des Zugewinnausgleichs nur für den Fall der Beendigung durch Scheidung sichert dem überlebenden Ehegatten einen erhöhten Erbteil nach § 1371 Abs. 1 BGB und reduziert etwaige Pflichtteilsansprüche der Abkömmlinge.

458 Grundlegend: *Knur*, DNotZ 1957, S. 471, 481; *Langenfeld*, Handbuch der Eheverträge und Scheidungsvereinbarungen, S. 140 f.

459 Vgl. *Langenfeld*, Handbuch der Eheverträge und Scheidungsvereinbarungen, S. 145.

dung selbst zu binden. Lediglich die Grenzen der guten Sitten sind weiterhin beachtlich. Die Tatsache, dass das Verschuldensprinzip vor nicht allzu langer Zeit den gesetzlichen Regelfall darstellte, spricht dagegen, dass die Vereinbarung einer Verschuldensregelung gegen die Sitten der billig und gerecht Denkenden verstößt.

Strittig ist daneben, ob der Ausschluss des Zugewinnausgleichs nur für eine Seite zulässig ist. Grundsätzlich wird dies von der herrschenden Meinung bejaht, sollte nicht im Einzelfall eine Sittenwidrigkeit nach § 138 BGB vorliegen.[460]

Fraglich ist jedoch, wie die Modifikation des Zugewinnausgleichs bewertet wird, wenn die Ehe vor Insolvenzeröffnung nur zu dem Zweck geschieden wird, den Gläubigern Haftungsvermögen zu entziehen.[461] Es geht beim Zugewinnausgleich um einen Ausgleich, welcher von den Ehegatten auch während der Ehe jederzeit durchgeführt werden kann.[462] Zum Zeitpunkt der Scheidung haben die Ehegatten insbesondere ein Recht auf Durchführung des Zugewinnausgleichs. Der Zugewinnausgleichsanspruch verringert jedoch durch die Anspruchsanmeldung zur Masse die quotale Befriedigung der anderen Gläubiger, welche nicht davor geschützt sind, dass die Ehegatten lediglich den Zugewinnausgleichsanspruch geltend machen, um eine quotale Befriedigung des Zugewinnausgleichsanspruchs des solventen Ehegatten herbeizuführen. Gläubiger sind indes grundsätzlich nicht vor einer Benachteiligung im Rahmen der Geltendmachung des Zugewinnausgleichsanspruchs geschützt, Dritte sind nicht geschützt (weitere Ausführungen siehe unten).[463]

---

460 OLG Stuttgart DNotZ 1983, S. 693; *MüKo/Kanzleiter*, § 1408 Rn. 14; jedoch a.A. *Gernhuber/ Coester-Waltjen*, Lehrbuch des Familienrechts, § 32 III Rn. 18 ff.

461 *Holzapfel*, Ehegattenschenkungen und Gläubigerschutz, S. 26 f.

462 So z. B. wenn erst einige Zeit nach Eheschließung der Güterstand gewechselt werden soll.

463 Vgl. *Hayler*, Rechtsfolgen ehebedingter Zuwendungen im Verhältnis zu Dritten, S. 210 ff.

Daneben unterliegt auch der Zugewinnausgleichsanspruch der Möglichkeit der Modifikation durch die Ehegatten. Der individuellen vertraglichen Vereinbarung sind alle Faktoren zugänglich, die für die Berechnung des Zugewinnausgleichs herangezogen werden. So unterliegen das Anfangs- und das Endvermögen, welche gemäß § 1373 BGB bei der Berechnung der Höhe des Zugewinns zu Grunde gelegt wird, der vertraglichen Gestaltungsfreiheit der Ehegatten (vgl. § 1408 Abs. 1 BGB).[464]

1. Vereinbarungen über Anfangsvermögen

Die Ehegatten haben die Möglichkeit, ohne Aufführung der einzelnen Gegenstände ehevertraglich den Wert des Anfangsvermögens jedes Ehegatten nach Abzug der Verbindlichkeiten als schlichte Wertziffer anzugeben. Dieser Wert kann sowohl höher als auch niedriger als der tatsächliche Wert des jeweiligen Anfangsvermögens sein.[465] Eine Überbewertung des Anfangsvermögens verringert den Zugewinn des betreffenden Ehegatten, bei einer Unterbewertung wird der Zugewinnausgleich hingegen erhöht.

Eine vertragliche Regelung, im Falle der Heirat eines überschuldeten Ehegatten das Anfangsvermögen durch eine entsprechende ehevertragliche Vereinbarung als negatives festzulegen, wurde nach früherer Rechtslage überwiegend für zulässig gehalten.[466] *De lege lata* gilt dies erst recht; mit der Einführung eines negativen Anfangsvermögens sind ehevertragliche Modifikationen insoweit fast obsolet geworden, außer die Ehegatten vereinbaren ein negatives Anfangsvermögen, als es tatsächlich

---

464 Zur alten Gesetzeslage: OLG Stuttgart DNotZ 1983, S. 693; *Knur*, DNotZ 1957, S. 471 ff.; *Langenfeld*, Handbuch der Eheverträge und Scheidungsvereinbarungen, S. 134 ff.; *MüKo/Kanzleiter*, § 1408, Rn. 14; *Staudinger/Thiele* (2007), § 1363 Rn. 23; *Soergel/Gaul* (13. Aufl.), § 1408, Rn. 18; *Gernhuber/Coester-Waltjen*, Lehrbuch des Familienrechts, § 32 III Rn. 24 ff.

465 *Staudinger/Thiele* (2007), § 1374 Rn. 39; *Knur*, DNotZ 1957, S. 475.

466 *MüKo/Koch*, § 1374 Rn. 12 f.; offen gelassen *Staudinger/Thiele* (2007), § 1374, Rn. 14.

gegeben ist. Soll das Anfangsvermögen indes gar nicht dem wirklichen Anfangsvermögen entsprechen, so sind ehevertragliche Regelungen somit weiterhin möglich und das Anfangsvermögen kann sowohl als positiv als auch als negativ festgelegt werden.

Die Begrenzung der Zugewinnausgleichsforderung nach § 1378 Abs. 2 BGB konnte nach früherer Rechtslage nicht ehevertraglich abbedungen werden. Nach früherer h.M.[467] wurde die Begrenzung der Ausgleichsforderung auf den vorhandenen Vermögensbestand mit dem Schutz dritter Gläubiger begründet. Dies wurde sogar als der zentrale Zweck der Vorschrift angesehen.

Mit dem Hinweis auf eine Überdehnung des Gläubigerschutzes hat die Bundesregierung in ihrem Entwurf zur Gesetzesänderung diesen Schutzzweck im Rahmen der Neuregelung der Norm aufgeben wollen.[468] Dies hat sich jedoch nicht durchgesetzt. Will man verhindern, dass man durch den Halbteilungsgrundsatz einen Zugewinnausgleich in Höhe des gesamten positiven Vermögens zu zahlen hat, da in gleicher Höhe Schulden getilgt wurden, so ist bei der ehevertraglichen Gestaltung jedoch Vorsicht geboten, im Rahmen der dispositiven Regelung bei der Kappungsgrenze des § 1378 Abs. 2 BGB anzusetzen und diese im Sinne der ursprünglichen Regelung des Regierungsentwurfes[469] abzuändern. Dies ist insoweit auch noch nach der Reform des Zugewinnausgleichsrechts nicht möglich, da die Regelung des § 1378 Abs. 2 BGB aufgrund ihrer Gläubigerschutzfunktion weiterhin als unabdingbar qualifiziert wird.[470] Stattdessen könnten die Ehegatten die Höhe der Zugewinnausgleichsforderung auf die Hälfte des beim Stichtag vorhandenen positiven Endvermögens limitieren.[471]

---

467 *Staudinger/Thiele* (2007), § 1378 Rn. 7; *Soergel/Lange* (13. Aufl.), § 1378 Rn. 6; *Gernhuber/Coester-Waltjen*, Lehrbuch des Familienrechts, § 36 VII Rn. 81; *RGRK/Finke*, § 1378 Rn. 9.

468 BT-Drucks. 16/10798 S. 11 f. (zu Nr. 2b).

469 BT-Drucks. 16/10798 S. 11 f. (zu Nr. 2b).

470 *MüKo/Koch*, § 1378 Rn. 36.

471 *Münch*, MittBayNot 2009, S. 261, 267.

Im Falle der Insolvenz tritt nunmehr der ausgleichberechtigte Ehegatte – bei unredlichem Handeln des ausgleichsverpflichteten Ehegatten – nicht mehr nachrangig neben die anderen Gläubiger, so dass die Forderung nur befriedigt wird, wenn das vorhandene Vermögen des Ausgleichspflichtigen zur Deckung von deren Forderungen ausreicht, der Ausgleichsbegünstigte steht mit diesen nunmehr auf einer Stufe. Im Falle der Unredlichkeit des Zugewinnausgleichsschuldners haben die Gläubiger das Nachsehen, dem ausgleichsberechtigten Ehegatten wird auch zu Lasten der Gläubiger geholfen.

Unabhängig von einer vertraglichen Disposition ist nunmehr für die Höhe der Ausgleichsforderung der Zeitpunkt der Rechtshängigkeit des Scheidungsantrags maßgeblich und nicht mehr der Zeitpunkt der Beendigung der Ehe. Die Ausgleichsforderung wird dabei nicht durch das bei Rechthängigkeit des Scheidungsantrags vorhandene Vermögen begrenzt. Der ausgleichsverpflichtete Ehegatte könnte daher – folgt man dem „starren Stichtagsprinzip" des BGH – in der Gefahr stehen, im Falle von nachträglichen negativen Entwicklung seines Vermögens im Laufe des Scheidungsverfahrens, sich wiederum durch die Verpflichtung zur Leistung von Ausgleichszahlungen zu verschulden.

In dem Bemühen, Vermögensmanipulationen zu Lasten des Ehegatten auszuschließen, hat der Gesetzgeber hier anscheinend aus dem Blick verloren, dass Vermögensminderungen neben illoyalem Verhalten auch auf für den Unterhaltsschuldner unbeeinflussbaren Umständen beruhen können. Dies kann z.B. bei gefallenen Wertpapierkursen oder gesunkenen Grundstückspreisen schnell der Fall sein.[472] Nach früherer Regelung wurde diese Gefahr durch ein Zusammenspiel des § 1378 Abs. 2 BGB und § 1384 BGB umgangen. Nach § 1384 (a.F.) BGB wurde der Berechnungszeitpunkt für den Zugewinn vorverlegt, nicht jedoch der für die Höhe der Ausgleichsforderung. Diese Begrenzungsregelung konnte folglich nicht durch spätere Entwicklungen durchkreuzt werden.[473]

---

472 *MüKo/Koch*, § 1378, Rn. 8 f; *Schwab*, FamRZ 2009, S. 1445, 1446.
473 *MüKo/Koch*, § 1384, Rn. 2 f.

Die Literatur[474] löst diese Problematik durch ein Leistungsverweigerungsrecht des ausgleichspflichtigen Ehegatten nach § 1381 BGB oder einer Einrede nach Treu und Glauben.

Im Hinblick auf die Bestimmung des Anfangsvermögens besteht jedoch – unabhängig von den praktischen negativen Auswirkungen der neuen gesetzlichen Regelung – eine durch die Gesetzesänderung bedingte, absolute Vertragsfreiheit, welche lediglich durch die allgemeinen Vorschriften (§§ 134, 138, 242 BGB) begrenzt ist.

In jedem Fall sollten die Ehegatten jedoch ein Verzeichnis ihres Anfangsvermögens i.S.d. § 1377 BGB anlegen, um den tatsächlichen Zugewinn nicht zu verzerren (Vermutung des § 1377 Abs. 3 BGB), sollten sie die tatsächlichen Vermögensverhältnis als entscheidend qualifizieren wollen. Dieses Verzeichnis ist Gläubigern gegenüber jedoch nicht bindend, da es primär zwischen den Ehegatten wirken soll. Allerdings kann ein solches Verzeichnis wenigstens, sofern es notariell beglaubigt bzw. beurkundet wurde, eine allgemeine Beweiswirkung nach § 1035 BGB erzeugen und damit auch Dritten gegenüber wirken.[475]

2. *Modifikation des Endvermögens*

Grundsätzlich bestimmt sich die Berechnung des Endvermögens nach § 1375 Abs. 1 BGB. Abweichende Vereinbarungen der Ehegatten sind jedoch auch hier möglich.[476] Die Ehegatten haben die Möglichkeit, ehevertragliche Regelungen im Rahmen der Feststellung des Endvermögens

---

474 *Schwab*, FamRZ 2009, 1445, 1447 zu den verschiedenen Ansätzen von einer Manipulation der Bewertung von Wertpapieren , über eine Anwendung der §§ 1382,1383 BGB sowie einer entsprechenden Anwendung des § 2313 BGB. Letzteres wird indes vom BGH abgelehnt, vgl. BGH, FamRZ 1992, S. 1155, 1157; BGH, FamRZ 2004, S. 781, 783 f.

475 *MüKo/Weber/Monecke*, § 1362, Rn. 25; *Langenfeld*, Handbuch der Eheverträge und Scheidungsvereinbarungen, S. 84 ff.

476 *MüKo/Koch*, § 1375 Rn. 35; *Staudinger/Thiele* (2007), § 1375 Rn. 39; *Knur*, DNotZ 1957, S. 475; *Langenfeld*, Handbuch der Eheverträge und Scheidungsvereinbarungen, S. 155 ff.

zu treffen, die von der Wertfestsetzung über die Berücksichtigung gewisser Wertsteigerungen bis hin zu der Herausnahme einzelner Gegenstände aus der den Zugewinn mehrenden Vermögensmasse gehen können. So kann es sinnvoll sein, das Endvermögen seiner Höhe nach durch Festlegung eines Höchstbetrages zu limitieren. Es kann jedoch auch ein bestimmter Bruchteil des Endvermögens als zugewinnausgleichsneutral deklariert werden. Konkrete ehevertragliche Vereinbarungen bezüglich bestimmter Gegenstände bzw. Vermögenskomplexen bei der Berechnung des Endvermögens sind ebenfalls möglich. Es kann bestimmt werden, welche Sachgesamtheiten für den Ehevertrag in Ansatz zu bringen sind und welcher Bewertungsstichtag für das Anfangs- bzw. Endvermögen relevant ist.[477]

Auch die Wertsteigerung von Vermögensgegenständen, die bereits im Anfangsvermögen vorhanden waren, kann aus dem Zugewinnausgleich ausgeklammert werden. Schließlich kann die Bewertung einzelner Gegenstände des Endvermögens abweichend von dem objektiven Bewertungsmaßstab des § 1376 BGB festgelegt werden.[478]

3. Sonstige Modifikationen

Daneben können die Ehegatten ehevertragliche Vereinbarungen über die Bewertung eigener Vermögensgegenstände oder aber die Quote bzw. den Bruchteil des Zugewinns, der auszugleichen ist, treffen. Damit kann der grundsätzlich quotale Ausgleich der Hälfte nach gemäß § 1378 Abs. 1 BGB abbedungen, die Ausgleichsquote sowohl reduziert

---

477 *Staudinger/Thiele* (2007), § 1376, Rn. 41; z.B. die Geburt eines gemeinsamen Kindes.

478 BGH MittBayNot 1986, S. 28, 31; BGHZ 75, S. 195; *MüKo/Koch*, § 1376 Rn. 8; *Staudinger/Thiele* (2007), § 1376 Rn. 10 ff. So sind ehevertragliche Vereinbarungen über den Wert von Unternehmensbeteiligungen in der Praxis weit verbreitet, vgl. vertiefend *Cypionka*, MittBayNot 1986, S. 157, 161 f.

und erhöht (z.B. auf drei Viertel bzw. ein Viertel des Zugewinnüberschusses), als auch für die Parteien unterschiedlich vereinbart werden.[479]

Daneben bestehen Modifizierungsmöglichkeiten in Bezug auf die Art und Weise der Erfüllung einer Zugewinnausgleichsforderung. Abweichend von dem Grundsatz, dass die sofort fällige Zugewinnausgleichsforderung mit Beendigung des Güterstandes in Höhe der Hälfte des Differenzbetrages der beiderseitigen Zugewinne sofort besteht, können die Ehegatten vereinbaren, dass ein periodischer Zugewinnausgleich bereits während des Bestehens der Ehe stattzufinden hat, d.h. der Zugewinn in bestimmten regelmäßigen Zeitabschnitten ausgeglichen wird und damit auf die Beendigung des Güterstandes als auslösendes Moment verzichtet wird. Solch ein faktischer periodischer Zugewinnausgleich kann zudem auch dadurch erreicht werden, dass die Ehegatten sich bereits während der Ehe Gegenstände i.S.d. § 1380 BGB zuwenden.[480]

Schließlich besteht noch die Möglichkeit der ehevertraglichen Vereinbarung über die Erfüllung der Zugewinnausgleichsforderung. Dies findet allerdings meist erst im Rahmen einer Scheidungsfolgenvereinbarung statt. So kann eine Leistung an Erfüllung statt nach § 364 BGB vereinbart werden, etwa durch Nießbrauch, Rente, Lebensversicherung oder wiederum durch Übertragung bestimmter Gegenstände.

Die Erfüllung der Zugewinnausgleichsforderungen kann daneben als Ratenzahlung vereinbart, die Fälligkeit oder die Verzinsung während der Stundung modifiziert oder eine Aufrechnung vereinbart werden. Daneben besteht die Möglichkeit, Vereinbarungen für den Zugewinnausgleich lediglich für den Fall des Eintritts im Todesfall vertraglich zu bestimmen.[481]

---

479 *Staudinger/Thiele* (2007), § 1376 Rn. 36; *MüKo/Kanzleiter*, § 1408 Rn. 14; *Knur*, DNotZ 1957, S. 473.

480 Vgl. vertiefend *Cypionka*, MittRhNotK 1986, S. 157, 163 f.

481 Vgl. vertiefend *Cypionka*, MittRhNotK 1986, S. 157, 164 ff.

4. Grenzen der ehevertraglichen Modifizierung

Zu untersuchen ist, inwieweit die Ehevertragsfreiheit wegen der Benachteiligung Dritter eingeschränkt ist. Aus § 1408 BGB ergeben sich keine klaren Grenzen der Ehevertragsfreiheit, diese wird allerdings auch nicht explizit bis zu jenen Schranken, wie sie im allgemeinen Vertragsrecht bestehen, garantiert.[482] Es besteht weder eine Bindung an einen Grundtyp des Ehegüterrechts noch gibt es speziell für den Ehevertrag vorgeschriebene Gestaltungsformen. Auch die Modifizierung gesetzlich geregelter Güterstände ist durch Ehevertrag möglich, allerdings gibt es auch zwingendes Recht innerhalb des gesetzlichen Güterstandes. Zu nennen sind etwa die Normen, welche die Dispositionsbefugnis der Ehegatten explizit einschränken sollen, wie etwa § 1378 Abs. 3 BGB. Zu diesen Normen zählen auch Billigkeitskorrektive wie die §§ 1381 bis 1383 BGB und vor allem die Regelungen, die Dritten Rechte einräumen, vgl. § 1371 Abs. 1, 4 BGB.

Die Ehegatten unterliegen keiner wechselseitigen sittlichen Pflicht aus Treu und Glauben nach § 242 BGB, die sie dazu zwingt, bestehende ehevertragliche Forderungen – die unabhängig von einem sittenwidrigen Vertrag bestehen – auf Grund einer bestehenden sittlichen Pflicht nicht geltend zu machen, um den anderen Ehegatten nicht in die Gefahr der Insolvenz zu bringen. Die nacheheliche Fürsorgepflicht kann nicht so weit reichen, dass von den Ehegatten nach den guten Sitten gefordert werden kann, auf eine jeweils zustehende ehevertragliche Forderung zu verzichten.

Eine entsprechende Verpflichtung besteht lediglich dann, wenn die Ehegatten ein für einen der Ehegatten nachteiligen Ehevertrag vereinbaren, so dass die Verpflichtung an sich bereits sittenwidrig oder sich die Lebensumstände der Ehegatten so geändert haben, dass die Geltendmachung des Anspruchs sittenwidrig wäre.

---

482 *Gernhuber/Coester-Waltjen*, Lehrbuch des Familienrechts, § 32 III Rn. 21.

Stellt sich die Vereinbarung aus Sicht der Gläubiger so dar, dass einer der Ehegatten durch die Realisierung der ehevertraglichen Forderungen in Zahlungsnot gerät und diesen dadurch die Verpflichtung trifft, die Eröffnung eines Insolvenzverfahrens über sein Vermögen zu beantragen, besteht lediglich die bereits erwähnte Grenze der Sittenwidrigkeit nach §§ 134, 138 BGB. Gläubiger müssen zwar vor nachteiligen Vereinbarungen der Ehegatten untereinander in einem gewissen Maße geschützt werden, den übrigen Gläubigern bleibt jedoch lediglich die in § 4 dieser Arbeit behandelte Anfechtung von nachteiligen Rechtsgeschäften innerhalb der entsprechenden Fristen. Ansonsten lässt sich die Vertragsfreiheit hier nicht weiter zu Gunsten der Gläubiger einschränken. Sollten güterrechtliche Geschäftstypen allerdings funktionswidrig verwendet werden, so kann und soll etwa ein Ehevertrag häufig eigentlich einen (zumindest Teil-) Schenkungsvertrag (vgl. § 4 dieser Arbeit, Umgehung durch Gütergemeinschaft, vgl. oben) darstellen.[483]

Da somit eine umfassende Vertragsfreiheit besteht, können die Ehegatten ehevertraglich grundsätzlich frei bestimmen, was sie sich gegenseitig zuwenden wollen. Es herrschen gleichzeitig Typenzwang und Typenfreiheit, d.h. die Gestaltung der Rechtsverhältnisse ist nur in den Bereichen möglich, die von der Rechtsordnung als Geschäftstypen anerkannt sind. Es gibt keine speziell dem Ehevertrag unzugängliche Gestaltungsform, die Ehegatten haben alle Möglichkeiten rechtsgeschäftlicher Gestaltung. Allerdings besteht auch hier wiederum die Grenze der Sittenwidrigkeit.[484]

II. Ergebnis

Der Zugewinnausgleich kann auf insgesamt drei verschiedene Möglichkeiten modifiziert werden, ohne dass dies dem Schutzzweck dritter

---

483 Vgl. *Gernhuber/Coester-Waltjen*, Lehrbuch des Familienrechts, § 32 I Rn. 8.

484 Zur Rechtsprechung des BGH wegen Sittenwidrigkeit der Vereinbarungen s.o S. 65 f.

Gläubiger widerspricht. Die Ehegatten haben die Möglichkeit den Zugewinn insgesamt auszuschließen, der Zugewinn kann nur für den Fall ausgeschlossen werden, dass der Güterstand durch Scheidung bzw. durch Tod beendet wird und zuletzt kann der Zugewinnausgleich differenziert ausgeschlossen werden, d.h. von gewissen Bedingungen, wie eine gewisse Dauer der Ehe, Kinderlosigkeit, Berufstätigkeit beider Ehegatten abhängig gemacht werden. Die Zulässigkeit des Ausschlusses des Zugewinnausgleichs nur für eine Seite wird von der herrschenden Meinung bejaht, sollte im Einzelfall keine Sittenwidrigkeit nach §§ 134, 138 BGB vorliegen.

Der Zugewinnausgleichsanspruch unterliegt der Modifizierungsmöglichkeit der Ehegatten. Der individuellen vertraglichen Vereinbarung sind alle Faktoren zugänglich, die für die Berechnung des Zugewinnausgleichs herangezogen werden. So unterliegen das Anfangs- und das Endvermögen, welche wie oben dargestellt gemäß § 1373 BGB bei der Berechnung der Höhe des Zugewinns zu Grunde gelegt werden, der vertraglichen Gestaltungsfreiheit der Ehegatten. Die Ehegatten haben die Möglichkeit, ehevertraglich den Wert des Anfangsvermögens jedes Ehegatten nach Abzug der Verbindlichkeiten als schlichte Wertzahl anzugeben.

Die Begrenzung der Zugewinnausgleichsforderung nach § 1378 Abs. 2 BGB konnte nach früherer gesetzlicher Regelung nicht ehevertraglich abbedungen werden, da diese Regelung überwiegend dem Schutz Dritter diente. Diesen Schutzzweck hat der Gesetzgeber indes aufgegeben. Daher besteht im Rahmen der Bestimmung des Anfangsvermögens mittlerweile Vertragsfreiheit. Der ausgleichsberechtigte Ehegatte tritt im Falle des unredlichen Handelns des ausgleichsverpflichteten Ehegatten somit nicht mehr nur dann in einer Insolvenz neben die anderen Gläubiger, wenn das vorhandene Vermögen des Ausgleichspflichtigen zur Deckung von deren Forderungen ausreicht, sondern steht mit diesen auf einer Stufe.

Die Ehegatten haben daneben die Möglichkeit, ehevertragliche Regelungen im Rahmen des Endvermögens, das sich nach § 1375 Abs. 1 BGB berechnet, zu treffen, die von der Wertfestsetzung über die Berücksichtigung gewisser Wertsteigerungen bis hin zu der Herausnahme einzelner Gegenstände gehen können. Daneben können die Ehegatten ehevertragliche Vereinbarungen über die Bewertung eigener Gegenstände, die Quote bzw. den Bruchteil des Zugewinns, der auszugleichen ist, treffen. Es bestehen außerdem Modifikationsmöglichkeiten in Bezug auf die Art und Weise der Erfüllung einer Zugewinnausgleichsforderung. Grundsätzlich entsteht die sofort fällige Zugewinnausgleichsforderung mit Beendigung des Güterstandes in Höhe der Hälfte des Differenzbetrages der beiderseitigen Zugewinne.

Allerdings werden dem Endvermögen nach § 1375 Abs. 2 BGB solche Beträge hinzugerechnet, durch die ein Ehegatte sein Vermögen absichtlich geschmälert hat, etwa durch unentgeltliche Zuwendungen, Verschwendung oder in absichtlicher Benachteiligung. Diese Regelung ist nicht ehevertraglich abdingbar.[485]

Schließlich besteht noch die Möglichkeit der ehevertraglichen Vereinbarung über die Erfüllung der Zugewinnausgleichsforderung. Dies findet allerdings meist erst im Rahmen eines Scheidungsfolgenvertrages statt. Daneben bestehen Möglichkeiten, Vereinbarungen für den Zugewinnausgleich lediglich bei Eintritt im Todesfall vertraglich zu bestimmen.

Es ergeben sich somit keine klaren Grenzen der Ehevertragsfreiheit, der Gesichtspunkt des Gläubigerschutzes steht insoweit hintan. Im Rahmen dieser Vertragsfreiheit haben die Ehegatten die Möglichkeit ehevertragliche Vereinbarungen zu treffen, die den ausgleichspflichtige Ehegatten finanziell überfordern und diesen in die Insolvenz treiben. Die anderen Gläubiger bzw. der ausgleichspflichtige Ehegatte werden neben den allgemeinen Vorschriften (§§ 134, 138, 242 BGB) nicht weiter geschützt. Dies kann zur Folge haben, dass Ehegatten ehevertragliche Regelungen treffen und dazu führen, dass der verpflichtete Ehegatte ein Insolvenzverfahren beantragen muss.

---

485 strittig: *Gernhuber/Coester-Waljen*, § 36 IV 3; a.A. *Müko/Koch*, § 1375 Rn. 36, differenzierend *Staudinger/Thiele*, § 1375 Rn. 39.

§ 4 Vertragliche Gestaltungsgrenzen zum Schutze der Gläubigerinteressen - Ehevertragliche Vereinbarungen nach Eröffnung des Insolvenzverfahrens

Dieser Abschnitt setzt sich insbesondere mit der Frage auseinander, inwieweit die Vertragsfreiheit des Schuldners hinsichtlich ehevertraglicher Vereinbarungen nach Eröffnung des Insolvenzverfahrens eingeschränkt ist.

Dabei differenziert die Insolvenzordnung zwischen dem personellen und dem finanziellen Bereich des Schuldners, wobei letzterer nach § 80 InsO nunmehr von der Verwaltungs- und Verfügungsbefugnis des Insolvenzverwalters geprägt ist.

In der Insolvenzordnung wird jedoch auch versucht, die Versorgung des Insolvenzschuldners und seiner Familie zu regeln. So kann ein Schuldner, der keine pfändungsfreien Einkünfte hat, für sich und seine Familie Unterhalt aus der Insolvenzmasse bekommen, soweit die Gläubiger dem zustimmen, vgl. § 100 InsO. Insbesondere im eröffneten Insolvenzverfahren sind daneben die Auswirkungen des Insolvenzverfahrens auf den solventen Ehegatten vielfältig.

A. Verfügungsbeschränkungen des Schuldners

I. Grundsatz des Verlusts der Vermögens- und Verfügungsmacht (§§ 80 ff. InsO)

1. Vermögensrechtliche Wirkung des Insolvenzverfahrens

Der Schuldner verliert anlässlich der Eröffnung des Insolvenzverfahrens die Verwaltungs- und Verfügungsbefugnis über sein Vermögen bzw. nunmehr die Insolvenzmasse. Allerdings behält der Insolvenzschuldner weiterhin seine Rechts- und Geschäftsfähigkeit, er aber nicht mehr wirksam über die Insolvenzmasse verfügen oder diese wirksam verpflichten. Eine Ausnahme ist indes nur gegeben, soweit die Redlichkeit des Rechtsverkehrs geschützt ist, vgl. § 81 Abs. 1 S. 2; 91 Abs. 2 InsO.[486] Das massezugehörige Vermögen wird zudem vom Insolvenzverwalter mit sachenrechtlicher Wirkung in Besitz genommen, notfalls im Wege der zwangsweisen Vollstreckung nach § 148 InsO. Der Schuldner verliert außerdem die Prozessführungsbefugnis über die Rechtsverhältnisse seines Vermögens, über welches die Insolvenz eröffnet wurde. Diese weitgehenden vermögensrechtlichen Eingriffe in die Privatautonomie und das Eigentum des Schuldners sind durch das überwiegende Gläubigerinteresse gerechtfertigt.

Als anfechtungsfestes Vermögen verbleibt lediglich das der Zwangsvollstreckung nicht unterliegende, unpfändbare Vermögen i.S.d. § 36 InsO. In diesem Bereich kann die Privatautonomie des Schuldners

---

486 *Müko-InsO/Ott/Vuia*, § 81 Rn. 19; § 129 Abs. 1 InsO stellt lediglich auf Rechthandlungen vor Eröffnung des Insolvenzverfahrens ab. Spätere Maßnahmen aus der Zeit nach Eröffnung des Insolvenzverfahrens werden regelmäßig durch §§ 80 bis 82, 89, 91, 96 Abs. 1 Nr. 1, 2, 4 abgewehrt und damit die Insolvenzmasse geschützt.

nicht eingeschränkt werden, der die Aktiv- und Passivlegitimation insoweit sowie die Prozessführungsbefugnis über das unpfändbare behält.

Durch diese Regelungen wird die persönliche Haftung allerdings lediglich zu Gunsten einer geordneten Haftungsabwicklung bis zum Ende des Insolvenzverfahrens ausgesetzt. Nach Beendigung des Insolvenzverfahrens wird die persönliche Haftung des Schuldners wieder neu begründet und dieser erhält die Vermögens- und Verfügungsgewalt über sein Vermögen zurück.

Sollte der Insolvenzschuldner im gesetzlichen Güterstand der Zugewinngemeinschaft leben, unterliegen Verfügungs- und Verpflichtungsgeschäfte, die das Vermögen eines Ehegatten als Ganzes betreffen der Regelung des § 1365 Abs. 1 BGB, zum Schutz der wirtschaftlichen Grundlage der Familie und der Sicherung künftiger Ausgleichsansprüche zum Ende des Güterstands, der Einwilligung des anderen Ehegatten. Diese Regelung wird jedoch durch die Einleitung eines Insolvenzverfahrens über das Vermögen eines der Ehegatten ausgeschlossen, der Insolvenzverwalter unterliegt nicht den Verfügungsbeschränkungen des § 1365 BGB.[487] Im Gegensatz zu verfügenden Ehegatten ist nicht davon auszugehen, dass der unbeteiligte Insolvenzverwalter über das Insolvenzvermögen mit der Zielsetzung der Benachteiligung des ausgleichsberechtigten Ehegatten verfügen wird. Die Wirksamkeit der Verfügungen des Insolvenzverwalters von dem Einverständnis des Ehegatten abhängig zu machen, hat daher keine Legitimation und würde die Arbeit des Insolvenzverwalters behindern oder zumindest entschleunigen.

Die Eigentumsvermutungen nach § 1362 BGB gelten hingegen auch im Insolvenzverfahren.[488] Besteht eine Vermutung zugunsten der Insolvenzmasse, so muss der andere Ehegatte sein Eigentum beweisen. Sollten

---

487 BGHZ 35, S. 135; BGHZ 43, S. 174; BGH FamRZ 2007, S. 1634; BGH FamRZ 2006, S. 856; *Soergel/Lange*, (13. Aufl.), § 1365 Rn. 31; *Jaeger/Henckel*, § 37 Rn. 2.

488 BGH FamRZ 1955, S. 42; *Gernhuber/Coester-Waltjen*, Lehrbuch des Familienrechts, § 22 II Rn. 14.

die Ehegatten hingegen getrennt leben oder ehevertraglich den Güterstand der Gütergemeinschaft gewählt haben, so besteht diese Vermutung nicht.

2. Personenrechtliche Wirkungen des Insolvenzverfahrens

Zur geordneten Abwicklung des Insolvenzverfahrens und bestmöglichen Befriedigung der Gläubiger ist der Insolvenzschuldner erheblichen personenrechtlichen Einschränkungen ausgesetzt. Ihn treffen umfassende Mitwirkungs-, Auskunfts- und Rechenschaftspflichten. Nach § 97 Abs. 3 InsO ist die persönliche Freiheit des Schuldners durch die Pflicht beschränkt, sich auf richterliche Anordnung hin, jederzeit, zwecks Erfüllung sämtlicher Pflichten zur Verfügung zu stellen. Zur Sicherung der insolvenzrechtlichen Haftung kann zudem die persönliche Freiheit und Freizügigkeit sowie das Briefgeheimnis nach den Artt. 2, 10 und 11 GG empfindlich eingeschränkt werden.

Die personenrechtlichen Wirkungen haben jedoch auch ihre Grenzen. Zwar besteht, wie bereits oben dargestellt, bei unentgeltlichen Leistungen des Insolvenzschuldners ein Anfechtungsrecht der Gläubiger. Dies gilt indes nicht im Bereich der unentgeltlichen Arbeitskraft des Insolvenzschuldners. Die Verpflichtung des Schuldners zur unentgeltlichen Arbeit ist nicht anfechtbar, da die Arbeit unmittelbarer Ausfluss des Persönlichkeitsrechts ist und insoweit nicht Zugriffsobjekt der Gläubiger sein kann.

Aber auch in anderen Situationen kann der Insolvenzschuldner nicht zu einem für die Gläubiger optimalen Verhalten gezwungen werden. So ist auch die Ablehnung eines angetragenen Erwerbs, d.h. zum Beispiel die Nichtannahme eines Schenkungsanerbietens oder die Ausschlagung einer Erbschaft oder eines Vermächtnisses, nicht anfechtbar.[489] Die Zugriffsmöglichkeit der Gläubiger findet ihre Grenzen in dem allgemeinen Persönlichkeitsrecht des Insolvenzschuldners.

---

489 Siehe zu den Mitwirkungspflichten des Insolvenzschuldners vertiefend *Häsemeyer*, Insolvenzrecht, S. 109, Rn. 6.25 f.

3. Beschränkung familienrechtlicher Vermögensvorsorge

Das Insolvenzverfahren kann die Verwaltung fremden Vermögens durch den Schuldner ausschließen bzw. gewissen Beschränkungen unterziehen. Für die Dauer des Insolvenzverfahrens kann der Vermögensverfall des Schuldners dazu führen, dass er nicht als Vormund, Betreuer, Pfleger oder Nachlassverwalter bestellt werden kann bzw. aus diesen Ämtern zu entlassen ist, vgl. §§ 1778 Abs. 1 Nr. 4; 1779 Abs. 2 S.1; 1886; 1887 Abs. 1; 1908 b Abs. 1; 1915 Abs. 1, 1960 Abs. 2; 1975 BGB. Dies wird mit der Gefahr begründet, dass der Schuldner auf Grund der Verpflichtung zur Tilgung eigener Verbindlichkeiten fremde Vermögensinteressen nicht mehr adäquat verfolgen könne, sondern die erhöhte Gefahr bestünde, dass dieser primär die eigene finanzielle Situation aufzubessern suche.

II. Freiheit der Eheschließung, Ehescheidung und Güterstandsvereinbarung

Nach Eröffnung des Insolvenzverfahrens liegt, wie bereits festgestellt, das Verfügungs- und Verwaltungsrecht des Insolvenzschuldners hinsichtlich der Masse beim Insolvenzverwalter. Auf Grund des persönlichen Charakters von familienrechtlichen Positionen gilt dieses Prinzip jedoch bei solchen Ansprüchen nur eingeschränkt. Fraglich ist somit, inwieweit die Mitwirkung des Insolvenzverwalters bei Verzichten im Zusammenhang mit familienrechtlichen Vereinbarungen erforderlich ist und weiter, wie vermögenswerte Positionen *de facto* dem Gläubigerzugriff entzogen werden können.

Nach § 35 InsO ist zwar das Vermögen des Schuldners von der Insolvenzmasse umfasst, hiervon ausgenommen sind aber seine Persönlichkeitsrechte. Diese Differenzierung wirkt sich im innerehelichen Bereich besonders aus. So ist das Recht auf Scheidung aufgrund des allgemeinen Persönlichkeitsrechts des Insolvenzschuldners nicht als eine Art Option Teil der Insolvenzmasse, vermögensrechtliche Folgeansprüche allerdings schon.[490] Dies bedeutet in der Praxis, dass der Insolvenzverwalter die Durchführung eines Zugewinnausgleichs – z.B. im Rahmen einer Güterstandsschaukel – nicht erzwingen kann, es besteht insoweit keine Zugriffsmöglichkeit der Gläubiger.

Wird dem Insolvenzschuldner jedoch anlässlich einer Scheidung der Ehe oder aus sonstigen Gründen ohnehin ein Zugewinnausgleich gezahlt, so haben die Gläubiger grundsätzlich Zugriff auf die getätigten Zahlungen.

Der Güterstand der Zugewinngemeinschaft wird auch nicht durch die Eröffnung des Insolvenzverfahrens über das Vermögen eines der Ehegatten beendet. Die Beendungstatbestände zählt das BGB vielmehr abschließend auf.[491] Die Eröffnung eines Insolvenzverfahrens stellt keinen Beendigungstatbestand dar.

Das Recht, einen Güterstandswechsel herbeizuführen, ist somit kein Teil der Insolvenzmasse und damit nicht vom Verwaltungs- und Verfügungsrecht des Insolvenzverwalters erfasst. Unabhängig vom zeitlichen Rahmen können die Ehegatten folglich sowohl vor als auch nach Eröffnung des Insolvenzverfahrens wirksam einen Ehevertrag abschließen, welcher Gütertrennung, Gütergemeinschaft oder sonstige Abwandlungen des gesetzlichen Güterstandes der Zugewinngemeinschaft zum Gegenstand hat.

Im Falle der Gütergemeinschaft regelt § 37 InsO die Folgen, die sich aus der Eröffnung eines Insolvenzverfahrens für das Gesamtgut der Ehegatten ergeben. Hinsichtlich der Haftung wird an die Verwaltungs- und Verfügungsbefugnis der Ehegatten angeknüpft.[492] Häufig hat lediglich ein Ehegatte die Verwaltungs- und Verfügungsbefugnis, ist dies der insolvente Ehegatte, so haftet dieser mit dem Gesamtgut. Dabei können die

---

490 *Uhlenbruck*, InsO, § 35 Rn. 13.

491 *Staudinger/Thiele* (2007), § 1372 Rn. 7; *Nerlich/Römermann/Andres*, InsO, § 37 Rn. 5, 8, *Müko-InsO/Schumann*, § 37 Rn. 11 ff.

492 *Jaeger/Henckel*, § 37 Rn. 14; *Müko-InsO/Schumann*, § 37 Rn. 21; teilw. abweichend: *Kübler/Prütting/Holzer*, InsO, § 37 Rn. 5.

Ehegatten noch vor Eröffnung des Insolvenzverfahrens die Verwaltungszuständigkeit ändern. Der nicht verwaltende Partner haftet allerdings auch für die Gesamtgutsverbindlichkeiten des anderen Ehegatten, vgl. §§ 1437 ff. BGB, §§ 740 ff. ZPO. Die Verwaltungs- und Verfügungsbefugnis ist schlussendlich somit irrelevant.

III. Kein Verstoß gegen die Wertung des § 295 Abs. 1 Nr. 2 InsO

Im Rahmen der Wohlverhaltensperiode der Restschuldbefreiung ist der Insolvenzschuldner grundsätzlich gehalten, die Schuldentilgung möglichst voranzutreiben. Es obliegt dem Schuldner, eine angemessene Erwerbstätigkeit auszuüben, erhaltene Erbschaften während dieser Phase herauszugeben und auch sonst sich so zu verhalten, so dass die Verbindlichkeiten möglichst umfassend befriedigt werden, vgl. § 295 InsO.

Den Zugewinnausgleich nicht zu veranlassen, indem der Insolvenzschuldner die Güterstandsschaukel nicht durchführt, und damit den Zugriff des Treuhänders verhindert, verstößt hingegen nicht gegen die Obliegenheit des Schuldners, an der Schuldentilgung mitzuwirken. Die Wertung des § 295 Abs. 1 Nr. 2 InsO ist insoweit nicht ergänzend auf Güterstandsvereinbarungen und Zugewinnausgleiche heranzuziehen, da diese nicht einem erbrechtlichen Erwerb gleichzusetzen sind. Der Gesetzgeber hat die Fallgruppen dieser Vorschrift bewusst auf den Erwerb von Todes wegen und den Vermögenserwerb mit Rücksicht auf ein künftiges Erbrecht limitiert.[493]

Eine analoge Anwendung dieser Vorschrift ist daneben auf Grund der gesetzgeberischen Wertung ausgeschlossen, da sie eine Sonderfallregelung darstellt, welche nicht analogiefähig ist. Es wird vielmehr

---

493 *Kölner Schrift/Fuchs*, S. 1742 Rn. 193; *HamKo/Landfermann*, InsO, § 295, Rn. 7; *Kübler/Prütting/Wenzel*, InsO, § 295 Rn. 19 a; abweichend *Leipold*, FS Gaul, S. 367, 373; *Kohte/Ahrens/Grote*, § 295 Rn. 38.

abschließend aufgezählt, in welchen Fällen ein Vermögen für das Verfahren auf Restschuldbefreiung Bedeutung hat. Im Gesetzgebungsverfahren wurde eine solche Möglichkeit bewusst mit der Begründung ausgelassen, dass abzusehen sei, dass Schenkungen dann auf einen Zeitpunkt vor der Wohlverhaltensperiode verschoben werden würden, sich im Ergebnis somit nichts ändern würde.[494]

B. Unterhalt und Insolvenz

I. Allgemeines

Unterhaltsrechtliche Konsequenz der Einleitung eines Verbraucherinsolvenzverfahrens ist häufig die Beantragung von Unterhaltsvorschuss beim Jugendamt für die unterhaltsbedürftigen Kinder des zahlungsunfähigen Schuldners bzw. die Inanspruchnahme von sonstiger Sozialhilfe wie Arbeitslosengeld II („Hartz IV") durch den Unterhaltsgläubiger.[495] Zu untersuchen ist, wie sich die Eröffnung eines Insolvenzverfahrens auf einen unterhaltsverpflichteten Schuldner und inwiefern sich das Insolvenzrecht auf das materielle Unterhaltsrecht auswirkt.

1. Insolvenz des Unterhaltsschuldners

Wie oben unter § 4 dieser Arbeit, A. I. erörtert, verliert der Insolvenzschuldner durch die Eröffnung des Insolvenzverfahrens die Verwaltungs- und Verfügungsbefugnis über sein der Zwangsvollstreckung unterliegendes Vermögen, vgl. § 80 InsO.

---

494 *Nerlich/Römermann*, InsO, § 295 Rn. 18; *Jülicher*, ZEV 1998, S. 370, 371; *Uhlenbruck/Vallender*, § 295 Rn. 42; a.A. *Bruckmann*, InsO § 4 Rn. 62, der die in § 295 InsO beschriebenen Obliegenheiten nicht als abschließend erachtet.

495 *Schwarz*, ZVI 2006, S. 380, 382.

Eine Unterscheidung nach den einzelnen Unterhaltstatbeständen findet im Rahmen der Eröffnung des Insolvenzverfahrens nicht statt. Vielmehr wird darauf abgestellt, ob die Unterhaltsforderung vor oder nach Einleitung des Insolvenzverfahrens entstanden ist. Entscheidend ist der Zeitpunkt der Eröffnung des Insolvenzverfahrens nach § 27 InsO.

Der Unterhaltsanspruch als wiederkehrende Leistung entsteht jeweils zu Beginn eines Kalendermonats bzw. wird nach § 1612 Abs. 3 S. 1 BGB zu diesem Zeitpunkt fällig. Die bis zur Insolvenzeröffnung entstandenen Unterhaltsforderungen sind als Insolvenzforderungen zu qualifizieren.[496] Sollten die Unterhaltsansprüche zum Zeitpunkt der Eröffnung des Insolvenzverfahrens rückständig sein, sind dies Insolvenzforderungen i.S.d. § 38 InsO. Rückständig ist eine Insolvenzforderung, wenn sie fällig, jedoch noch nicht erfüllt worden ist. Dazu zählen auch die Ansprüche für den aktuellen Monat der Eröffnung des Insolvenzverfahrens, da Unterhaltsansprüche stets im Voraus zu entrichten sind, vgl. §§ 1585 Abs. 1, 1612 Abs. 3 S. 1 BGB.[497]

Grundsätzlich sind Unterhaltsschulden neben anderen Schulden nicht privilegiert.[498] Unterhaltsberechtigte werden somit wie andere Insolvenzgläubiger behandelt. Insolvenzforderungen werden zur Tabelle angemeldet und unterliegen ebenso der Restschuldbefreiung. Auch für Unterhaltsansprüche gilt eine bestmögliche Befriedigung aller Gläubiger des Schuldners. Sowohl im Verbraucher- als auch im Regelinsolvenzverfahren haben Unterhaltsforderungen allerdings eine große praktische Bedeutung. Dabei macht es im Ergebnis keinen Unterschied, welche Art von Verfahren eröffnet ist.[499]

---

496 *Gerhardt*, FS Lüderitz, S. 189, 203.

497 OLG Koblenz FamRZ 2003, S. 109.

498 *Staudinger/Engler/Kaiser*, § 1603 Rn. 102; Erman/Holzhauer, § 1603, Rn. 21; *Kalthoener/Büttner/Niepmann*, FamRZ 1984, S. 657.

499 Unterhaltsansprüche können auch in den Insolvenzplan des Regelinsolvenzplans nach § 217 ff. InsO aufgenommen werden, vgl. *Keller*, NZI 2007, S. 143, 147; zur Relevanz von Unterhaltsforderungen in der Verbraucherinsolvenz *Melchers/Hauß*, Unterhalt und Verbraucherinsolvenz,

Hinsichtlich des laufenden Unterhalts sind Unterhaltsgläubiger allerdings wie Neugläubiger zu behandeln. Die Besonderheit liegt darin, dass familienrechtliche Unterhaltsansprüche auf der Grundlage der gesetzlichen Anspruchsnorm laufend neu entstehen. Auch wenn die Grundlage des Unterhaltsanspruches bereits vor Eröffnung des Verfahrens gesetzt wurde, so entsteht dieser doch im Rahmen des Wiederkehrschuldverhältnisses stets neu.[500]

Unterhaltsansprüche aus der Zeit nach Eröffnung des Insolvenzverfahrens sind im Gegensatz zu den Unterhaltsforderungen aus der Zeit vor der Insolvenz insolvenzfreie Forderungen, vgl. § 40 InsO. Als solche können sie unabhängig vom Insolvenzverfahren eingeklagt werden. § 89 Abs. 1 InsO erklärt den Vollstreckungszugriff für Insolvenzgläubiger grundsätzlich für unzulässig. Nach § 89 Abs. 2 S. 2 InsO ist die Zwangsvollstreckung in den unpfändbaren Teil der Bezüge für Unterhaltsschuldner zwar ausdrücklich zulässig,[501] nach ständiger Rechtsprechung des BGH gilt § 89 Abs. 2 S. 2 InsO jedoch nur für Neugläubiger von Unterhaltsansprüchen, welche nicht am Insolvenzverfahren teilnehmen können.[502]

Im Gegensatz zu den rückständigen Unterhaltsforderungen werden die laufenden Unterhaltsforderungen auch nicht von der Restschuldbefreiung erfasst. Der Schuldner sieht sich also nach Durchführung des Insolvenzverfahrens und nach Ablauf der Wohlverhaltensperiode immer noch den Forderungen aus dem laufenden Unterhalt ausgesetzt. Dem Unterhaltsberechtigten ist jedoch ein Zugriff auf neu erworbenes Einkommen des

---

Einleitung, 1 f.; vertiefend Zwangsvollstreckung wegen Unterhaltsforderung, Auswirkung der Insolvenzeröffnung auf Unterhaltsprozesse und das vereinfachte Unterhaltsfestsetzungsverfahren: *Keller*, NZI 2007, S. 143 ff.; vertiefend: Entwicklung des Verbraucherinsolvenzverfahrens, *Pape*, NJW 2007, S. 3474.

500 *Müko-InsO/Schumann*, § 40 Rn. 1; *Kübler/Prütting/Holzer*, InsO, § 40 Rn. 1; *Smid/Smid*, InsO, § 40 Rn. 2.

501 BGH FamRZ 2008, S. 257; *Melchers*, NJW 2008, S. 806, 808.

502 BGH, FamRZ 2008, S. 684.

Schuldners nach § 35 InsO weitgehend verwehrt, da dieser als Neuerwerb zur Insolvenzmasse gehört und damit vordringlich der Befriedigung der Insolvenzschuldner dient. Der Unterhaltsgläubiger muss daher zur Durchsetzung seiner Forderungen darauf warten, dass das Insolvenzverfahren abgeschlossen ist.

2. Insolvenz des Unterhaltsgläubigers

Die Fallgruppe der Unterhaltsansprüche insolventer Schuldner gegenüber unterhaltspflichtigen Dritten ist in letzter Zeit immer relevanter geworden.[503]

Die Insolvenzmasse nach § 35 InsO stellt grundsätzlich das für das Verfahren beschlagnahmte schuldnerische Vermögen dar. Gegenstände und Forderungen, die nicht der Zwangsvollstreckung unterliegen, gehören gemäß § 36 Abs. 1 InsO nicht zur Insolvenzmasse. Daraus folgt, dass unpfändbare bzw. unübertragbare Forderungen nicht in die Insolvenzmasse gehören. Nach § 850b Abs. 1 ZPO können Unterhaltsforderungen nur zu Gunsten einzelner Gläubiger gepfändet werden und gehören somit nicht zur Insolvenzmasse. Unterhaltsforderungen nach §§ 1360, 1360a BGB sind ebenso nach § 851 ZPO wegen ihrer Zweckbindung unpfändbar.[504] Damit macht es für die Unterhaltsforderungen keinen Unterschied, ob die Trennung bzw. Scheidung der Ehegatten vor bzw. nach Eröffnung des Insolvenzverfahrens erfolgt.

Unterhaltsforderungen des Unterhaltsgläubigers nach § 850b ZPO sind sogenannte bedingt pfändbare Forderungen, d.h. die Pfändbarkeit ist von den Umständen des Einzelfalls abhängig. Wegen der Besonderheiten der Gesamtvollstreckung ist eine bedingte Pfändbarkeit wie eine Unpfändbarkeit zu behandeln, da sich eine Privilegierung immer nur zugunsten

503 *Kohte/Kemper*, Blätter der Wohlfahrtspflege, 1981, S. 88; *Korczak/Pfefferkorn*, Überschuldungssituation und Schuldnerberatung in der Bundesrepublik, Studie 1992, S. 98 f.

504 H.M., vgl. *MüKo/Weber/Monecke* § 1360 Rn. 22; LG Frankenthal Rpfleger 1983, S. 256.

eines einzigen Gläubigers auswirken kann, nicht jedoch zugunsten aller Gläubiger.[505] Im Insolvenzverfahren werden bedingt pfändbare Forderungen daher wie unpfändbare Forderungen behandelt.[506] Dies liegt darin begründet, dass die bedingte Pfändbarkeit mit dem Wesen des Insolvenzverfahrens nicht vereinbar ist, da im Rahmen des Insolvenzverfahrens keine solche Billigkeitsprüfung nach den Umständen des Einzelfalls stattfinden kann. Solche Billigkeitsentscheidungen zugunsten einzelner Gläubiger haben im Insolvenzverfahren keinen Raum, sie sind systemwidrig. Der Gleichbehandlungsgrundsatz des Insolvenzverfahrens dient vielmehr der Befriedigung sämtlicher Gläubiger eines Schuldners ohne Prüfung der einzelnen Verhältnisse.[507] Das InsOÄndG 2001 hatte zur Folge, dass § 850b Abs. 1 S. 2 ZPO nicht mehr entsprechend für das Insolvenzverfahren anwendbar ist.

Die Entscheidung über die Pfändbarkeit von Unterhaltsforderungen bleibt nunmehr dem Vollstreckungsgericht vorbehalten. Erlässt das Vollstreckungsgericht den Pfändungsbeschluss nach § 829 ZPO, so begründet diese Entscheidung die Pfändbarkeit zugunsten des jeweiligen Antragstellers. Die Einzelzwangsvollstreckung bleibt damit zulässig, § 89 InsO findet keine Anwendung und die bedingt pfändbaren Unterhaltsansprüche fallen nicht in die Insolvenzmasse.[508]

§ 850b Abs. 1 Nr. 2 ZPO erfasst allerdings nur Unterhaltsrenten, die auf gesetzlichen Vorschriften beruhen, nicht hingegen vertragliche Unterhaltsansprüche. Allerdings werden hier neben dem gesetzlichen Anspruch auch vertragliche Vereinbarungen umfasst, welche einen gesetzlichen

---

505 *HamKo/Eickmann*, InsO, § 36 Rn. 5; *Gerhardt*, Gedächtnisschrift *Lüderitz*, S. 189, 208; *Jaeger/Henckel*, KO, § 1 Rn. 73; *Uhlenbruck*, FamRZ 1998, S. 1473, 1474; *Steder*, ZIP 1999, S. 1874, 1875.

506 Weiterführend zur Teilhabe der Ehegatten im Unterhaltsrecht: *Maier*, NJW 2002, S. 3359 ff.

507 *Kölner Schrift/Kohte*, S. 781, 785 Rn. 13, 14.

508 Jaeger/Henckel, § 1 KO Rn 73; HK-InsO/Eickmann § 36 Rn 6.

Anspruch konkretisieren bzw. ausgestalten.[509] Dabei umfasst § 850b Abs. 1 Nr. 2 ZPO auch solche Unterhaltsrenten, welche wegen Entziehung der Unterhaltsforderung zu leisten sind.

Unterhaltsgläubiger laufenden Unterhalts nehmen daher gemäß § 40 S. 1 InsO grundsätzlich nicht am Insolvenzverfahren teil. Anders kann der Fall lediglich liegen, sollte ein Insolvenzplan dies vorsehen. Ein Insolvenzplan kann Regelungen hinsichtlich der Unterhaltsforderungen enthalten, vgl. §§ 217 ff. InsO. Dies bezieht sich sowohl auf rückständige als auch auf laufende bzw. künftige Unterhaltsansprüche.[510]

Fall: M hat im Rahmen seines Soziologiestudiums gegenüber einer Vielzahl von Gläubigern einen Schuldenberg in Höhe von 200.000 € angesammelt. Nach erfolgreichem Studienabschluss verdient M monatlich 1.450 €, 1000 € verwendet M zur Schuldentilgung. M ehelicht F. Durch den Steuerklassewechsel erzielt M nunmehr 1.750 € Einkommen, nach Berücksichtigung der Schuldentilgung verbleiben 750 €. Die Ehe von F und M ist fruchtbar, es wird eine Tochter geboren. Durch den Steuerklassenwechsel kann M seinen Verbindlichkeiten insgesamt noch nachkommen. M überlegt es sich jedoch anders und verlässt seine Frau und seine Tochter drei Monate nach deren Geburt und nimmt sich eine eigene kleine Wohnung. Nachdem M nach der Scheidung von F die Steuerklasse wechseln muss, erklärt er sich für leistungsunfähig, da das Nettoeinkommen wiederum 1.450 € beträgt, abzüglich der Schuldentilgung in Höhe von 1000 € also 450 €. Da er hiermit nicht seinen Lebensunterhalt (insbesondere auf Grund erhöhter Mietkosten) bestreiten kann, meldet M Insolvenz an. Haben F und T einen Unterhaltsanspruch gegenüber M?

Lösung: M erzielt ein um arbeitsbedingte Aufwendungen bereinigtes Nettovermögen von jährlich 28.518 €1. Nach der Trennung und damit nach dem Wechsel in Steuerklasse I bleiben ca. 1.420 € monatlich übrig. Bei einem Selbstbehalt von 840 € bleiben ihm nun lediglich 580 € für unterhaltsbedürftige Kinder und Ehegatten. M und T haben einen entsprechenden Unterhaltsanspruch.

---

509 BGH NJW 1997, S. 1441, 1442; *Stöber*, Forderungspfändung, Rn. 1010; *Kölner Schrift/Kohte*, S. 802, 73 ff.

510 Vertiefend: Vollstreckung der Unterhaltsansprüche: *Nußbaum*, FamRB 2004, S. 305 ff.; *dies.*, FamRB 2004, S. 405 ff.

Einerseits soll das Unterhaltsrecht zwar nicht den bedürftigen Ehegatten besser stellen, als er stünde, würde die Ehe noch Bestand haben. Eine Schuldentilgung zu Lasten der Unterhaltsgläubiger ist allerdings auch nicht sinnvoll.

II. Unterhalt aus der Insolvenzmasse

1. Vergleich mit der Regelung nach der KO

Nach §§ 129, 132 der früheren Konkursordnung wurde dem Schuldner in ähnlicher Weise wie im Rahmen der Anwendbarkeit des § 100 InsO Unterhalt aus der Konkursmasse gewährt.[511] Nach § 35 InsO gehört seit Inkrafttreten der Insolvenzordnung auch der Neuerwerb des Schuldners während des Insolvenzverfahrens mit zur Insolvenzmasse. Zuvor wurde nach § 1 KO der Neuerwerb des Schuldners nicht zur Konkursmasse gezählt, es war somit für die Unterhaltsgläubiger günstiger in das Neuvermögen des Schuldners zu vollstrecken, um damit eventuell niedrige Deckungsquoten zu umgehen (§ 89 Abs. 1 InsO).[512] Daraus folgte eine Schlechterstellung der Unterhaltsberechtigten des Schuldners für den laufenden Unterhalt.[513] Dies wurde vom Gesetzgeber als Nachteil erkannt und mit dem Hinweis in Kauf genommen, dass sich dieser regelmäßig nicht auswirke, da der pfändungsfreie Teil des Einkommens nicht in die Masse falle und Unterhaltspflichten die Pfändungsfreibeträge erhöhten.[514]

---

511 Allerdings hat die InsO die Unterhaltsgewährung im Vergleich mit der früher geltenden Konkursordnung präzisiert und verschärft, vgl. *Uhlenbruck*, FamRZ 1998, S. 1473, 1474.

512 *Uhlenbruck*, FamRZ 1998, S. 1473, 1474; *ders.*, FamRZ 1993, S. 1026, 1028; *Hoppenz*, FF 03, S. 158 ff.

513 *Müko-InsO/Passauer/Stephan*, § 100 Rn. 19.

514 Beschl.-Empfehlung des RechtsA zu § 114 RegE InsO, BT-Drucks. 12/7302, S. 167, abgedruckt in *Kübler/Prütting*, Das neue Insolvenzrecht, S. 186; *Uhlenbruck*, Handbuch zur Insolvenzordnung, S. 1026, 1028; *Nerlich/Römermann/Anders*, § 40 Rn. 5.

Im Zweifel wird es sich im Ergebnis um die gleichen Unterhaltsgläubiger handeln, lediglich hinsichtlich der Unterhaltsansprüche wird auf Grund ihres Entstehungszeitraums differenziert.

Unterhaltsgläubiger, deren Unterhaltsanspruch erst nach Eröffnung des Unterhaltsanspruchs entstanden sind, haben jedoch weiterhin gemäß § 850d ZPO die Möglichkeit, den erweitert unpfändbaren Teil des Arbeitseinkommens zu pfänden.

Daneben können im Rahmen des Verfahrens zur Restschuldbefreiung pfändbare Forderungen des Schuldners für sechs Jahre an einen Treuhänder abgegeben werden. Rückständige Unterhaltsforderungen sind ebenfalls der Restschuldbefreiung unterzogen.

Dies alles führt zu Benachteiligungen der Unterhaltsschuldner, die es zuvor in der Konkursordnung nicht gegeben hat.[515] Unterhaltsansprüche nach §§ 1569 ff., 1601 ff., 1615a, 1615l, 1615n BGB können nun lediglich für die Zeit vor der Eröffnung des Insolvenzverfahrens geltend gemacht werden. Der zwischen Antrag und Eröffnung fällig werdende Unterhalt ist den sonstigen Schulden gleichgestellt, er wird nach §§ 35 ff. InsO ebenfalls zur Insolvenzschuld gezählt.[516]

2. Alimentierung nach der InsO

Nach § 100 Abs. 1 und 2 InsO besteht die Möglichkeit der Alimentierung des Gläubigers und seiner Familie aus der Masse, über das unpfändbare Einkommen des Schuldners und seiner Familie hinaus, sollte sich der Insolvenzschuldner nicht selbst unterhalten können. Grundsätzlich wird jedoch davon ausgegangen, dass der Schuldner sich selbst und seine Familie durch sein Arbeitseinkommen, welches ihm nach § 850c ZPO verbleibt, angemessen unterhalten kann, grundsätzlich erforderlich.[517]

---

515 *Gerhardt*, FS Lüderitz, S. 189, 203, 204.

516 *Schmidt*, InVo 2001, S. 8, 9. Zum Auskunftsanspruch auf Offenlegung von Schulden, vertiefend: *Büte*, FPR 2006, S. 462 ff.

517 *Keller*, NZI 2007, S. 316; *Uhlenbruck*, InsO, § 100 Rn. 11; *FK-InsO/Kohte*, § 312 Rn. 47.

Dies gilt auch im Falle der angeordneten Eigenverwaltung des Schuldners nach §§ 270 ff. InsO.
Aus diesem Grund besteht auch kein Rechtsanspruch des Schuldners auf die Gewährung von Unterhalt, die Entscheidung über die Gewährung von Unterhalt untersteht allein dem Ermessen der Gläubigerversammlung bzw. des Insolvenzverwalters; man spricht auch von einer „Gläubigerautonomie“.[518] Maßgeblich im Rahmen der Ermessensentscheidung ist dabei das Verhalten des Schuldners, die Werthaltigkeit der Insolvenzmasse oder die voraussichtliche Quote. Bis zur Entscheidung der Gläubigerversammlung kann der Insolvenzverwalter dem Schuldner vorläufig einen notwendigen Unterhalt gewähren.[519]

Der Begriff der „Familie“ in § 100 Abs. 1 InsO umfasst in jedem Fall die kraft Gesetzes Unterhaltsberechtigten, nach § 1361 BGB auch den Ehegatten des Schuldners.[520] Aber auch nichteheliche Lebenspartner können unter diesen Begriff fallen, insbesondere wenn gemeinschaftliche Kinder vorhanden sind, vgl. § 1615 l BGB. Die Gläubigerversammlung kann daneben auch lediglich der Familie des Schuldners, nicht aber dem Schuldner selbst Unterhalt gewähren.[521] Die gewährten Unterhaltsansprüche stellen Masseverbindlichkeiten dar, welche im Falle der Masseunzulänglichkeit nach § 209 Abs. 1 Nr. 3 InsO im letzten Rang befriedigt werden.[522]

Die Zahlung des notwendigen Unterhalts nach § 100 Abs. 2 InsO unterliegt ebenfalls einer Ermessensentscheidung des Insolvenzverwalters.

---

518 BGHZ 12, S. 380, 392; Auch nicht im Falle der Bedürftigkeit, *HK-Inso/Eickmann*, § 100 Rn. 6; *BerlKo/Blersch*, InsO, § 100 Rn. 3; a.A. *Smid/Smid*, § 100 Rn. 3; *Keller*, NZI 2007, S. 143, 144; *Müko-InsO/Passauer*, § 100 Rn. 20.

519 Vertiefend: *Müko-InsO/Passauer/Stephan*, § 100 Rn. 22 ff.

520 *Müko-InsO/Passauer/Stephan*, § 100, Rn. 16; *Kübler/Prütting/Lüke*, InsO, § 100 Rn. 6, FK-InsO/App, § 100 Rn. 9.

521 *Kübler/Prütting/Lüke*, InsO, § 100 Rn. 6; *Kuhn/Uhlenbruck*, § 129 KO, Rn. 3.

522 *Kübler/Prütting/Lüke*, InsO, § 100 Rn. 8 und § 209 Rn. 19; weiterführend: *Keller*, NZI 2007, S. 316, 317 ff.

Gewährt der Insolvenzverwalter Unterhalt, so hat dieser den Rang einer Masseverbindlichkeit nach § 55 InsO.[523] Allerdings ist der Verwalter hinsichtlich der Höhe der Zahlungen auf den notwendigen Unterhalt beschränkt.[524]

Grundsätzlich besteht auf Grund der mehrheitlichen Empfehlung des Rechtsausschusses des Deutschen Bundestages im Gesetzgebungsverfahren der Insolvenzordnung kein Anspruch auf Gewährung des notwendigen Unterhalts und es ist keine Ermessensreduktion auf Null im Falle der Not möglich.[525] Die Ermessensentscheidung des Insolvenzverwalters kann durch das Insolvenzgericht lediglich auf Rechtsfehler und Ermessensmissbrauch im Rahmen der Rechtsaufsicht überprüft werden.[526]

Zahlen die Insolvenzgläubiger dem Schuldner keinen notwendigen Unterhalt und verdient der Insolvenzschuldner keinen eigenen Unterhalt bzw. verdient er lediglich bis zur Grenze des pfändungsfreien Betrages der ZPO, so ist fraglich, ob er nach § 850c ZPO i.V.m. § 36 InsO ergänzende Hilfe zum Lebensunterhalt beantragen kann und der Träger der Sozialhilfe dem Insolvenzschuldner hier nicht die Subsidiarität von Leistungen nach dem SGB XII entgegenhalten kann. Dagegen spricht, dass § 100 InsO keinen Anspruch auf Unterhalt gewährt und somit kein „vorrangiger" Anspruch i.S.d. SGB XII gegeben ist.[527] Die Gewährung von Unterhalt ist gesetzlich ausdrücklich in den Beurteilungsspielraum der

---

523 *Gerhardt*, Gedächtnisschrift Lüderitz, S. 189, 209.

524 Maßgeblich für den Umfang der Sozialhilfe i.S.d. § 8, 9 SGB XII, d.h. die zur Erhaltung eines menschenwürdigen Lebens erforderlichen Mittel.; vgl. Begründung RegE, BT-Drucks. 12/2443, S. 143; *Haarmeyer/Wutzke/Förster*, InsVV Ko, Rn. 6.91; *Müko-InsO/Passauer/Stephan*, § 100 Rn. 23; *Kölner Schrift/ Kohte*, S. 800 f., Rn. 68 ff.

525 *Müko-InsO/Passauer/Stephan*, § 100, Rn. 29; *Kübler/Prütting/Lüke*, InsO, § 100 Rn. 5; *Kölner Schrift/Kohte*, S. 806, Rn. 87 ff.

526 LG Köln, NZI 2001, S. 157; *Leithaus*, NZI 2001, S. 142 ff.

527 Begründung Rechtsausschuss, BT-Drucks. 12/7302, S. 167; *Bork*, Rn. 131; *Kölner Schrift/Grub*, S. 671, Rn. 36; *Haarmeyer/Wutze/Förster*, InsVV Ko, Rn. 6.90; *Hörle*, LZ 1910, S. 348; 349; *Kölner Schrift/Landfermann*, S. 159, Rn. 97; a.A. *Hess/Obermüller*, Verfahrensbeteiligte, Rn. 1011; *Kölner Schrift/Kohte*, S. 781, Rn. 88.

Insolvenzgläubiger gelegt. Es gilt zwar gemäß § 2 Abs. 1 SGB XII das Nachrangigkeitsprinzip, d.h. die Sozialhilfe greift erst, sollte der Schuldner nicht selbst durch seine Arbeitskraft sowie sein sonstiges Einkommen oder Vermögen für den eigenen Unterhalt sorgen können. Nach § 2 Abs. 2 SGB XII bleiben Unterhaltsansprüche explizit unberührt. Wegen des fehlenden Anspruchscharakters entlastet § 100 InsO die Sozialhilfe entgegen eines vorherigen Regierungsentwurfs nicht.[528]

Dies soll nach teilweise vertretener Auffassung auch nicht gegen höherrangiges Verfassungsrecht verstoßen, da die Insolvenzgläubiger nicht sachlich ungerechtfertigt besser gestellt seien als die Allgemeinheit, da diese zumindest auch auf einen Teil der Forderungen verzichten müssten.[529]

Diese Argumentation überzeugt indes nicht. Die Unterhaltsaufwendungen auf die Allgemeinheit abzuwälzen und davon auf Grund der Entlastung der Insolvenzmasse unmittelbar zu profitieren, erscheint nicht legitim.[530] Die Gläubiger haben freiwillig mit dem Insolvenzschuldner kontrahiert. Das Eingehen von vertraglichen Beziehungen bedeutet neben dem damit vorrangig intendierten positiven Effekt auf der Kehrseite auch das Tragen der damit verbundenen Risiken. Zudem erscheint es bedenklich, dass die Gläubiger als zuvor unmittelbar begünstigte vertragliche Kontrahenten entscheiden sollen, ob der Schuldner Unterhalt nach § 100 InsO erhalten oder – ohne Schmälerung der Insolvenzmasse – vom Sozialhilfeträger unterhalten werden soll. Aus Gläubigersicht besteht keinerlei Motivation zur Gewährung eines Unterhalts, da sich dies direkt auf die Höhe seiner Quote auswirkt. Gleiches gilt aus Sicht des Insolvenzverwalters, da hierdurch lediglich die Masse geschmälert wird und möglicherweise seine vorrangige Befriedigungsmöglichkeit aus dieser gefährdet, sollte diese, wie etwa bei einer Verbraucherinsolvenz, gering ausfallen.

528 Im Gegensatz noch zum RegE, vgl. § 114 Abs. 1 RegE InsO.
529 Müko-InsO/Passauer/Stephan, § 100 Rn. 26.
530 So wohl auch *Hess/Weis/Wienberg*, § 100 InsO, Rn. 2.

Daher bestehen nach BVerfG-Rechtsprechung verfassungsrechtliche Schranken. Es muss Unterhalt in einer Höhe gewährt werden, welcher der Höhe nach der Sozialhilfe entspricht und damit das Existenzminimum sichert und bei welchem die Familienverhältnisse des Schuldners zu berücksichtigen sind.[531] Die Allgemeinheit soll nicht mittels Sozialhilfe den Schuldner und seine enge Familie grundversorgen und damit die Gläubiger entlasten.[532] Dies kann und muss durch die Aufsicht des Insolvenzgerichts nach § 58 InsO sichergestellt werden.[533] Daraus folgt, dass auch im Rahmen des Insolvenzverfahrens dem Schuldner gemäß § 100 InsO so viel zu belassen ist, dass diesem unter Berücksichtigung der bisherigen Lebensverhältnisse selbst eine bescheidene Lebensführung ermöglicht wird und der Schuldner fähig ist, seinen Unterhaltsverpflichtungen nachzukommen.[534] Das Recht, notwendigen Unterhalt zu gewähren, kann sich somit, sollten keine entsprechenden Gläubigerinteressen entgegen stehen, zu einer Pflicht verdichten.[535]

3. Unterhaltsansprüche bei Masseunzulänglichkeit

Im Falle der Anzeige der Masseunzulänglichkeit nach § 208 InsO hat der Insolvenzverwalter die Masseverbindlichkeiten nach der zwingenden Rangordnung des § 209 Abs. 1 InsO zu befriedigen. In den meisten Fällen der Eröffnung eines Insolvenzverfahrens genügt indes die Masse zur Befriedigung aller Gläubigerforderungen nicht aus.

---

531 BVerfG NJW 1992, S. 3153, 3154; BVerfG NJW 1994, S. 2817, 2818; BVerfG 1999, S. 561, 564; OLG Zelle ZinsO 2001, S. 713.

532 Begr RegE zu § 114 (§ 100 InsO), abgedr. bei *Uhlenbruck*, Das neue Insolvenzrecht, S. 421; weiterführend zu Grundsicherung und Unterhalt: *Klinkhammer*, FamRZ 2003, S. 1793 ff.; *Schoch*, ZfF 2003, S. 1 ff.; Unterhalt und sozialrechtlicher Vorbehalt: *Hess*, FamRZ 1996, S. 981 ff.

533 Vgl. vertiefend *Kölner Schrift/Kohte*, S. 807, Rn. 90 ff.

534 *Uhlenbruck*, § 100 Rn. 11; *ders.*, FamRZ 1998, S. 1473, 1474.

535 *Kölner Schrift/Kohte*, S. 806, Rn. 88; *FK-InsO/Kohte*, § 313 Rn. 19; *Smid/Smid*, § 100 Rn. 3; *Nerlich/Römermann/Wittkowski*, § 100 Rn. 17.

Zunächst kommt die Masse für die Kosten des Insolvenzverfahrens auf, im Anschluss werden die Neumasseverbindlichkeiten und die übrigen Masseunzulänglichkeiten befriedigt und schließlich rangieren die Unterhaltsansprüche im Sinne der §§ 100, 101 Abs. 1 Nr. 3 InsO an letzter Stelle, vgl. § 209 Abs. 1 Nr. 3 InsO. Dies hat eine enorme Benachteiligung der Unterhaltsansprüche zur Folge, ist jedoch durch den Gesetzgeber so beabsichtigt.[536]

4. Zwischenergebnis

Die Möglichkeit, notwendigen Unterhalt nach § 100 S. 2 InsO zu zahlen, kann sich zu einer entsprechenden Pflicht verdichten. In der Praxis hat der Unterhaltsanspruch nach § 100 InsO allerdings nur eine geringe Bedeutung, da bereits sein Anwendungsbereich eng ist. Ein Beispiel wäre der selbständige Insolvenzschuldner, welcher weiterhin in seinem insolventen Unternehmen arbeitet. Da dieser kein Arbeitsentgelt erhält, hat er auch keine Möglichkeit, primär durch die Arbeit seinen eigenen Unterhalt zu sichern.[537]

III. Verbraucherinsolvenzverfahren

1. Vergleich Verbraucherinsolvenz und Regelinsolvenz

Unterhaltsschulden spielen im Rahmen einer Verbraucherinsolvenz eine weitaus gewichtigere Rolle als dies in Regelinsolvenzverfahren der Fall ist, da die Höhe der Unterhaltsforderungen hier häufig einen größeren

---

536 Vgl. *Uhlenbruck*, Das neue Insolvenzrecht, S. 567; BT-Drucks 12/7302, S. 118.

537 Nach *Gessner/Rhode/Strate/Ziegert*, S. 54 ff., 201, 202; Nach *Kohte*, Die Behandlung von Unterhaltsansprüchen nach der Insolvenzordnung, *Kölner Schrift/Kohte*, S. 781, kam es 1980 in der Bundesrepublik Deutschland nur in knapp 3 % aller Verfahren zur Gewährung von Barunterhalt aus der Masse.

Anteil der Insolvenzschulden ausmacht. Im Regelinsolvenzverfahren gehen die Unterhaltsforderungen verhältnismäßig unter. Die Eröffnung eines Verbraucherinsolvenzverfahrens kann sich auf die Leistungsfähigkeit des Unterhaltsschuldners auswirken und damit eine Besserstellung des Unterhaltsgläubigers bewirken. Seit Inkrafttreten der Insolvenzordnung und Einführung der Verbraucherinsolvenz mit Restschuldbefreiung besteht jedoch eine heftige Diskussion über den unterhaltsrechtlichen Nutzen der Verbraucherinsolvenz.[538]

Das Verbraucherinsolvenzverfahrens ist durch andere sozioökonomische Bedingungen gekennzeichnet als beim typischen Gemeinschuldner, welcher die Voraussetzungen des Verbraucherinsolvenzverfahrens nicht erfüllt. Meist ist ein Verbraucherinsolvenzschuldner wiederum selbst Gläubiger von Ansprüchen auf Arbeitsentgelt oder Unterhaltsansprüchen. Nicht selten ziehen überschuldete Unterhaltsschuldner Insolvenzen allein erziehender Frauen aufgrund der Unterhaltsrückstände nach sich. Es kommt somit zu einer Insolvenzkette, so dass sich insoweit die Frage einer materiell-rechtlich angemessenen Verteilung des Mangels stellt.[539] Laufende Unterhaltverpflichtungen fallen nicht in die Insolvenzmasse, hierdurch erhöht sich vielmehr der unpfändbare Eigenbedarf des Schuldners. Die Leistungsfähigkeit i.S.d. § 1581 BGB bleibt somit grundsätzlich weiter bestehen. So hat auch ein Schuldenbereinigungsplan nach § 305 Abs. 1 Nr. 3 InsO die Familienverhältnisse des Schuldners zu berücksichtigen und kann bzw. soll Unterhaltsverpflichtungen regeln,

---

538 U.a.: *Melchers*, FamRZ 2001, S. 1509; *ders.*, FamRB 2002, S. 180; *ders.*, FuR 2003, S. 145; *Melchers/Hauß*, Unterhalt und Verbraucherinsolvenz, *Martin/Nicole*, ZFE 2003, S. 145; *Hoppenz*, FF 2003, S. 158; *Weisbrodt*, FamRZ 2003, S. 1240; *Kath-Zuhorst*, FS Ingrid Groß 2004, S. 123; *Soyka*, Familienrecht Kompakt, 2005, S. 95; *Ortner*, ZFE 2005, S. 303; *Krause*, FamRZ 2005, S. 1725; *Wohlgemut*, FF 2004, S. 9; *dies.*, FamRZ 2005, S. 2035.

539 *Gernhuber*, JZ 1995, S. 1086; *Kölner Schrift/Kohte*, S. 792, Rn. 39 ff.; *Uhlenbruck*, KTS 1999, S. 413, 425.

obwohl diese Forderungen nicht am eröffneten Insolvenzverfahren teilnehmen.[540]

Die Frage, ob ein Regel- oder ein Verbraucherinsolvenzverfahren über das Vermögen des Unterhaltsschuldners eröffnet wird, ist dabei im Ergebnis für die Unterhaltsgläubiger irrelevant. Durch die Einführung des Restschuldbefreiungsverfahrens ist nun auch für Private eine Entschuldungsmöglichkeit zu Lasten der Gläubiger geschaffen worden, die eine dauerhafte Verschuldung vermeiden soll und damit dem Schuldner eine finanzielle Lebensperspektive geben. Dies wirkt sich im Rahmen der laufenden Unterhaltsschulden jedoch meist nicht auf die Unterhaltsgläubiger aus, da die laufenden Unterhaltsforderungen nicht von der Restschuldbefreiung umfasst sind.

Nach § 287 Abs. 1 InsO ist der Schuldner berechtigt, einen Antrag auf Erteilung der Restschuldbefreiung zu stellen. Nach sechs Jahren der Wohlverhaltensphase wird der Schuldner von seinen Verbindlichkeiten frei. Ausgenommen sind Verbindlichkeiten des Schuldners aus vorsätzlich begangenen, unerlaubten Handlungen, Geldstrafen und diesen gleichgestellte Verbindlichkeiten nach §§ 39 Abs. 1 Nr. 3, 302 InsO. Unterhaltsansprüche des Schuldners sind hingegen nicht von der Restschuldbefreiung ausgenommen. Rückständige Unterhaltsansprüche, welche zum Zeitpunkt der Verfahrenseröffnung bereits bestanden, werden von der Restschuldbefreiung erfasst. Eine Restschuldbefreiung kann der Schuldner auch im Rahmen eines Verbraucherinsolvenzverfahrens erlan-

540 Stimmen mehr als die Hälfte der Gläubiger, welche wiederum Gläubiger über mehr als die Hälfte der Forderungen sind, dem Schuldenbereinigungsplan zu, so können die Einwendungen eines Gläubigers ersetzt werden, vgl. § 309 Abs. 1 S. 1 InsO. Vertiefend vgl. *Uhlenbruck*, KTS 1999, S. 413, 404. Kritisch bzgl. des außergerichtlichen Schuldenbereinigungsplans: *Uhlenbruck/Vallender*, InsO, § 305, Rn. 5; *Grote*, ZInsO 1999, S. 383, 384.

gen, vgl. §§ 305 Abs. 1 Nr. 2, 287 InsO.[541] Auf eine Differenzierung der Insolvenzverfahren kommt es hier somit nicht an.

2. Laufender Unterhalt und Restschuldbefreiung

Erhebliche Auswirkungen auf die Rechtstellung des Unterhaltsgläubigers hat insoweit wiederum der Ausschluss der Gläubiger laufenden Unterhalts aus dem Kreis der Insolvenzgläubiger. Die Restschuldbefreiung wirkt gemäß § 301 Abs. 1 InsO nur gegen die Insolenzgläubiger und damit nicht gegenüber den Gläubigern laufenden Unterhalts.[542] Zudem bekommt der Schuldner nach § 292 Abs. 1 S. 3 InsO ab dem vierten Jahr nach Insolvenzverfahrensbeginn prozentual steigende Anteile des Gehalts als Selbstbehalt vom Treuhänder ausgezahlt. Der Unterhaltsschuldner laufenden Unterhalts hat dann die Möglichkeit im Wege der Forderungspfändung auf den steigenden Selbstbehalt zugreifen.

Erst nach der vollständigen Durchführung des Restschuldbefreiungsverfahrens können die Unterhaltsgläubiger des während dieser Phase aufgelaufenen rückständigen Unterhalts wieder auf das Schuldnervermögen zugreifen, um die nach Verfahrenseröffnung begründeten Unterhaltsrückstände einzufordern.

Dieses System erscheint indes höchst fragwürdig, da es das eigentliche Ziel der Restschuldbefreiung, dem Neuaufbau einer wirtschaftlichen Existenz, konterkariert. Insbesondere die lange Dauer der Wohlverhaltensphase von sechs Jahren trägt dazu bei, dass sich nicht unerhebliche neue Forderungen gegen den Insolvenzschuldner aufstauen. Ein wirtschaftlicher Neuanfang scheint unter diesen Umständen nahezu unmöglich.

---

541 *Leipold* vermutete in FS Gaul, S. 367, 368, dass die Restschuldbefreiung weniger bei einer Insolvenz von Verbrauchern, sondern vielmehr bei wirtschaftlich gescheiterten Kleinunternehmern Anwendung findet, die auf eine Haftungsbeschränkung wie bei der GmbH verzichtet haben, Anwendung findet (so z.B. Handwerker, Einzelhändler oder „Jungunternehmer").

542 *Schmidt*, InVo 2001, S. 8, 9.

IV. Obliegenheit zur Einleitung eines Insolvenzverfahrens

1. Unterhaltsforderungen neben sonstigen Forderungen

Aus der familienrechtlichen Obliegenheit des Unterhaltsschuldners, die eigene Leistungsfähigkeit zu gewährleisten, wird zunehmend eine Verpflichtung zur Einleitung eines Verbraucherinsolvenzverfahrens abgeleitet. Dem Unterhaltsschuldner wird daher weitestgehend angeraten, die Bevorrechtigung des Unterhalts durch die Einleitung eines Insolvenzverfahrens zu bewirken und damit die Leistungsunfähigkeit wegen bestehender Drittschulden zu umgehen.[543]

Nach materiellem Unterhaltsrecht konkurriert der Unterhalt mit Drittschulden. Dabei ist mit Blick auf den Zweck der Verbindlichkeit, die Dringlichkeit der Bedürfnisse, Art und Zeitpunkt der Entstehung sowie die Kenntnis des Unterhaltsschuldners von der Unterhaltsschuld abzuwägen, um herausfinden zu können, welcher der Ansprüche vorrangig ist.[544] Fraglich ist, ob der Unterhaltsschuldner eine Möglichkeit oder gar Verpflichtung zur „Flucht in die Insolvenz" hat, d.h. die steigende Verschuldung dadurch vermeidet, dass er ein Verbraucherinsolvenzverfahren nach § 304 f. InsO einleitet.

Allerdings können lediglich vermögensrechtliche Ansprüche im Rahmen eines Insolvenzverfahrens geltend gemacht werden, rein familienrechtliche Ansprüche, wie den Anspruch auf Aufhebung der Ehe, die Anerkennung der Vaterschaft, hingegen nicht, auch wenn dies mittelbar wirtschaftliche Folgen hätte.[545]

---

543 Zur Pflicht die Leistungsfähigkeit zu verbessern vgl. *Wendl/Gutdeutsch*, § 5 Rn. 122 a; *Gerhardt*, FA-FamR, 6. Kap. Rn. 92; *Melchers/Hauß*, Unterhalt und Verbraucherinsolvenz, Rn. 148.

544 *Wohlgemuth*, FF 2004, S. 9.

545 *Uhlenbruck*, KTS, S. 404, 419; *Nerlich/Römermann/Andres*, InsO, § 38 Rn. 7.

Die Berechnung der Unterhaltsansprüche ist an die Leistungsfähigkeit des Unterhaltsschuldners geknüpft, vgl. § 1581 BGB. Dabei ist durch das Gericht im Einzelfall zu prüfen, ob der beanspruchte Unterhalt die finanzielle Leistungsfähigkeit des Unterhaltsschuldners übersteigt. Ist dies der Fall, so liegt ein Mangelfall vor. Der Unterhaltsschuldner ist jedoch grundsätzlich nach § 1603 Abs. 2 S. 1 BGB zur Herstellung bzw. Aufrechterhaltung seiner Leistungsfähigkeit und nach § 1603 Abs. 1 BGB zur Beseitigung eines Mangelfalls verpflichtet.

Unterhaltsansprüche können auch im Falle der Insolvenz bestehen, die Eröffnung des Insolvenzverfahrens begründet nicht ohne Weiteres die Annahme, dass der Schuldner nicht leistungsfähig ist. Bei einer Mehrheit von Gläubigern würden ansonsten immer die Unterhaltsgläubiger ins Hintertreffen geraten und gegenüber den dem Grunde nach gleichberechtigten anderen Gläubigern benachteiligt werden, da bereits auf Tatbestandsseite mangels Leistungsfähigkeit des Unterhaltsschuldners kein Anspruch bestünde.

Die Regelung des § 1581 BGB stellt vielmehr auf die Situation ab, dass der Unterhaltsverpflichtete zunächst sich selbst versorgen können sollte, um dann – nachdem er durch den pfändungsfreien Eigenbedarf auf eigenen Beinen steht und auf soziale Unterstützung verzichten kann – auch für seine Unterhaltsschulden aufkommen muss.[546] Für den Sozialstaat macht es im Ergebnis keinen Unterschied, ob wegen eines Mangelfalls der Unterhaltsgläubiger oder der „kahlgepfändete" Unterhaltsschuldner unterstützt werden muss. Vielmehr ist die fehlende Leistungsfähigkeit als Einwendung des Unterhaltsschuldners nach § 1581 BGB gestaltet.

Problematisch ist jedoch, dass der vollstreckungsrechtliche und der unterhaltsrechtliche Einkommensbegriff, bis auf die Abzugsfähigkeit von Sozialversicherungsbeiträgen und Steuern, nicht deckungsgleich sind.[547]

546 I, § 1581 Rn. 1.

547 Wählt der Schuldner eine ungünstige Steuerklasse, so kann er nach § 850h ZPO auf Antrag so behandelt werden, als wenn sein Einkommen nach der

Nach dem vollstreckungsrechtlichen Einkommensbegriff sind gemäß § 850e Nr. 1 ZPO unpfändbare Beträge i.S.d. § 850a ZPO abziehbar, unterhaltsrechtlich werden sie jedoch in Höhe des Bruttobetrages als Einkommen mit eingerechnet.[548] Zudem mindern berufsbedingte Aufwendungen und Schulden unterhaltsrechtlich das Einkommen, vollstreckungsrechtlich werden diese jedoch nicht abgezogen. Das Gleiche gilt für den notwendigen Unterhalt des Schuldners nach § 850d ZPO und den unterhaltsrechtlichen Freibetrag. Das unterhaltsrechtlich maßgebliche Einkommen kann sich somit wesentlich vom vollstreckungsrechtlichen Einkommen unterscheiden.

Mit der Unterhaltsrechtsreform wurde zwar § 850d Abs. 2 ZPO eingeführt und damit die Rangfolge der Unterhaltsgläubiger an die des BGB angepasst, womit nun ein Gleichlauf des Zivilprozess- und Bürgerlichen Rechts gegeben ist. Dies gilt über § 36 InsO auch im Insolvenzrecht, welches eine nicht zu rechtfertigende Ungleichbehandlung zwischen Insolvenz- und Vollstreckungsschuldnern verhindert.[549]

Der Schritt vom reinen Vollstreckungsschuldner zum Insolvenzschuldner könnte dabei möglicherweise unfreiwillig gegangen werden. Den Unterhaltsschuldner könnte die Obliegenheit zur Einleitung einer Verbraucherinsolvenz treffen.[550]

---

günstigsten Steuerklasse versteuert werden würde, vgl. BGH FamRZ 2006, S. 37.

548 Vertiefend *Stöber*, Forderungspfändung, Rn. 1133.

549 *MüKo-InsO/Peters*, § 36 Rn 42.

550 BGH FamRZ 2008, S. 497; *Hauß*, FamRZ 2006, S. 306, 307.

2. Pro Obliegenheit der Eröffnung eines Insolvenzverfahrens

Mehrere Oberlandesgerichte[551], Stimmen in der Literatur[552] und schließlich auch der BGH[553] in einem Urteil aus dem Jahre 2005 sind der Auffassung, dass der überschuldete Unterhaltsschuldner verpflichtet ist, zur Steigerung der unterhaltsrechtlichen Leistungsfähigkeit ein Verbraucherinsolvenzverfahren einzuleiten und dieses damit als „aktives Instrument der familienrechtlichen Unterhaltsgestaltung“[554] zu nutzen. Damit soll die Erfüllung des Unterhaltsbedarfs sichergestellt werden bzw. den laufenden Unterhaltsverbindlichkeiten ein gewisser Vorrang vor anderen Verbindlichkeiten des Schuldners verschafft werden, da der Unterhaltsschuldner den ohne Berücksichtigung von Drittschulden bemessenen laufenden Unterhalt eher zahlen könne. Nach Durchführung des Insolvenzverfahrens finde dann die Befreiung von seinen Restschulden statt.[555]

---

551 OLG Hamm FamRZ 2001, S. 441; OLG Dresden MDR 2003, S. 575; OLG Stuttgart FamRZ 2003, S. 1216; OLG Karlsruhe FamRZ 2003, S. 656; OLG Koblenz FamRZ 2004, S. 823; OLG Nürnberg FamRZ 2004, S. 300; a.A. jedoch: OLG Stuttgart FamRZ 2002, S. 982, OLG Naumburg FamRZ 2003, S. 1215; OLG Düsseldorf FuR 2004, S. 308; differenzierend: AG Besigheim FamRZ 2004, S. 1890.

552 *Melchers*, FamRZ 2001, S. 1509; *ders.*, ZVI 2002, S. 143; *ders.* FuR 2003, S. 145; *ders.*, FamRB 2002, S. 180; *ders.*, FamRZ 2003, S. 1769; *Schürmann*, FamRZ 2003, S. 1030; *Hauß*, MDR 2002, S. 1163; *ders.*, MDR 2003, S. 576; *Biehl*, NJ 2003, S. 269; *Hoppenz*, FF 2003, S. 158; *Weisbrodt*, FamRZ 2003, S. 1240; *Seier/Seier*, ZFE 2003, S. 260; *Palandt/Brudermüller*, § 1603, Rn. 28; *Melchers/Hauß*, Unterhalt und Verbraucherinsolvenz, Rn. 6; *Eschenbruch/Eschenbruch*, Rn. 1493; *Braun/Buck*, InsO, § 304, Rn. 18; 15. Dt. Familienrechtstag, Empfehlungen, AK 18; *Stumpe*, Verbraucherinsolvenz als aktives Instrument familienrechtlicher Unterhaltsgestaltung, S. 174 ff.

553 Vgl. BGH FamRZ 2005, S. 608 ff.

554 *Hauß*, MDR 2003, S. 576; *Stumpe*, Verbraucherinsolvenz als aktives Instrument familienrechtlicher Unterhaltsgestaltung.

555 BGH FamRZ 2005, S. 608 ff. = BGHZ 162, S. 234 = NJW 2005, S. 1279; dem BGH seitdem folgend: OLG Koblenz FamRZ 2003, S. 109 ff.; OLG Dresden FamRZ 2003, S. 1028 ff.; OLG Stuttgart FamRZ 2003, S. 1216,

Für die Obliegenheit der Einleitung eines Verbraucherinsolvenzverfahrens müssen allerdings auch dessen Voraussetzungen vorliegen, insbesondere muss der Unterhaltsschuldner zahlungsunfähig sein bzw. die Zahlungsunfähigkeit muss drohen, vgl. § 17 InsO.

Der BGH begründete den Wandel in seiner Rechtsprechung mit dem Zusammenwirken zweier Gesetzesänderungen. Zum einen habe das Gesetz zur Änderung der Pfändungsfreigrenzen mit Wirkung vom 1. Februar 2002 zur Folge gehabt, dass die Pfändungsfreigrenze drastisch angehoben wurde, zum anderen ermöglichte die unmittelbar zuvor in Kraft getretene Änderung der Insolvenzordnung vom 26. Oktober 2001, sich in zumutbarer Weise von Verbindlichkeiten aus der Vergangenheit durch das neu eingeführte Prinzip der Stundung der Prozesskosten nach § 4a InsO zu befreien.[556]

Seit der Erhöhung der allgemeinen Pfändungsfreigrenzen nach § 850c ZPO und der Erweiterung des § 36 Abs. 1 S. 2 InsO bzw. des Verweises auf die §§ 850 f. ZPO sei es somit bei nachhaltiger und dauerhafter Überschuldung zumutbar, die Zahlungsfähigkeit in Bezug auf den Unterhalt auf diese Weise zu verbessern.[557]

OLG Karlsruhe FamRZ 2004, S. 656 f.; *Melchers/Hauß*, Unterhalt und Verbraucherinsolvenz, 2003, Rn. 130; *Hoppenz*, FF 2003, S. 158, 163; *Weisbrodt*, FamRZ 2003, S. 1240, 1243, 1244; *Schürmann*, FamRZ 2005, S. 887, 888; *Krause*, FamRZ 2005, S. 1725; differenzierend *Wohlgemuth*, FamRZ 2005, S. 2035, 2036; entgegen der vorherigen Rechtsprechung, als die Möglichkeit der Verbraucherinsolvenz mit Restschuldbefreiung noch nicht bestand, vgl. BGH FamRZ 1984, S. 657, 658 f.; BVerfG FamRZ 2001, S. 1685, 1856; BVerfG FamRZ 2002, S. 1397, 1399; OLG Stuttgart FamRZ 2002, S. 982, 983.

556 So bereits *Hauß*, MDR 2002, S. 1163 ff.; *Schürmann*, FamRZ 2005, S. 887; Anmerkung zu BGH FamRZ 2005, S. 608; über die Vorschusspflicht des Ehegatten im Stundungsverfahren *Vallender*, ZVI 2003, S. 505 ff.; 15. Deutscher Familiengerichtstag, Empfehlungen (AK 18).

557 Erhöhung der allgemeinen Pfändungsfreigrenzen nach § 850c ZPO seit dem 01. Januar 2002, durch das Gesetz v. 26. Oktober 2001, BGBl I 2001, S. 2710; Verweisung auf die §§ 850 f. ZPO für die Zeit ab dem 01. Dezember 2002.

Diese Gesetzesänderung bringe eine Bevorzugung von Unterhaltsansprüchen zum Ausdruck. Im eröffneten Insolvenzverfahren seien die Unterhaltsansprüche gesetzlich somit nunmehr privilegiert. Dies führe zu einer sich sowohl materiellrechtlich auswirkenden Privilegierung über die Pfändungsfreigrenze nach §§ 36 Abs. 1 InsO, 850c Abs. 1, S. 2 ZPO als auch zu einer vollstreckungsrechtlichen Bevorzugung nach §§ 89 Abs. 2 S. 2 InsO, 850d ZPO.[558] Bei der Bemessung des Unterhalts finden Darlehensraten des Unterhaltsschuldners keine Berücksichtigung.

Die erhöhten Befriedigungsmöglichkeiten der Unterhaltsgläubiger sollen sich aus dem Zugriff auf den pfändungsfreien Teil des Einkommens nach § 850c ZPO ergeben. Da der laufende Unterhalt nach § 40 InsO keine Insolvenzforderung darstellt, kann der Unterhaltsberechtigte auf die Beträge zwischen Pfändungsfreigrenze nach § 850c ZPO und dem Existenzminimum nach der Düsseldorfer Tabelle zugreifen, d.h. auf die Differenz zwischen Freibetrag nach § 850c ZPO und notwendigem Unterhalt nach § 850d ZPO kommt es nicht an. Dem Schuldner ist in jedem Fall nur so viel zu belassen, wie ihm als notwendiger Unterhalt zusteht.[559]

Daneben besteht zudem die Besonderheit, dass der Unterhaltsgläubiger während der Dauer des Insolvenzverfahrens in künftige Forderungen, d.h. zum Beispiel Bezüge des Schuldners aus einem Dienstverhältnis nach § 89 Abs. 2 S. 2 InsO, vollstrecken kann.[560] Daneben besteht, wie erwähnt, nach sechs Jahren und entsprechendem Wohlverhalten die Möglichkeit der Restschuldbefreiung.

Der Schuldner hat nach dieser Auffassung aufgrund seiner finanziellen Fürsorgepflicht eine verstärkte Verpflichtung, seinen Verbindlichkeiten gegenüber den Unterhaltsberechtigten nachzukommen. Deshalb bestehe, nach einer Abwägung der unmittelbaren Vor- und Nachteile einer Eröffnung des Insolvenzverfahrens, die Obliegenheit des Schuldners zur

558 *Staudinger/Engler/Kaiser* (2000), § 1603 Rn. 103 ff.

559 *Giers*, FamRB 2006, S. 307, 308; Bestimmung des notwendigen Unterhalts, vgl. BGH FamRZ 2003, S. 1466.

560 *Melchers*, FamRZ 2003, S. 1769, 1770.

Durchführung der Verbraucherinsolvenz, wenn diese zulässig und geeignet ist, den laufenden Unterhalt der minderjährigen Unterhaltsberechtigten zu sichern.

Zudem sei der Unterhaltsschuldner grundsätzlich gehalten, alles ihm Zumutbare zur Verbesserung seiner Leistungsfähigkeit zu tun.[561] Im Endeffekt ist hierbei wiederum auf den Einzelfall abzustellen. Als Kriterien der Zumutbarkeit werden die allgemeinen Umstände der Person des Schuldners, die Interessen des Unterhaltsgläubigers, die Dauer der Unterhaltsschuld und die Interessen anderer Gläubiger herangezogen.[562] Bei der Abwägung der unmittelbaren Vor- und Nachteile wird außerdem die Dauer des Insolvenzverfahrens der Dauer der Unterhaltsverpflichtung gegenüber gestellt. Gegen die Einleitung eines Insolvenzverfahrens sprechen in jedem Fall der drohende Widerruf einer Berufausübungserlaubnis (beispielsweise bei einem Rechtsanwalt oder Wirtschaftsprüfer) oder drohende Vertragskündigungen. Auch die Frage, ob es sich um längerfristige Liquiditätslücken handelt oder diese nur vorübergehender Natur sind, fließt mit in die Abwägung *pro* und *contra* der Einleitung eines Insolvenzverfahrens ein. Trägt der Unterhaltsschuldner Umstände vor, die eine solche Obliegenheit im Einzelfall als unzumutbar darstellen, besteht eine Verpflichtung zur Einleitung eines Insolvenzverfahrens somit auch dieser Meinung nach nicht.

Nachteile der Eröffnung eines Insolvenzverfahrens stellen das Erlöschen der rückständigen Unterhaltsansprüche, die Kosten, die im Rahmen der Eröffnung einer Verbraucherinsolvenz anfallen und die Einschrän-

---

561 *Kalthoener/Büttner/Niepmann*, Die Rechtsprechung zur Höhe des Unterhalts, Rn. 614. Die Leistungsfähigkeit wird nunmehr durch das Vollstreckungsrecht bestimmt, für den Unterhalt der Unterhaltsberechtigten kann der Gläubiger nur noch mit dem von Drittgläubigern gepfändete, und damit verminderte Arbeitseinkommen des Schuldners aufkommen. Außerdem ist bei der Unterhaltsbemessung eine den Lebensstandard prägende Verschuldung nicht mehr berücksichtigungsfähig, da hierfür nur noch der pfändbare Teil des Arbeitseinkommens des Schuldners haftet; vgl. *Weisbrodt*, FamRZ 2003, S. 1240, 1243.

562 *Keller*, NZI 2007, S. 143, 147.

kungen durch den Treuhänder dar. Gegenüber diesen Nachteilen müssen die Vorteile der Eröffnung des Insolvenzverfahrens im Ergebnis überwiegen. Nach höchstrichterlicher Rechtsprechung spreche hierfür insbesonders die Möglichkeit der Stundung der Kosten des Insolvenzverfahrens nach § 4a InsO.

Der Unterhaltspflichtige sei schließlich selbst zu dem Beweis verpflichtet, dass die Voraussetzungen eines Insolvenzverfahrens nicht gegeben sind bzw. ihm dieses nicht zumutbar ist. Dabei ergebe sich eine Unzumutbarkeit lediglich ausnahmsweise – nach Abwägung der beispielhaft erörterten konkreten Umstände des Einzelfalles.[563]

Die Eröffnung des Insolvenzverfahrens stelle eine Obliegenheit des Unterhaltsschuldners dar, die mit der Pflicht zur Wahl der günstigsten Steuerklasse, der Wahrnehmung steuerlicher Vorteile oder der Beantragung von Arbeitslosengeld I zu vergleichen sei.[564]

Von einer Zumutbarkeit des Insolvenzverfahrens sei folglich in der Regel dann auszugehen, wenn und soweit eine nachhaltige oder dauerhafte Überschuldung vorliege und die Verbindlichkeiten im Verhältnis zum Einkommen unangemessen hoch seien bzw. sich über einen langen Zeitraum erstreckten.[565]

Nach § 13 Abs. 1 S. 2 InsO können sowohl Gläubiger als auch der Schuldner selbst den Antrag auf Eröffnung des Insolvenzverfahrens stellen. Häufig wird in der Praxis jedoch eher der Schuldner den Antrag auf Eröffnung des Insolvenzverfahrens stellen, da ihm ansonsten die Möglichkeit auf eine Restschuldbefreiung, vgl. § 287 Abs. 1 S. 1 InsO, genommen werden würde.[566]

Die Feststellung der Obliegenheit der Einleitung eines Insolvenzverfahrens hat auch für den Fall, dass dieses *de facto* nicht eingeleitet wird,

---

563 *Krause*, FamRZ 2005, S. 1725, 1726.

564 Zur genauen Berechnung des Ehegattenunterhalts mit besonderer Berücksichtigung des Erwerbstätigenbonus, vgl. *Krause*, FamRZ 2005, S. 8 ff.

565 OLG Dresden FamRZ 2003, S. 1029; ähnlich: *Weisbrodt*, FamRZ 2003, S. 1240, 1244, *Büttner/Niepmann*, NJW 2003, S. 2498.

566 Vgl. *Pape*, NZI 2002, S. 186 ff.

zur Folge, dass für die konkrete Unterhaltsberechnung die Durchführung eines Insolvenzverfahrens vorausgesetzt und damit – im Rahmen dessen – fiktiv Leistungsfähigkeit angenommen wird.[567] Der Gläubiger wird so behandelt, als wäre er der Obliegenheit nachgekommen, er kann sich im Rahmen seiner Leistungsfähigkeit auf Drittschulden nicht unterhaltsmindernd berufen.[568]

Zwar kann die Obliegenheit der Einleitung eines Insolvenzverfahrens im Gegensatz zu einer Verpflichtung nicht selbständig zwangsweise durchgesetzt werden, eine Nichtbefolgung hat jedoch gleichwohl – wie ersichtlich – abgesehen von einer Strafbarkeit nach § 170 StGB negative Folgen für den Verpflichteten.[569]

3. Contra Obliegenheit zur Eröffnung eines Insolvenzverfahrens

Der Auffassung des BGH, welcher die Obliegenheit zur Einleitung eines Verbraucherinsolvenzverfahrens bejaht, wird jedoch nicht uneingeschränkt gefolgt.[570] Es wird bereits grundsätzlich angezweifelt, dass die Einleitung einer Verbraucherinsolvenz überhaupt eine Besserstellung des Unterhaltsgläubigers darstellt, da die Durchführung eines Insolvenzverfahrens keinerlei faktische Verbesserung der Leistungsfähigkeit bedeute. Vielmehr wird vorgebracht, dass insbesondere mit Blick auf den Unterhalt, welcher der Restschuldbefreiung unterliegt, oftmals sogar das

567 *Wohlgemuth*, FamRZ 2005, S. 2035, 2036; *Krause*, FamRZ 2005, S. 1725, 1726; kritisch gegen die Begrifflichkeit der Obliegenheit: *Hauß*, FamRZ 2006, S. 306, 308, krit. *Wohlgemuth*, FF 2005, S. 259, 260.

568 *Melchers/Hauß*, Unterhalt und Verbraucherinsolvenz, Rn. 261; Kritik der Umsetzbarkeit in der Praxis: *Luthin*, FPR 2004, S. 567, 570; *Keller*, NZI 2007, S. 143, 148.

569 *Melchers*, FamRZ 2003, S. 1770.

570 OLG Naumburg FamRZ 2003, S. 1215 f.; *Wohlgemuth*, FamRZ 2004, S. 296, 297; *dies.*, FF 2005, S. 259, 260; *Uhlenbruck*, FamRZ 1998, S. 1473; *Baumbach/Lauterbach*, § 850 d Rn. 12; *MüKo/Born*, § 1603, Rn. 60 ff.; *Wendl/Scholz*, § 2 Rn. 158a; *Eschenbruch/Wohlgemuth*, Rn. 3108.

Gegenteil der Fall sei. Unterhaltsrückstände, die zum Zeitpunkt der Eröffnung des Insolvenzverfahrens bereits fällig waren, werden lediglich aus der Insolvenzmasse befriedigt, so wie andere Drittgläubiger auch, vgl. §§ 35 f. InsO.[571] Bevorrechtigt sei somit nur der laufende Unterhalt ab Eröffnung des Insolvenzverfahrens (§§ 40, 89 Abs. 2 InsO). Auch der Unterhalt, welcher zwischen Antrag auf und Eröffnung des Insolvenzverfahrens fällig wird, ist Insolvenzschuld.

Die Restschuldbefreiung betreffe außerdem lediglich solche Ansprüche, die bereits vor Eröffnung des Insolvenzverfahrens entstanden sind. Die laufenden Unterhaltsansprüche entfielen folglich nicht im Rahmen der Restschuldbefreiung. Im Laufe der sechsjährigen Wohlverhaltensperiode würden wiederum erhebliche Unterhaltsrückstände auflaufen, mit der Gefahr der erneuten Zahlungsunfähigkeit nach Abschluss des Insolvenzverfahrens. Dies bedeute ein Scheitern des Schuldenbereinigungsplans. Fraglich ist, inwieweit ein Insolvenzverfahren im Interesse der Unterhaltsgläubiger dann noch Sinn macht.[572] Zudem betonte bereits der Gesetzgeber, dass den Unterhaltspflichten bei der Aufstellung des Schuldenbereinigungsplans eine vorrangige Bedeutung zukomme.[573] Die Einleitung eines Verbraucherinsolvenzverfahrens führt zudem nicht zu einem sofortigen Wegfall der Schulden des Unterhaltspflichtigen.[574]

Daneben treffe den Unterhaltsschuldner selbst die Beweislast, inwiefern seine Schulden als unterhaltsmindernd zu berücksichtigen sind. Diesen Beweis könne er zumeist nicht führen, was zur Folge habe, dass zum Ende der Wohlverhaltensperiode wiederum ein erheblicher Schul-

---

571 Rückständiger Unterhalt unterliegt nur dann nicht der Restschuldbefreiung, wenn dem Anspruch eine vorsätzlich begangene unerlaubte Handlung zu Grunde liegt, vgl. § 302 Nr. 1 InsO, § 823 Abs. 2 BGB, § 170 StGB.

572 So bereits OLG Stuttgart FamRZ 2002, S. 982.

573 Vgl. BT-Drucks. 12/7302, S. 191; *Uhlenbruck*, Das neue Insolvenzrecht, S. 709; ebenso *Schmidt-Räntsch*, MDR 1994, S. 321, 324.

574 Kritisch auch OLG Stuttgart FamRZ 2002, S. 982, 983; OLG Düsseldorf FuR 2004, S. 308, 310.

denberg bestünde.[575] Die Einleitung eines Insolvenzverfahrens trotz laufender Unterhaltsforderungen würde auch dem eigentlichen Sinn und Zweck des Restschuldverfahrens zuwider laufen, nämlich der Entschuldung des Insolvenzgläubigers. Diese wäre nicht erreichbar, da die neu aufgelaufenen Unterhaltsschulden erneut abgetragen werden müssten. Im Falle der Eröffnung eines Insolvenzverfahrens ist zudem ein mangelnder Schutz der Unterhaltsgläubiger zu befürchten, im Vergleich zum Einzelzwangsvollstreckungsrecht käme es zu Wertungswidersprüchen.[576]

Laufende Unterhaltsansprüche können im Insolvenzverfahren genauso schwer befriedigt werden, wie bei der Einzelzwangsvollstreckung. Der Unterhaltsgläubiger habe auch im Falle der Insolvenz weiterhin die Pfändungsfreigrenze des § 850c ZPO (Verweis des § 36 Abs. 2 ZPO) zu berücksichtigen, die Vorschrift des § 850d ZPO ist ebenfalls beachtlich. Der Unterhaltsschuldner kann nicht die Spanne zwischen materiellem Selbstbehalt und Freigrenze zur Befriedigung der laufenden Unterhaltsansprüchen ausschöpfen, er muss sich vielmehr den nach § 850d ZPO lediglich notwendigen Unterhalt entgegen halten lassen. Nach den unterhaltsrechtlichen Leitlinien der Oberlandesgerichte sollen die Selbstbehaltsätze das sozialhilferechtliche Existenzminimum maßvoll überschreiten. Die Regelsätze der Sozialhilfe sollen dazu dienen, den

575 Kritisch auch *Uhlenbruck*, FamRZ 1998, S. 1473, 1477; *Uhlenbruck*, InsO, § 40 Rn. 1; *Henning*, InVo 1996, S. 288, 290; *Allolio*, FF 2001, S. 9, 12; *Schmidt*, InVo 2001, S. 8, 9.

576 So auch *Leipold/Schmid*, Insolvenzrecht im Umbruch, S. 139, 146 ff.; S. 127, 147, zur Darlegungslast *Kemper/Kohte*, Blätter für Wohlfahrtspflege, 1981, S. 88; BGH FamRZ 1990, S. 283, 287; OLG Hamm FamRZ 1996, S. 959; zum Wertungswiderspruch auch *Häsemeyer*, Insolvenzrecht, Rn. 26.62; *Gerhardt*, GS Lüderitz, S. 189, 207; a.A. *Döbereiner*, Die Restschuldbefreiung nach der Insolvenzordnung, S. 197, welcher ein solches Vorgehen für gerechtfertigt hält, da rückständiger Unterhalt wegen des unterhaltsrechtlichen Grundsatzes, dass die Befriedigung von zeitlich zurückliegenden Bedürfnissen nicht möglich sei, keine besondere Stellung genieße, vgl auch § 1585b BGB.

Eigenbedarf eines Unterhaltspflichtigen zu berechnen.[577] Dieser richtet sich nach dem sozialhilferechtlichen Eigenbedarf und nicht nach der Düsseldorfer Tabelle.[578] Dann finden allerdings auch die tatsächlichen Aufwendungen des Unterhaltsschuldners Beachtung, sollten sie nicht absolut unangemessen sein, was dazu führt, dass der konkrete sozialhilferechtliche Bedarf, insbesondere bei Erwerbstätigkeit, nah an die Pfändungsfreigrenze des § 850c ZPO herankommt. Somit ist die Spanne, auf die der Unterhaltsschuldner *de facto* alleinig zugreifen kann, nicht mehr sehr hoch.[579]

Im Regierungsentwurf der Insolvenzordnung wurde die Problematik der erschwerten Befriedigungsmöglichkeit für laufende Unterhaltsansprüche im Rahmen der Zuweisung des Neuerwerbs in die Insolvenzmasse zwar auch erkannt, die erweiterte Pfändbarkeit nach § 850d ZPO jedoch als ausreichende Kompensation gesehen.[580] Im Ergebnis stellt sich dies jedoch als zu geringe Kompensation gegenüber dem durch die Insolvenzordnung ausgeschlossenen Zugriff auf das Arbeitseinkommen und auf sonstige Bezüge dar.[581]

Hinzu kommt, dass im Falle der Konkurrenz mit Deliktsgläubigern die ganz normale Rangfolge bei Pfändungen maßgeblich ist. Daraus folgt, dass Unterhaltsgläubiger möglicherweise auch im Vorrechtsbereich des

---

577 BVerfG FamRZ 2001, S. 1685; BGH FamRZ 2006, S. 683, 684.

578 BGH FamRZ 2003, S. 1466; *Wohlgemuth*, FF 2004, S. 9, 11.

579 Vertiefend, Vollstreckung in Arbeitseinkommen wegen Unterhaltspflichten, *Giers*, FamRB 2006, S. 307 ff.; entgegen *Stumpe*, Verbraucherinsolvenz als aktives Instrument familienrechtlicher Unterhaltsgestaltungen, S. 177, welche davon ausgeht, dass die nahestehenden Unterhaltsberechtigten vollständig befriedigt werden können.

580 Begr. RegE zu § 40, abgedruckt bei *Kübler/Prütting*, Das neue Insolvenzrecht, Bd. I 1994, S. 211.

581 Vgl. kritisch *Gerhardt*, GS Lüderitz, S. 189, 205 f., welcher den Ausschluss der Unterhaltsgläubiger vom Insolvenzverfahren als in keinem Zusammenhang dazu sieht, dass der Neuerwerb nun in die Insolvenzmasse fällt. Das frühere Argument, die Unterhaltsgläubiger sollten an der wirtschaftlichen Entwicklung des Schuldners partizipieren greife dann nicht mehr.

§ 850d ZPO nichts erhalten, da Deliktsgläubiger insoweit vorrangig befriedigt werden.[582] Treffen mehrere Unterhaltsgläubiger aufeinander, so sind sie in der nach § 850d Abs. 2 ZPO bestimmten Reihenfolge zu berücksichtigen. Allerdings kann das Vollstreckungsgericht dieses Rangverhältnis auf Antrag nach billigem Ermessen verändern und anders festsetzen.[583]

Gegen die Obliegenheit der Einleitung eines Insolvenzverfahrens spricht zudem, dass die Unterhaltsschulden, genau wie andere Drittschulden, von der Restschuldbefreiung erfasst werden. Neue Einkünfte werden daneben in die Insolvenzmasse einbezogen, womit den Unterhaltsgläubigern die Möglichkeit genommen wird, in den Neuerwerb zu vollstrecken, vgl. § 35 i.V.m. § 89 Abs. 1 InsO. Auf Grund laufender Unterhaltsforderungen kann nicht in die Insolvenzmasse vollstreckt werden, da diese nicht zu den Insolvenzforderungen zählen. Künftige, fortlaufend fällige und bestehende Ansprüche aus z.B. Arbeitsverhältnis gehören auch wiederum zur Insolvenzmasse.[584] Dadurch wird der laufenden unterhaltsrechtlichen Forderung – mangels Masse – praktisch die Durchsetzbarkeit genommen.[585] Der Unterhaltsgläubiger laufender Unterhaltsschulden kann somit lediglich in den Vorrechtsbereich des § 850d ZPO vollstrecken, nicht in denjenigen des § 850c ZPO. Diese Zugriffsmöglichkeit deckt jedoch, wie eben dargestellt, selten die gesamte Unterhaltsforderung und befriedigt diese nicht ansatzweise. Dabei hat der

---

582 *Schmidt*, InVo 2001, S. 8, 9.

583 Es besteht kein Gleichlauf zwischen der Rangfolgenregelung des BGB und in der ZPO, vgl. BGH FamRZ 2003, S. 1176. Durch die Möglichkeit ein Ermessen geltend zu machen verlieren diese Abweichungen jedoch an Relevanz, vgl. *Luthin/Koch/Kamm/Schumacher*, Handbuch des Unterhaltsrechts, Rn. 3310. Vertiefend zu den unterschiedlichen Pfändungsfreigrenzen im Vollstreckungsrecht und materiellen Unterhaltsrecht vgl. *Stumpe*, Verbraucherinsolvenz als aktives Instrument familienrechtlicher Unterhaltsgestaltung, S. 76 ff.

584 *Zöller/Stöber*, ZPO, § 850 Rn. 25.

585 *Hauß*, FamRZ 2006, S. 306, 307; *ders.*, FamRZ 2006, S. 1496, 1498; *Hoppenz*, FF 2003, S. 158, 161.

Unterhaltsgläubiger natürlicherweise ein Interesse daran, dass vordringlich seine laufenden Unterhaltsforderungen befriedigt werden und nicht die Altlasten abgetragen werden.

Unabhängig von einem Verbraucherinsolvenzverfahren kann sich der Unterhaltsschuldner auf die Pfändungsfreigrenze nach §§ 850a ff. ZPO berufen, insoweit besteht auch kein Vorteil des Insolvenzverfahrens. Es wäre folglich für den Unterhaltsschuldner das mildere Mittel, sich lediglich auf die Pfändungsfreigrenzen berufen zu müssen.

Als nachteilig sind zudem die negative Publizität und die Kosten des Verbraucherinsolvenzverfahrens zu berücksichtigen. Die Frage der Reihenfolge der Unterhaltsansprüche kann auch ohne Einleitung eines Insolvenzverfahrens durch die Mangelfallregelung des BGB beantwortet werden.

Und auch für die Drittschuldner ergeben sich aus der Eröffnung eines Insolvenzverfahrens keine Vorteile. Vielmehr kommt es lediglich zu einer quotalen Befriedigung, die Restschuldbefreiung ist ebenfalls nicht im Interesse der Drittgläubiger. Folglich sollte lediglich die Obliegenheit des Unterhaltsgläubigers bestehen, sich auf die Pfändungsfreigrenze zu berufen, um die unterhaltsrechtliche Leistungsfähigkeit herzustellen.[586] Jedoch wird auch hier eine umfassende Abwägung der individuellen Zumutbarkeit der Obliegenheit, sich auf Pfändungsfreigrenzen zu berufen, stattfinden müssen. Auch wenn der Eingriff in die Schuldnerrechte im Rahmen dieser Lösung nicht so drastisch ist.

Fraglich ist, ob hinsichtlich des Bedarfs und der Leistungsfähigkeit des Unterhaltsschuldners Drittschulden berücksichtigt werden müssen, vgl. §§ 1581 Satz. 1, 1603 Abs. 1 BGB, und welche Verbindlichkeiten des Unterhaltsschuldners sich der Unterhaltsgläubiger zurechnen lassen muss.[587] Dabei wirken nach der Rechtsprechung des BGH die Insolvenzeröffnung und die Restschuldbefreiung bedarfsprägend, da sie nachhaltig

586 *Hauß*, FamRZ 2006, S. 306, 307.

587 Vertiefend bez. der Berechnung des nachehelichen Unterhalts, *Braeuer*, FamRZ 2006, S. 1789 ff.

die Lebensverhältnisse verändern, vgl. § 1578 BGB.[588] Im Ergebnis ist dies jedoch nicht von praktischer Relevanz. Der Unterhaltsgläubiger kann im Zweifel auf Grund der niedrigen Pfändungsfreigrenzen lediglich einen Bruchteil der ihm zustehenden Unterhaltsforderungen realisieren.

Das Verbraucherinsolvenzverfahren stellt somit eine Alternative zur Mangelfallverteilung im Familienrecht dar.[589]

Das Argument, dass das Insolvenzverfahren den Insolvenzschuldner zunächst nicht belaste, da nach § 4a InsO die Möglichkeit der Stundung der Verfahrenskosten bestehe, ist so zudem nicht haltbar. Trotz Stundung der Kosten entstehen diese nun mal. Nach dem RegE des Gesetzes zur Entschuldung mittelloser Personen, zur Stärkung der Gläubigerrechte sowie zur Regelung der Insolvenzfestigkeit von Lizenzen vom 22. August 2007[590] soll diese Regelung zudem wieder abgeschafft werden. Zwar wurde dieser Entwurf noch nicht Gesetz, er spricht jedoch dafür, dass die Stundungsmöglichkeit unter Umständen wieder abgeschafft werden wird. Die Verfahrenskosten sind zudem vorrangig vor den Unterhaltsansprüchen zu befriedigen. Der Unterhaltsgläubiger muss somit zusehen, wie vorrangig Verfahrenskosten befriedigt werden, die eigentlich unter dem Deckmantel der Verbesserung seiner Befriedigung erst entstanden sind.

Sollte der RegE in Kraft treten, würde der Obliegenheit der Einleitung des Verbraucherinsolvenzverfahrens ein Argument entzogen werden. Bereits in der Begründung zum Regierungsentwurf heißt es, dass Insolvenzverfahren bei mittellosen Personen einen „aufwendigen Formalismus“ darstellen, welche eine bestmögliche Gläubigerbefriedigung nicht ermöglichen können.[591] Zwar wurde der Regierungsentwurf zur Reform der Insolvenzordnung in der 17. Legislaturperiode nicht verabschiedet, dies ändert jedoch nichts an deren Reformbedürftigkeit.

---

588 BGH FamRZ 2006, S. 953, 954.

589 Bereits 2001 Vorschlag von *Melchers*, FamRZ 2001, S. 1509.

590 Vgl. auch *Jäger*, ZVI 2007, S. 507, 514.

591 Begründung RegE eines Gesetzes zur Entschuldung mittelloser Personen, zur Stärkung der Gläubigerrechte sowie zur Regelung der Insolvenzfestigkeit von Lizenzen, S. 29.

Eine Verpflichtung zur Einleitung eines Insolvenzverfahrens in der Unterhaltspraxis führt außerdem zu einem weiteren Anstieg der Zahl der Verbraucherinsolvenzverfahren und damit zu einer Belastung der Insolvenzgerichte und Insolvenzverwalter. Obwohl die Verfahrenskosten vorrangig zu befriedigen sind, können sie häufig nicht durch die Schuldner selbst beglichen werden und müssen vom Staat getragen werden.

Die überzeugenderen Argumente sprechen im Ergebnis gegen eine Obliegenheit des Schuldners zur Einleitung eines Verbraucherinsolvenzverfahrens zur Existenzsicherung der minderjährigen Kinder.

4. „Obliegenheit" auch gegenüber Ehegatten – Übertragbarkeit der Rechtsprechung?

Neben den Fällen des Minderjährigenunterhalts stellt sich die Frage, ob die Rechtsprechung zur Obliegenheit der Einleitung des Insolvenzverfahrens auch auf Unterhaltsverpflichtungen im Fall des Trennungs- und nachehelichen Unterhalts einem Ehegatten gegenüber übertragbar ist.

a) Höherer Selbstbehalt gegenüber Ehegatten

Die Zugriffsmöglichkeit auf die Differenz zwischen Pfändungsfreigrenze und Existenzminimum gemäß § 89 Abs. 2 S. 2 InsO berechnet sich gegenüber Ehegatten anders als gegenüber minderjährigen Kindern. Fraglich ist, ob eine Zugriffsmöglichkeit hier vorteilhafter ist, als dies im Rahmen des Kindesunterhalts der Fall ist.

Wie gesehen ist problematisch, dass die Pfändungsfreigrenze oftmals nicht viel höher als das Existenzminimum ist. Das führt zu inadäquaten Lösungen, da die Differenz zwischen Pfändungsfreigrenze und Selbstbehalt nicht geeignet ist, den Unterhaltsgläubiger laufenden Unterhalts ausreichend zu befriedigen.[592] Nach § 850c ZPO beträgt der Pfändungs-

---

592 A.A. OLG Dresden MDR 2003, S. 575; mit Anmerkung *Hauß*. Das Gericht empfindet es in seiner Entscheidung als erheblichen Freiraum, wenn

freibetrag 1028,89 €[593], welcher sich bei einer Unterhaltsverpflichtung für eine Person um 387,22 €[594] erhöht. Höchstens kann der Pfändungsfreibetrag 2279,03 € betragen. Daraus ergibt sich ein Pfändungsfreibetrag bei einer unterhaltspflichtigen Person – dem Ehegatten – von 1.417,11 €.[595] Diese aus der Unterhaltspflicht resultierende höhere Pfändungsfreigrenze soll auch zu *de facto* höheren Unterhaltszahlungen führen.

Der notwendige Mindestselbstbehalt beträgt im Falle der Unterhaltsverpflichtung gegenüber minderjährigen Kindern 1.000 € bei einem Erwerbstätigen, bei einem Nichterwerbstätigen 800 €.[596] Der Selbstbehalt liegt damit unter dem Pfändungsfreibetrag.[597] Dies stellt eine Besserung im Vergleich zu der vorherigen Regelung dar, da nach der alten Regelung bis zum 1. Januar 2002[598] der Pfändungsfreibetrag oftmals niedriger bzw. gleich dem Selbstbehalt angesiedelt war. Gegenüber dem unterhaltsberechtigten Ehegatten besteht jedoch ein höherer Selbstbehalt als gegenüber unterhaltsberechtigten Kindern. Der Selbstbehalt beträgt hier

---

der Unterhaltsgläubiger bevorrechtigt in die 90 bzw. 180 € Differenz zwischen Pfändungsfreigrenze und Selbstbehalt vollstrecken kann. *Hauß* spricht gar von einer „*all-winner-Situation*".

593 Ab 1. Juli 2011 bis zum 30. Juni 2013, ab dem 1. Juli 2013 gilt eine neue Pfändungstabelle, danach erhöht sich der Freibetrag auf 1.045,04 €, zum Ztpkt. der o.g. BGH Entscheidung waren es 930 €.

594 Seit 1. Juli 2011, nach neuer Pfändungstabelle (s. Fn. 593) 393,30 €, zum Ztpkt. der o.g. BGH Entscheidung betrug die Erhöhung 370 €.

595 Bestehen daneben allerdings noch andere Unterhaltsverpflichtungen, so wird die Pfändungsfreigrenze jeweils nur noch um 215,73 € (nach neuer Pfändungstabelle 219,12 €) erhöht. Gleichgültig ist dabei, ob der erste Unterhaltsberechtigte ein Gatte oder ein Kind ist, vgl. BGH FamRZ 2004, S. 1281.

596 Düsseldorfer Tabelle zum 01. Januar 2013, nach einer Richtlinie des OLG Frankfurt zum 01. Januar 2013 gilt der gleiche Maßstab; zum Ztpkt. der o.g. BGH Entscheidungen waren es noch 840 € Selbstbehalt für einen Erwerbstätigen; eine Unterscheidung zwischen alten und neuen Bundesländern wird nicht mehr gemacht.

597 Diese Pfändungsfreigrenze modifiziert sich zudem nach der Zahl der Unterhaltsberechtigten, vgl. § 850c Abs. 1 S. 2 ZPO.

598 Siebtes Gesetz zur Änderung der Pfändungsfreigrenzen vom 01. Januar 2002.

grundsätzlich 1.100 € unabhängig davon, ob erwerbstätig oder nicht erwerbstätig.[599] Somit beträgt die Differenz, auf die der Ehegatte zugreifen kann, lediglich 405,91 €. Fraglich ist also zum einen, ob dieser Betrag als die Unterhaltspflicht befriedigend angesehen werden kann, insbesondere wenn noch unterhaltsbedürftige Kinder vorhanden sind, und zum anderen, ob der BGH sie überhaupt dem unterhaltsbedürftigen Ehegatten zusprechen würde.

Nach § 850f Abs. 1a ZPO kann der Pfändungsfreibetrag des Unterhaltsschuldners noch weiter erhöht werden, um den notwendigen Bedarf zu decken, gesetzt den Fall, dass die Einkünfte des Unterhaltsgläubigers dies tragen. Allerdings soll die unterhaltsrechtliche Liquidität des Unterhaltspflichtigen auch nicht so weit durch Schulden gegenüber Dritten eingeschränkt werden, als dass öffentliche Hilfe in Anspruch genommen werden müsste.[600]

Daneben wurde durch die Unterhaltsrechtsreform vom 1. Januar 2008 die Zahl der nach § 850c ZPO zu berücksichtigten Unterhaltsberechtigten bei der Konkurrenz von Ehegatten und privilegierten minderjährigen Kindern für den Mangelfall zu Lasten der Ehegatten verringert. Der Unterhaltsschuldner hat nun im Mangelfall nur noch den Kindern, nicht jedoch dem Ehegatten gegenüber eine Zahlungspflicht. Abzuwarten bleibt, wie die Rechtsprechung hier den Mangelfall berechnet.[601]

b) Übertragbarkeit der Rechtsprechung

Der BGH stellte bislang lediglich im Rahmen der Unterhaltsverpflichtung gegenüber einem minderjährigen Kind fest, dass eine Antragsobliegenheit zur Einleitung eines Insolvenzverfahrens zur Existenzsicherung besteht und dies nach Abwägung der Vor- und Nachteile und insbesondere unter

---

599 Düsseldorfer Tabelle zum 01. Januar 2013.

600 *Hauß*, FamRZ 2006, S. 306 ff.

601 Streitig: *Vossenkämper*, FamRZ 2008, S. 201, 210; *Scholz*, FamRZ 2007, S. 2021,2029; *Hauß*, FamRZ 2008, S. 52.

der Berücksichtigung, dass diese nicht durch eigene Erwerbstätigkeit ihren notwendigen Lebensbedarf decken können.

Zu untersuchen ist, ob sich diese Rechtsprechung auch auf Unterhaltsansprüche gegenüber dem Ehegatten übertragen lässt. Der geschiedene Ehegatte steht im Mangelfall nach der Reform des Unterhaltsrechts vom 1. Januar 2008 hinter dem minderjährigen unterhaltsbedürftigen Kind, vgl. § 1609 BGB. Im Falle des Unterhaltsanspruchs nach § 1603 Abs. 2 BGB ist der Vermögensstamm neben den Einkünften einzusetzen,[602] beim Trennungsunterhalt sind hingegen die Grundsätze des § 1581 S. 2 BGB entsprechend heranzuziehen. Daraus folgt eine Verwertungspflicht lediglich dann, wenn die Verwertung nicht unwirtschaftlich oder unter Berücksichtigung der beiderseitigen wirtschaftlichen Verhältnisse nicht unbillig ist.

Der Unterhaltsanspruch eines geschiedenen Ehegatten nach § 1569 BGB ist weniger schutzwürdig im Vergleich zu dem Unterhaltsanspruch des Kindes nach § 1603 BGB, bei welchem für den Mindestunterhalt ein vereinfachtes Unterhaltsverfahren durchgeführt wird und die Darlegungs- und Beweislast beim Unterhaltsschuldner liegt. Der Ehegatte ist hingegen erst nachrangig unterhaltsberechtigt und dem Grunde nach für sich selbst verantwortlich.[603]

---

602 OLG Dresden FamRZ 1999, S. 396; *Luthin/Koch/Kamm/Schumacher*, Handbuch des Unterhaltsrechts, Rn. 3192; vertiefend zum unterhaltsrechtlich relevanten Einkommen, vgl. *Stumpe*, Verbraucherinsolvenz als aktives Instrument familienrechtlicher Unterhaltsgestaltung, S. 25 ff.

603 Der Anspruch des Ehegatten besteht lediglich, wenn Bedarf, Bedürftigkeit und Leistungsfähigkeit zusammenfallen. Da der Bedarf sich nach den ehelichen Lebensverhältnissen bestimmt, sind Verbindlichkeiten unterhaltsmindernd, wenn sie bereits die ehelichen Verhältnisse geprägt haben. Auch trennungsbedingte Verbindlichkeiten sind in Ansatz zu bringen, wie z.B. Umzugskosten, Verfahrens- und Prozesskosten, die mit der Scheidung im Zusammenhang stehen, sowie Kosten für getrennte Ehewohnungen. Die Bedürftigkeit richtet sich danach, ob der Berechtigte sich selbst unterhalten kann. Auf der Ebene der Leistungsfähigkeit ist schließlich zu prüfen, ob der Unterhaltspflichtige auch leisten kann. Dabei sind grundsätzlich alle Verbindlichkeiten abzuziehen, unabhängig davon, ob es

Die Rangfolge im Mangelfall sowie die unterschiedliche Schutzwürdigkeit der Unterhaltsverpflichteten muss im Abwägungsprozess, ob wegen Unterhaltsverpflichtungen ein Insolvenzverfahren einzuleiten ist, berücksichtigt werden, insbesondere wenn man entgegen dem hier vertretenen Ergebnis mit der Rechtsprechung dazu kommt, dass die Obliegenheit der Einleitung eines Insolvenzverfahrens besteht.

Die unterschiedliche Schutzwürdigkeit der Unterhaltsverpflichteten spricht insoweit gegen die Übertragbarkeit dieser Rechtsprechung. Auch muss wohl bezüglich der unterschiedlichen Unterhaltstatbestände differenziert werden. Unterhaltstatbestände nach §§ 1361, 1570 InsO wegen Betreuungsunterhalt erscheinen schutzwürdiger als z.B. ein Aufstockungsunterhalt. Hier könnte die Kernbereichslehre des BGH herangezogen werden, wonach die Schutzwürdigkeit der unterhaltsrechtlichen Ansprüche in verschiedene Stufen einzuteilen wäre.

Nachdem das OLG Koblenz[604] noch 2004 für den Fall des Ehegattenunterhalts eine Obliegenheit zur Einleitung des Verbraucherinsolvenzverfahrens bei nachhaltiger Überschuldung (unangemessen hohe Verbindlichkeiten im Verhältnis zum Einkommen) bejahte, stellte das Oberlandesgericht bereits 2005 fest, dass anders als gegenüber minderjährigen, unverheirateten Kindern und diesen gleichgestellten, gegenüber der Mutter des gemeinsamen Kindes, die einen Unterhaltsanspruch nach § 1615l Abs. 1, 2 BGB habe, keine Obliegenheit zur Einleitung eines Insolvenzverfahrens bestehe. Vielmehr habe der BGH lediglich im Falle

---

sich um Unterhalts- oder sonstige Verbindlichkeiten handelt. Es zählt dabei vor allem der Grundsatz, dass der unterhaltsbegünstigte Ehegatte nach Trennung und Scheidung nicht besser gestellt sein soll, als er bei Fortbestand der Ehe stünde. Allerdings soll der Ehegatte auch nicht schlechter gestellt sein. (vgl. BGH NJW 1982, S. 232) Zudem sind die Grenzen des Selbstbehalts und die beschränkenden Regelungen in § 1581 und § 1603 BGB zu beachten.

604 OLG Koblenz NJW 2004, S. 1256; OLG Koblenz NJW-RR 2005, S. 1457 ff.

der gesteigerten Unterhaltspflicht des § 1603 Abs. 2 BGB eine Obliegenheit zur Einleitung einer Verbraucherinsolvenz hergeleitet.

Das OLG Karlsruhe[605] bejahte hingegen eine Übertragbarkeit der Rechtsprechung des BGH nach Ablauf des Trennungsjahres. Der Schuldner sei bereits wegen § 1 InsO unterhaltsrechtlich verpflichtet, da er verpflichtet sei, seine Gläubiger gemeinschaftlich zu befriedigen und nicht vorrangig einzelne Gläubiger.

Das OLG Celle entschied für den Bereich des Trennungsunterhalts, dass ein in Anspruch genommener Ehegatte unterhaltsrechtlich nicht verpflichtet ist, ein Verbraucherinsolvenzverfahren mit Restschuldbefreiung einzuleiten.[606] Diese Entscheidung beruft sich wiederum darauf, dass die Obliegenheit der Einleitung eines Insolvenzverfahrens lediglich in der besonderen Situation der Unterhaltspflicht nach § 1603 Abs. 1, 2 BGB gegeben sei. Es bestehe im Verhältnis zu einem trennungsunterhaltsberechtigten Ehegatten keine vergleichbare Verpflichtung. Der jeweilige Ehegatte müsse vielmehr weiterhin die in den ehelichen Lebensverhältnissen angelegte Verschuldung bzw. die in der Ehe begründeten Verbindlichkeiten mittragen. Lediglich im Falle des tatsächlichen Berufens auf Vollstreckungsschutzvorschriften nach §§ 850 ff. ZPO müsse dieser Vorteil dann auch weitergereicht und die gesteigerte Leistungsfähigkeit bei der Berechnung der Höhe des Unterhalts berücksichtigt werden.

Der BGH[607] schloss sich in seiner Entscheidung vom 12. Dezember 2007 der letztgenannten Auffassung unter ausdrücklicher Verweisung auf das neue Unterhaltsrecht an. Danach lässt sich gegenüber einem Trennungsunterhalt begehrenden Ehegatten, welcher in zumutbarer Weise keine bedarfsdeckenden Einkünfte erzielt, die Obliegenheit der Einleitung eines Verbraucherinsolvenzverfahrens lediglich aus besonders gewichtigem Grund rechtfertigen, um die wirtschaftliche Selbstbestimmung des

---

605 OLG Karlsruhe FamRZ 2004, S. 656.

606 OLG Celle FamRZ 2006, S. 1536.

607 BGH NJW 2008, S. 851.

Unterhaltsschuldners in der Abwägung der gegenüberstehenden Werte – nacheheliche Solidarität *contra* Eigenverantwortung – zu „überbieten“. Der BGH betonte, dass die Obliegenheit der Insolvenzeinleitung gegenüber minderjährigen Kindern aus dem verfassungsrechtlichen Gebot des Art. 6 Abs 2 und 5 GG resultiere, wonach den Eltern die Pflege und Erziehung der Kinder obliege. Solche Überlegungen seien hingegen auf den Ehegattenunterhalt nicht übertragbar, da jeder grundsätzlich selbst für seinen Unterhalt sorgen müsse, die Nachteile der Verbraucherinsolvenz die wirtschaftliche Selbständigkeit zu stark einschränkten und deshalb nicht zumutbar seien.

Damit hatte der BGH ausdrücklich bereits die am 1. Januar 2008 in Kraft getretene Unterhaltsrechtsreform im Blick, welche lediglich die minderjährigen und ihnen gleichgestellten Kinder im ersten Rang privilegiert, vgl. §§ 1609, 1603 Abs. 2 S. 2 BGB (n.F.) Außerdem könne dem Schuldner nicht zugemutet werden, sich nicht auf die Pfändungsfreigrenze der ZPO zu berufen, wenn ihm nicht im Ausgleich das Verbraucherinsolvenzverfahren mit ihrer Restschuldbefreiung zur Verfügung stünde. Dies begründete der BGH damit, dass die betragsmäßig erhöhte Unterhaltspflicht ansonsten nicht zumutbar wäre.

Laut BGH soll also im Rahmen von Unterhaltsansprüchen minderjähriger Kinder trotz erheblicher ehebedingter Schulden die Unterhaltspflicht weitestgehend erfüllt werden.[608] Auf Ehegatten ließe sich diese Argumentation jedoch nicht ohne weiteres übertragen. Unter Umständen haben die Ehegatten die Verschuldung zusammen zu verantworten. In jedem Fall ist der Ehegatte grundsätzlich aber auch eher in der Lage für seinen eigenen Unterhalt zu sorgen. Insbesondere durch die Stärkung der Eigenverantwortung im Rahmen der Unterhaltsrechtsreform ist die Selbtverantwortung weiter in den Fordergrund gerückt worden. Den Unterhaltsschuldner deshalb in ein Insolvenzverfahren zu zwingen, ist also schwer vertretbar. Teilweise wird daher vertreten, dass – der höchstrich-

608 BGH FamRZ 2005, S. 608, nochmals für minderjährige Kinder bestätigt durch BGH NJW 2008, S. 851.

terlichen Rechtsprechung folgend – lediglich die Obliegenheit der Einleitung eines Insolvenzverfahrens besteht, wenn Unterhaltsberechtigte des ersten Ranges betroffen sind; Unterhaltsansprüche niedrigerer Ränge genügen nicht.[609]

Zu untersuchen ist außerdem, was die ehelichen Lebensverhältnisse prägt. Bestanden bereits während der Ehe hohe Verbindlichkeiten, die auch in entsprechendem Umfang über das vollstreckungsrechtlich Verbindliche hinaus abbezahlt wurden, so erscheint es konsequent, dies auch nach der Ehe fortzuführen.[610] Haben die Einkünfte der Ehegatten bereits während der Ehe nicht zur Finanzierung des Lebensstils ausgereicht, so besteht bei nachehelicher Schuldentilgung ein überhöhter Bedarf im Vergleich zu der Leistungsfähigkeit. Werden die Einkünfte des Unterhaltsverpflichteten durch die Trennung und Scheidung vermindert, so bestimmt dies die ehelichen Lebensverhältnisse; anders jedoch, wenn es dem Unterhaltsschuldner zumutbar ist, gewisse Einkommensquellen zu erschließen, wie das Nutzen steuerlicher Vorteile, Beantragung von Arbeitslosengeld etc.[611]

Bei der Prüfung der eventuellen Unzumutbarkeit der Eröffnung eines Insolvenzverfahrens ist weiterhin danach zu differenzieren, ob der Unterhalt zur Existenzsicherung oder vielmehr zum Erhalt des Lebensstandards benötigt wird, so z.B. beim Aufstockungsunterhalt, da die Unterhaltsansprüche nicht inhaltlich gleichwertig sind. Auch eine eigene Erwerbsobliegenheit bleibt zu prüfen. So kann z.B. die Obliegenheit der Eröffnung eines Insolvenzverfahrens entfallen, wenn es dem Unterhaltsschuldner gelingen sollte, sämtliche relevanten Schulden mit einem neuen langfristigen Kredit abzulösen.[612] In jedem Fall sind die Ehegatten eher in

---

609 *Melchers*, NJW 2008, S. 806.

610 *Hauß*, FamRZ 2006, S. 1496, 1499 schlägt eine Bewertung der Unterhaltspflicht des Ehegatten anhand der tatsächlichen Lebensverhältnisse und Verschuldensursachen vor.

611 Vgl. OLG Hamm FamRZ 1999, S. 101; OLG Zweibrücken FamRZ 1997, S. 837; OLG Koblenz FamRZ 1999, S. 837.

612 So OLG Hamm NZI 2007, S. 299 = NJW-RR 2007, S. 866.

die Verantwortung für die Verschuldung zu ziehen als die minderjährigen Kinder, da sie das ökonomische Verhalten in der Ehe gemeinsam bestimmen können. Kinder hingegen müssen sich das ökonomische Verhalten ihrer Eltern nicht zurechnen lassen. Schließlich sprechen die dargestellten Nachteile des Insolvenzverfahrens gegen eine entsprechende Obliegenheit.

c) Zwischenergebnis

Im Ergebnis besteht lediglich im Ausnahmefall sehr selten eine den Unterhaltsgläubiger vermeintlich begünstigende Obliegenheit des Schuldners zur Einleitung eines Insolvenzverfahrens. Hier ist insbesondere nicht der Rechtsprechung des BGH zu folgen, welche nach Abwägung aller Umstände des Einzelfalls die Obliegenheit zur Einleitung eines Insolvenzverfahrens wegen Unterhaltsansprüchen von unterhaltsberechtigten minderjährigen Kindern annimmt. Zum einen wirkt sich die Einleitung eines Insolvenzverfahrens nicht nur positiv auf die Ansprüche des Unterhaltsgläubigers aus. Seine Unterhaltsansprüche unterliegen dem Restschuldbefreiungsverfahren und laufender Unterhalt fällt nicht mit in die Insolvenzmasse. Zum anderen entstehen durch die Einleitung eines Insolvenzverfahrens vorrangig zu befriedigende Kosten. Die schlichte Möglichkeit der Stundung ändert hieran nichts.

Folgt man jedoch entgegen der hier vertretenen Auffassung der Rechtsprechung des BGH zur Obliegenheit der Einleitung eines Insolvenzverfahrens gegenüber minderjährigen unterhaltsbedürftigen Kindern, so ist diese Rechtsprechung zumindest nicht auf eine Unterhaltsverpflichtung gegenüber dem Ehegatten übertragbar. Dies entschied so auch der BGH. Im Rahmen der Abwägung der Zumutbarkeit der Einleitung eines Insolvenzverfahrens erscheint es vielmehr als angemessen, dass die Ehefrau die Schulden unterhaltsrechtlich mittragen muss, die sich im Rahmen der gemeinsamen Ehe angesammelt haben und auch den Lebensstandard prägten.

Zudem überwiegen die Vorteile der Einleitung eines Insolvenzverfahrens nicht dessen Nachteile, so dass das Interesse des Unterhaltsberechtigten überhaupt fraglich ist. So partizipiert der unterhaltsberechtigte Ehegatte geringer an den Pfändungsfreibeträgen im Rahmen des Insolvenzverfahrens, da der Unterhaltsschuldner dem berechtigten Ehegatten gegenüber einen höheren Selbstbehalt geltend machen kann, als seinen unterhaltsberechtigten minderjährigen Kindern gegenüber. Es könnte allerdings zielführend sein eine Obliegenheit auch gegenüber dem Ehegatten zu sehen und sich auf die bestehenden Pfändungsfreigrenzen Dritten gegenüber zu berufen, vergleichbar mit der Obliegenheit die günstigste Steuerklasse zu wählen.

V. Besonderheit bei einer Unterhaltsrente in Form einer Kapitalabfindung

Haben die Ehegatten anstelle einer normalen Unterhaltsrente eine Kapitalabfindung gemäß §§ 1585 Abs. 2, 1615e BGB vereinbart, die vor der Eröffnung des Insolvenzverfahrens entstanden und fällig geworden ist, so stellt dies eine Insolvenzforderung i.S.d. § 38 InsO dar. Als solche wird diese Forderung gemäß § 174 Abs. 1 InsO zur Tabelle angemeldet.[613] Fraglich ist jedoch, ob diese Forderung in gleicher Weise behandelt wird, wenn sie erst nach Verfahrenseröffnung fällig wird. Nach der allgemein vertretenen Auffassung sollen die zum Zeitpunkt der Insolvenzeröffnung noch nicht fälligen Forderungen nicht Insolvenzforderung werden. Dies wird damit begründet, dass eine solche Forderung nicht dem Geltungsbereich des § 850d ZPO unterliege. Die Abgrenzung für § 40 InsO soll somit nicht übernommen werden.[614] Nach einer Ansicht wird vertreten,

---

613 *Keller*, NZI 2007, S. 143; *Uhlenbruck*, InsO, § 40 Rn. 4; *ders.*, KTS 1999, S. 413, 420; *Kölner Schrift/Kohte*, S. 799, Rn. 62.

614 *Kölner Schrift/Kohte*, S. 781, 799, Rn. 62.; *Uhlenbruck*, KTS 1999, S. 413, 420; *Boewer/Bommermann*, Lohnpfändung und Lohnabtretung in

dass nur ein Teil der Abfindung als Insolvenzforderung behandelt werden sollte, und zwar der Teil, welcher – den gesetzlichen Zugewinnausgleich zugrunde gelegt – zum Zeitpunkt bis zur Eröffnung des Insolvenzverfahrens bereits entstanden war. Dabei wird darauf verwiesen, dass § 40 S. 1 InsO lediglich auf Unterhaltsansprüche nach § 1586b und § 1615n i.V.m. §§ 1615l, 1615m BGB verweist, d.h. den Unterhalt geschiedener Ehegatten bzw. den Unterhalt wegen Geburt eines unehelichen Kindes.[615]

VI. Pfändbarkeit von Unterhaltsansprüchen

1. Allgemeines

Die Pfändbarkeit gesetzlicher Unterhaltsansprüche ist, wie bereits dargestellt, in mehrfacher Hinsicht beschränkt und damit dem Zugriff der Gläubiger entzogen. Die Einordnung eines Anspruchs als pfändbar oder unpfändbar hat auch im Falle der Insolvenz Bedeutung. Grundsätzlich ist das gesamte Vermögen des Schuldners sowie der Neuerwerb während des Verfahrens pfändbar und gehört damit zur Insolvenzmasse, vgl. § 35 InsO. § 36 Abs. 1 S. 1 InsO schränkt diesen Grundsatz jedoch dahingehend ein, dass unpfändbare Gegenstände nicht massezugehörig sind. Der Zwangsvollstreckung nicht unterliegende Gegenstände gehören also auch nicht zur Insolvenzmasse. Mit dem Gesetz zur Änderung der Insolvenzordnung[616] wurde in § 36 Abs. 1 InsO ein zweiter Satz eingefügt.

Recht und Praxis, Rn. 585; *Stein/Jonas/Brehm*, § 850d Rn: 10; *Stöber*, Rn. 1077.

615 Differenzen bestehen außerdem bei der Einordnung von Abfindungen, welche erst nach Verfahrenseröffnung fällig geworden sind, vgl. *Kölner Schrift/Kohte*, S. 781, 799, Rn. 62; a.A. *Häsemeyer*, Insolvenzrecht, S. 295, Rn. 16.19.

616 Gesetz zur Änderung der Insolvenzordnung und anderer Gesetze, am 26.10.2001 (BGBl. I S. 2710) in der vom Bundestag am 28. Juni 2001 be-

Danach gelten die §§ 850, 850a, 850c, 850e, 850f Abs. 1, § 850g bis § 850i ZPO entsprechend. Der Schuldner soll wie bei der Zwangsvollstreckung auch im Falle der Einleitung eines Insolvenzverfahrens vor Kahlpfändung geschützt werden.[617]
Die Pfändungsschutzvorschriften verfolgen dabei unterschiedliche Ziele. Auf der einen Seite bestehen Schutzvorschriften, welche die Grundsicherung des Schuldners schützen sollen, auf der anderen Seite sollen Pfändungsverbote – auf Grund der höchstpersönlichen Natur bestimmter Ansprüche – es dem Schuldner vorbehalten, ob dieser derartige Ansprüche geltend macht. Die Pfändungsschutzvorschriften greifen bei der Insolvenz von Privatpersonen in gleicher Weise wie bei der Einzelzwangsvollstreckung.[618] Eine andere Vorgehensweise hätte eine nicht zu rechtfertigende Ungleichbehandlung zwischen Insolvenzschuldner und Vollstreckungsschuldner zur Folge.[619]

Eine Pfändung von Trennungsunterhalt und nachehelichem Unterhalt, welche grundsätzlich als Geldrenten zu leisten sind, ist nach § 850b Abs. 1 Nr. 2 ZPO in der Einzelzwangsvollstreckung nur bedingt zulässig.[620] Der Anspruch auf Familienunterhalt ist als zweckgebundener Anspruch nach § 851 ZPO unpfändbar.[621]

Eine Vollstreckung nach § 850b Abs. 1 S. 2 ZPO ist nur unter Beachtung der Grenzen der § 850c ff. ZPO möglich. Dies setzt voraus, dass eine Vollstreckung in das sonstige Vermögen den Gläubiger nicht befriedigt

---

schlossenen Fassung (BT-Drucks. 14/6468) verkündet und trat am 01. Dezember 2001 in Kraft.

617 *MüKo-InsO/Peters*, § 36 Rn. 1.

618 *MüKo-InsO/Peters*, § 36 Rn. 6.

619 *MüKo-InsO/Peters*, § 36 Rn. 42.

620 *MüKo-InsO/Peters*, § 36 Rn. 43; gleiches gilt für den Unterhalt der Mutter des nichtehelichen Kindes nach § 1615l BGB.

621 *Braun*, AcP 195, S. 311, 315, 336 f., 340 ff.; *Derleder*, JurBüro 1994, S. 129 ff.; *Schmid*, JurBüro 1988, S. 1105, 1110, 1116 f.

und die Pfändung der Billigkeit entspricht, d.h. der Höhe des Anspruchs bzw. der Schutzbedürftigkeit des Gläubigers.[622]

2. Pfändbarkeit des Taschengeldanspruchs

Eine Ausnahme zu dem eben dargestellten Grundsatz stellt nach h.M. der „Taschengeldanspruch" des Ehegatten dar, welcher kein eigenes Einkommen ist. Der „Taschengeldanspruch" ist gesetzlich nicht geregelt, leitet sich jedoch aus der Familienunterhaltspflicht nach den §§ 1360, 1360a BGB ab. Der Anspruch auf „Taschengeld" wird nicht durch Vereinbarung der Ehegatten bzw. Organisationsakt begründet, er entsteht vielmehr automatisch.[623]

Für die Befriedigung der Gläubiger ist daher nicht die individuelle Handhabung der Ehegatten entscheidend, sondern allein die materielle Rechtslage.[624] Es bedarf keiner vertretbaren Handlung zur Begründung des Anspruchs, da der Taschengeldanspruch sich direkt aus dem Gesetz herleitet. Da der unterhaltsverpflichtete Ehegatte keinerlei Einflussmöglichkeit auf die Verwendung des Taschengeldes hat, kann die Erfüllung des Anspruchs nicht als im Rahmen der Herstellung des ehelichen Lebens geleistet angesehen werden.[625] Der Anspruch auf „Taschengeld" unterliegt keiner Zweckbindung. Er soll vielmehr dem Ehegatten die Befriedigung seiner persönlichen Bedürfnisse nach eigenem Gutdünken und unabhän-

---

622 *MüKo-InsO/Peters*, § 36 Rn. 43; kritisch bzgl. des Elements der Billigkeit: *Foerste*, NJW 06, S. 2945 ff.

623 BGH NJW 1998, S. 1553, 1555; *Büttner*, FamRZ 1994, S. 1433, 1439; vertiefend vgl. *Röwekamp*, Der Taschengeldanspruch unter Ehegatten und seine Pfändbarkeit.

624 BVerfG NJW 1985, S. 143; BVerfG FamRZ 1986, S. 773; BGH NJW 1998, S. 1553.

625 *Büttner*, FamRZ 1994, S. 1433, 1439; *Derleder*, JurBüro 1994, S. 195.

gig von der Mitsprache des Ehegatten ermöglichen.[626] Daher kann das „Taschengeld" auch zur Schuldentilgung verwendet werden.[627]

Verheiratete bzw. wiederverheiratete Schuldner wählen auf Grund der drohenden Vollstreckung in das pfändbare Arbeitseinkommen häufig die Rolle der Hausfrau bzw. des Hausmanns, da sich insoweit eine Arbeit für sie nicht lohnen würde. Da der Schuldner dann kein pfändbares Einkommen hat, verbleibt den Gläubigern grundsätzlich keine Möglichkeit der Pfändung.

Fraglich in diesem Zusammenhang ist jedoch, ob ein Anspruch auf Taschengeld gegenüber dem in häuslicher Gemeinschaft lebenden Ehegatten eine pfändbare Unterhaltsrente i.S.d. § 850b Abs. 1 Nr. 2 ZPO darstellt. Nach h.M.[628] besteht die Möglichkeit der Pfändung des „Taschengeldanspruchs" in dem beschränkten Rahmen des § 850b Abs. 1 Nr. 2, Abs. 2 ZPO i.V.m. §§ 850c ff. ZPO. Dementsprechend besteht *de facto* in der Praxis lediglich ein pfändbarer Taschengeldanspruch, wenn der dem Schuldner Unterhaltsverpflichtete über ein außerordentlich hohes Einkommen verfügt.[629] Ansonsten wird dieses schon durch den notwendigen Grundbedarf der Familienmitglieder restlos aufgezehrt.[630]

Nach teilweise vertretener anderer Auffassung ist der Taschengeldanspruch des Ehegatten wegen § 120 Abs. 3 FamFG (§ 888 Abs. 3 ZPO (a.F.)) hingegen unpfändbar.[631]

---

626 BVerfG NJW 1985, S. 1211; BGH NJW 1998, S. 1553, 1554; BGH NJW 2004, S. 674, 676.

627 KG, NJW 2000, S. 149, 150; *Smid*, JurBüro 1988, S. 1105.

628 BGH NJW 2004, S. 2450; *Gernhuber/Coester-Waltjen*, Lehrbuch des Familienrechts, § 21 I Rn. 15; *MüKo/Weber-Monecke*, § 1360 Rn. 22; nach a. A. ist der Taschengeldanspruch ein mit dem Gesetz unvereinbare Fehlkonstruktion; *Braun*, NJW 2000, S. 97 ff.

629 *Giers*, FamRB 2006, S. 307, 310.

630 BGH NJW 1998, S. 1553, 1554.

631 *Prütting/Helms*, § 120 Rn. 13; zu der früheren Regelung in § 888 Abs. 3 ZPO: *MüKo-ZPO/Smid*, § 850b Rn. 6; *Smid.*, JurBüro 1988, S. 1105, 1113, 1114.

Der Taschengeldanspruch des Schuldners dem unterhaltsverpflichteten Ehegatten gegenüber beträgt 5 % bis 7 % des nach Abzug der Schulden und vorrangigen Unterhaltspflichten bereinigten Nettoeinkommens,[632] wobei nach der Rechtsprechung des BGH das Bestehen und die Bemessung der Höhe des „Taschengeldanspruchs" für dessen tatsächliche Pfändbarkeit ohne Bedeutung.[633]

Eine Pfändbarkeit ist lediglich gegeben, wenn die Freigrenze des § 850c ZPO bzw. bei privilegierten Forderungen die Freigrenze des § 850d ZPO übersteigen würde. Insbesondere ist laut BGH auf die Billigkeit der Taschengeldpfändung nach den Umständen des Einzelfalls abzustellen, vgl. § 850b Abs. 2 ZPO. Die faktische Mithaftung der Familie schließt die Zulässigkeit der Pfändung dabei nicht aus, da es bei verheirateten Schuldnern immer zu faktischen Beeinträchtigungen der Familieninteressen kommt.[634] Schließlich ist eine solche Pfändung auch verfassungsmäßig.[635] Allerdings setzt § 850b Abs. 2 ZPO eine nachrangige Pfändung voraus, es müssen zuerst vorrangige Befriedigungsmöglichkeiten ausgeschöpft werden. Zudem muss die Pfändung der Art und Entstehung des Anspruchs nach bzw. im Verhältnis zu der Höhe der Bezüge billig sein.[636] Sind diese Voraussetzungen gegeben, so darf nach § 850b Abs. 1 S. 2 BGB gepfändet werden.

---

632 BGH NJW 1998, S. 1553, 1554; BGH NJW 2004, S. 674, 677; krit.: *Braun*, AcP 195, S. 311, 321 ff.; *ders.*, NJW 2000, S. 97, 98; *Haumer*, FamRZ 1996, S. 193.

633 BGH NJW 2004, S. 2450; 2451; a.A. *Stöber*, Forderungspfändung, Rn. 1015; *Zöller/Stöber*, ZPO, § 850b Rn. 18 f.

634 BGH NJW 2004, S. 2450, 2451.

635 BVerfG NJW 1985, S. 1211; BVerfG FamRZ 1986, S. 773; *Gernhuber/Coester-Waltjen*, Lehrbuch des Familienrechts, § 21 I Rn. 16; *Müko-ZPO/Smid*, § 850b Rn. 6; *Derleder*, JurBüro 1988, S. 195, 197; *Soergel/Lange* (13. Aufl.), § 1360a Rn. 18.

636 Vgl. im Einzelnen: BGH NJW 1969, S. 252, 253; OLG München FamRZ 1988, S. 1161, 1165; OLG Hamm RPfleger 2002, S. 161; OLG Schleswig RPfleger 2002, S. 87, 88; OLG Stuttgart FamRZ 1997, S. 1494, 1495; OLG Köln FamRZ 1995, S. 309, 310; *Schuschke/Walker*, § 850b Rn. 3; *Musielak/Becker*, § 850b Rn. 4, 11; *Zöller/Stöber*, ZPO, § 850b Rn. 18 f.;

Zur Durchsetzung seines Anspruchs muss der Gläubiger die Drittschuldnerklage anstreben, in welchem er selbst darlegungs- und beweislastbelastet ist.[637]

VII. Ergebnis

Durch die Einführung der Insolvenzordnung ist der Einfluss der staatlichen Schuldenregulierung auf die unterhaltsrechtlichen Beziehungen gewachsen, indem sich nun auch Verbraucher nach gesetzlichen Voraussetzungen entschulden können. Durch die Möglichkeit des Restschuldbefreiungsverfahrens auch bei Verbrauchern verlagert sich das Insolvenzrisiko zudem zumindest teilweise wieder zurück zu den Gläubigern und weg von den Sozialämtern, Unterhaltsvorschusskassen und Arbeitsämtern. Dadurch wird einer Risikoverlagerung von Privaten auf die öffentliche Hand entgegengewirkt. Dies ist zu begrüßen, da die Allgemeinheit bzw. die Gesamtheit der Steuerzahler letztendlich nicht für Sozialleistungen aufkommen sollte, welche überschuldete Privatpersonen verursachen, während die Forderungen der jeweiligen Vertragspartner befriedigt werden. Diese haben die Möglichkeit der Bonitätsprüfung und tragen somit als Kehrseite der Gewinnerzielung das Insolvenzrisiko ihres Vertragskontrahenten.

Die Rechtsstellung der Unterhaltsgläubiger hat sich allerdings auch im Insolvenzfall des Unterhaltsverpflichteten durch die Einbeziehung des Neuvermögens in die Insolvenzmasse erheblich verschlechtert.[638] Auch der Umstand, dass rückständige Unterhaltsansprüche nunmehr gänzlich

---

OLG Stuttgart FamRZ 1997, S. 1494, 1495; OLG Köln FamRZ 1995, S. 309, 310.

637 Vgl. vertiefend *Röwekamp*, Der Taschengeldanspruch unter Ehegatten und seine Pfändbarkeit.

638 *Uhlenbruck*, FamRZ 1993, S. 1026, 1028; *ders.*, FamRZ 1998, S. 1473; *Döbereiner*, Die Restschuldbefreiung nach der Insolvenzordnung, S. 1; *Häsemeyer*, Insolvenzrecht, Rn. 16.19; Fn. 48. Siehe auch BT-Drucks 12/7302, S. 167, abgedr. *Uhlenbruck*, Das neue Insolvenzrecht, S. 422.

von der Restschuldbefreiung im Verbraucherinsolvenzverfahren umfasst sind, stellt eine starke Schwächung der Position der Unterhaltsgläubiger dar.

Eine Obliegenheit zur Einleitung eines Verbraucherinsolvenzverfahrens ist nach hier vertretener Auffassung jedoch weder im Falle der Unterhaltsforderung eines minderjährigen Kindes noch bei Unterhaltsforderungen des Ehegatten zu bejahen.

Die schlechte Stellung der Unterhaltsansprüche entspricht jedoch im Ergebnis nicht der Begründung des Regierungsentwurfs zur Reform des Insolvenzrechts. Durch den Schuldenbereinigungsplan nach § 305 InsO sollte eigentlich klargestellt werden, dass den Unterhaltsverpflichtungen des Schuldners eine hohe Bedeutung zukommt, da die Familienverhältnisse als besonders „beachtlich" erklärt wurden. Eine solch fakultative und unbestimmte Floskel in § 305 InsO kann jedoch schwerlich dieses Ziel erreichen. Insbesondere, da ansonsten unverändert die Unterhaltsansprüche der Familienangehörigen im Insolvenzverfahren unbeachtlich sind. Es ist daher unklar, warum der Gesetzgeber neben dem laufenden Unterhalt nicht auch den rückständigen Unterhalt von der Restschuldbefreiung ausgenommen hat.[639]

Allerdings können die Unterhaltsgläubiger im Bereich der Verbraucherinsolvenz zumindest die Hoffnung haben, im gerichtlichen Schuldenregulierungsplan ausreichend bedacht zu werden. Andererseits kann auf rückständige Unterhaltsforderungen im Schuldenregulierungsplan gemäß § 397 BGB verzichtet werden, wobei den Regelungen im Schuldenbereinigungsplan wiederum ausdrückliche gesetzliche Grenzen aufgezeigt wurden.

Den Unterhaltsgläubigern verbleibt im Ergebnis nur noch der Zugriff auf den Differenzbetrag zwischen Pfändungsfreigrenze und Existenzminimum. Dies befriedigt jedoch in der Regel nicht ausreichend. Daraus folgt, dass für die Unterhaltsschuld das Sozialamt aufkommt, d.h. eine

---

639 Vgl. *Häsemeyer*, Insolvenzrecht, S. 578, Rn. 26,62.

maximale Entschuldung zu Gunsten der Gläubiger des Unterhaltsschuldners von der Allgemeinheit getragen wird.

Auch der Umstand, dass die Gläubigerversammlung nach freiem Ermessen entscheidet, ob Unterhalt geleistet wird oder nicht, verbessert diese Situation nicht. Vielmehr hat dies zur Folge, dass meist kein zusätzlicher Unterhalt aus der Insolvenzmasse gezahlt wird. Hierzu sind die Gläubiger insbesondere nicht bereit, da die Masse bei der Verbraucherinsolvenz meist an sich bereits gering ist und die Restschuldbefreiung im späteren Verlauf des Verfahrens durchgeführt wird.[640] Um zu vermeiden, dass der dem Schuldner verbleibende Unterhalt unter das Sozialhilfeniveau sinkt verweist § 36 Abs 1 InsO auf die Bestimmungen der §§ 850 ff. InsO. Dies muss auch im Falle der Insolvenz gewährleistet sein. Die Gläubigerversammlung kann lediglich über die Vermögensteile entscheiden, welche den Selbstbehalt gemäß §§ 850 ff. ZPO übersteigen. Lediglich das übersteigende Vermögen gehört zur Masse.[641] Vollstreckungsgläubiger sollen ihre Interessen nicht zu Lasten der Allgemeinheit befriedigen können, welche den Schuldner im Mangelfall durch Leistung von Sozialhilfe auffangen muss.

Eine bessere Lösung für die Unterhaltsgläubiger wäre die Erhöhung der Pfändungsfreigrenze, um die Zugriffsspanne deren zu erweitern. Die Unterhaltsgläubiger werden entgegen dem verfassungsrechtlichen Rang solcher familienrechtlicher Ansprüche gegenüber den restlichen Gläubigern insbesondere durch das Restschuldbefreiungsverfahren erheblich beeinträchtigt. Die Privilegierung des Unterhaltsgläubigers stellt somit eine ungerechtfertigte Ausnahme vom Grundsatz der Gläubigergleichbehandlung in der Insolvenzordnung (*par condicio creditorum*) dar.[642]

---

640 *Braun/Bäuerle*, InsO, § 36 Rn. 10; OLG Frankfurt InVo 2000, S. 424, 426.

641 *Mäusezahl*, ZInsO 2000, S. 193, 195.

642 Vgl. Ausführungen von *Bauer*, DZWiR 2007, S. 188 ff.

D. Freiwillige Verzichtserklärungen des insolventen Ehegatten im Insolvenzverfahren

I. Verzicht auf familienrechtliche Positionen

Nach Eröffnung des Insolvenzverfahrens liegt, wie bereits festgestellt, das Verfügungs- und Verwaltungsrecht des Schuldners hinsichtlich der Masse beim Insolvenzverwalter. Wegen des persönlichen Charakters von familienrechtlichen Positionen gilt dieses Prinzip jedoch für diese Ansprüche – wie ebenfalls bereits festgestellt – nur eingeschränkt. Auch der Zugewinnausgleichsanspruch bzw. der Verzicht auf diesen stellt eine familienrechtliche Position dar.

Fraglich ist somit, inwieweit die Mitwirkung des Insolvenzverwalters bei einem Verzicht erforderlich ist oder ob der Zugewinnausgleichsanspruch dem Gläubigerzugriff entzogen werden kann.

1. Verzicht auf Zugewinnausgleichsanspruch

Um einen Zugriff der Gläubiger zu verhindern, könnte der insolvente Ehegatte auf die ihm zustehende Zugewinnausgleichsforderung vertraglich bzw. auf die Durchsetzung seines gesetzlichen Anspruchs verzichten. Diese Situation ist vergleichbar mit dem Verzicht auf einen bereits entstandenen Pflichtteilsanspruch oder dessen Nichtgeltendmachung.

Grundsätzlich ist der Zugewinnausgleichsanspruch ein nur beschränkt verkehrsfähiges Recht. Vor Beendigung des Güterstands der Zugewinngemeinschaft ist die Ausgleichsforderung der Ehegatten untereinander dem Rechtsverkehr entzogen. Erst ab Zeitpunkt der Entstehung ist der Zugewinnausgleichsanspruch übertragbar oder vererblich, vgl. §§ 1378 Abs. 3 S. 1, 2317 Abs. 2 BGB, und damit verkehrsfähig.[643] Nach

643 *Uhlenbruck*, InsO, § 35, Rn. 81.

§ 1378 Abs. 3 S. 3 BGB hat außerdem keiner der Ehegatten die Möglichkeit, vor Beendigung des Güterstandes auf Ausgleichsforderungen zu verzichten.

Der Zugewinnausgleichsanspruch ist allerdings ab Entstehung ein Anspruch nach § 852 Abs. 2 ZPO und als solcher voll verkehrsfähig und damit pfändbar bzw. Teil der Insolvenzmasse, wenn der Anspruch durch Vertrag anerkannt und rechtshängig geworden ist.[644] Dadurch soll vermieden werden, dass der Anspruch gegen den Willen des Berechtigten geltend gemacht werden kann. Dem ausgleichsberechtigten Ehegatten soll vielmehr der Zeitpunkt der Geltendmachung vorbehalten bleiben.[645]

Der ausgleichsverpflichtete Ehegatte hat hingegen keinen Einfluss auf den Zeitpunkt der Geltendmachung des Zugewinnausgleichsanspruchs. Dies stellt sich als grundsätzlich positiv für die Gläubiger des ausgleichsberechtigten Ehegatten dar, da ihr Schuldner den Leistungszeitpunkt des Zugewinnausgleichs bestimmt. Dies wird den Gläubigern indes in der Praxis selten zur Hilfe gereichen, da der ausgleichsberechtigte Ehegatte den Zugewinnausgleichsanspruch erst einmal nicht geltend machen kann, um ihn nicht dem unmittelbaren Zugriff der Gläubiger auszusetzen.

Fraglich ist, ob die Rechtsprechung des BGH[646] zur Pfändbarkeit von Pflichtteilsansprüchen (vor Eintritt der Voraussetzungen des § 852 Abs. 1 ZPO) auch auf Zugewinnausgleichsansprüche Anwendung findet. Der Wortlaut des § 852 Abs. 2 ZPO legt dies zumindest nahe. Die Möglichkeit des Zugriffs der Gläubiger auf den Zugewinnausgleichsanspruch des ausgleichsberechtigten Ehegatten wäre dann wie im Rahmen des Zugriffs auf den Pflichtteilsanspruch zu bejahen.[647] Es käme in diesem Fall daher zu einer Vorverlagerung des Gläubigerzugriffs. Nach

644 *Staudinger/Thiele* (2007), § 1378 Rn. 22; *Müko/Koch*, § 1378, Rn. 18; *Uhlenbruck*, InsO, § 35, Rn. 81.

645 FK-InsO/Schumacher, § 36 Rn. 26.

646 BGH NJW 1993, S. 2876; *Kuchinke*, NJW 1994, S. 1769; OLG Naumburg OLGRspr 40, S. 154; *Zöller/Stöber*, ZPO, § 852, Rn. 5; *Stein/Jonas/Brehm*, § 852 Rn. 2, 6; abweichend: KG JW 1935, S. 3486.

647 So auch *Leipold*, FS Gaul, S. 367, 370.

§ 852 Abs. 1 ZPO ist der Pflichtteilsanspruch lediglich dann der Pfändung unterworfen, wenn er durch Vertrag anerkannt oder rechtshängig geworden ist.

Dies beeinträchtigt die Entscheidungsfreiheit des Zugewinnausgleichsberechtigten (bzw. des Pflichtteilsberechtigten) allerdings nicht. Der Zugewinnausgleichsanspruch gehört zur Masse, wenn er erst während des Insolvenzverfahrens durch Tod einer der Ehegatten, durch Scheidung der Ehe oder im Rahmen der Güterstandsschaukel entstanden ist.[648] Die Dispositionsbefugnis des ausgleichsberechtigten Ehegatten gilt jedoch nicht nur dem ausgleichspflichtigen Ehegatten, sondern auch Dritten gegenüber. Es besteht für den ausgleichsberechtigten Ehegatten weiterhin die Möglichkeit, den Zugriff faktisch dadurch zu verhindern, dass der Anspruch bereits nicht geltend gemacht wird. Die Nichtgeltendmachung des Zugewinnausgleichsanspruchs stellt insoweit keinen Obliegenheitsverstoß i.S.d. § 295 Abs. 1 Nr. 2 InsO dar.[649] Eine analoge Anwendung des § 295 Abs. 1 Nr. 2 InsO scheidet nach dem Wortlaut dieser Norm ebenso aus, wie eine ergänzende Auslegung des § 295 InsO, da dieser keinen Anhaltspunkt dafür gibt, sämtlichen Vermögenserwerb im Laufe des Insolvenzverfahrens abdecken zu wollen. Vielmehr wollte der Gesetzgeber den Altgläubigern nur einen bestimmten Vermögenserwerb zukommen lassen.[650]

Durch die Möglichkeit der Restschuldbefreiung bei der Verbraucherinsolvenz steht es dem Schuldner somit offen, den Zugewinnausgleich erst nach Beendigung des Insolvenzverfahrens und der Wohlverhaltensperiode geltend zu machen und damit gänzlich dem Gläubigerzugriff zu entziehen. Der Schuldner hat somit alles daran zu setzen, ein rechtskräftiges Scheidungsurteil erst nach Abschluss der Wohlverhaltensperiode zu erwirken bzw. erst nach dieser Zeit eine vertragliche Anerkennung des Zugewinnausgleichsanspruchs i.S.d. § 852 Abs. 1 ZPO zu unterschreiben.

---

648 *Leipold*, FS Gaul, S. 367, 370.

649 Obliegenheit auf Grund Erwerbs von Todes wegen.

650 So auch *Leipold*, FS Gaul, S. 367, 373.

Allerdings muss der Schuldner und Zugewinngläubiger dabei beachten, dass der Zugewinnausgleichsanspruch verjährt. Nach der Aufhebung des § 1378 Abs. 4 BGB durch das ErbVerjRÄndG mit Wirkung vom 1. Januar 2010 wurde die Verjährung familienrechtlicher Ansprüche an die Regelverjährung nach § 195 BGB angepasst.[651] Damit beginnt die Verjährung drei Jahre ab Kenntnis bzw. grob fahrlässiger Unkenntnis der Beendigung des Güterstandes. Verjährungsbeginn ist allerdings nach § 199 Abs. 1 BGB erst der Jahresschluss und die Höchstfrist beträgt nach § 199 Abs. 4 BGB 10 Jahre. Dies kann dazu führen, dass der Zugewinnausgleichsanspruch zwar nicht dem Gläubigerzugriff unterliegt, da die sechsjährige Wohlverhaltensperiode überstanden ist, der ausgleichsverpflichtete Ehegatte dem Zugewinngläubiger jedoch die Einrede der Verjährung entgegen halten kann. Dieser Gefahr könnten die Ehegatten wiederum damit begegnen, dass sie die Verjährung des Anspruchs ehevertraglich verlängern. Die Verjährungsregelungen sind grundsätzlich dispositives Recht, es besteht lediglich die Grenze des § 202 Abs. 2 BGB, wonach die Verjährungsfrist nicht die Dauer von 30 Jahren überschreiten darf.

2. Freiwilliger Zugewinnausgleich

Der Umstand, dass ein faktischer Verzicht auf den Zugewinnausgleichsanspruch auf Seiten des Zugewinnausgleichsberechtigten möglich ist, wirft die Frage auf, ob im umgekehrten Fall das Gläubigerschutzinteresse auf Seiten des ausgleichsverpflichteten Ehegatten einer Herbeiführung eines freiwilligen Zugewinnausgleichs entgegensteht oder die familienrechtlichen und innerehelichen Interessen überwiegen. Diese Frage wurde bereits im Rahmen der Untersuchung von ehevertraglichen Vereinbarungen vor Einleitung eines Insolvenzverfahrens erörtert. In diesem Fall schienen die Gläubigerinteressen den berechtigten eheinternen Interessen

---

651 *Palandt/Ellenberger*, § 197 Rn. 6.

nicht entgegenzustehen, außer wenn der vordringliche Zweck der Regelung die Gläubigerbenachteiligung ist.

Grundsätzlich ist ein vorweggenommener Zugewinnausgleich dem Bürgerlichen Gesetzbuch fremd, d.h. eine güterrechtliche Auseinandersetzung unabhängig von einer Beendigung des Güterstandes i.S.d. § 1378 Abs. 3 S. 1 BGB ist grundsätzlich nicht vorgesehen. Davon ausgenommen sind die seltenen Fälle der §§ 1385 f. BGB.[652] Allerdings ist den Ehegatten grundsätzlich nicht verwehrt, während der Ehe einen „echten Zugewinnausgleich" gemäß §§ 1372 ff. BGB durchzuführen. Ein solcher Wechsel des Güterstands verwirklicht die legitime Teilhabe am ehelichen Vermögenserwerb und unterliegt der individuellen Gestaltung der Ehegatten.[653] So können Ehegatten im Rahmen der „Güterstandsschaukel" den Güterstand der Gütertrennung vereinbaren – dies auch nur für eine juristische Sekunde – und gleich im Anschluss wieder den Güterstand der Zugewinngemeinschaft.[654] Es findet dann ein „freiwilliger" Zugewinnausgleich statt, wenn der Güterstand der Zugewinngemeinschaft beendet wird. Dies erfolgt unabhängig davon, ob der Güterstand durch ein rechtskräftiges Scheidungsurteil oder durch Parteivereinbarung beendet wird, in jedem Fall entsteht ein Anspruch auf Ausgleich des Zugewinns. Dieser Ausgleich stellt ein unentgeltliches Rechtsgeschäft dar, welches von den Gläubigern angefochten werden kann (weitere Ausführungen s.o. unter § 2 B II dieser Arbeit). Die Ehegatten haben zu jedem Zeitpunkt der Ehe die Möglichkeit einen Ausgleich des Zugewinns herbeizuführen.[655]

Neben der abstrakten Möglichkeit, dass ein freiwilliger Zugewinn im Rahmen des Insolvenzverfahrens zulässig ist, ist zu untersuchen, ob ein solcher Zugewinnausgleich nach Eröffnung des Insolvenzverfahrens für

---

652 *Hayler*, Rechtsfolgen ehebedingter Zuwendungen im Verhältnis zu Dritten, S. 210 f.

653 *Palandt/Brudermüller*, § 1372 Rn. 13; *Staudinger/Thiele* (2007), § 1372 Rn. 4; zur Beendigung des Güterstandes, vgl. *Müko/Koch*, § 1372 Rn. 3 ff.

654 *Brambring*, ZEV 1996, S. 248, 253; *Schotten*, NJW 1990, S. 2841, 2846; *Staudinger/Thiele* (2007), § 1372 Rn. 4.

655 Vgl. obige Ausführungen.

die Ehegatten überhaupt noch sinnvoll ist. Die Forderungen der Gläubiger müssen als Verbindlichkeit des Zugewinnschuldners i.S.d. § 1375 Abs. 1 BGB verrechnet werden, womit der Zugewinn gemindert bzw. im Rahmen des Insolvenzverfahrens aufgezehrt wird. Folglich macht ein Zugewinnausgleich in dieser Phase für die Ehegatten keinen Sinn mehr. Das Insolvenzverfahren wird meist erst eingeleitet, wenn die Forderungen der Gläubiger das Vermögen des Schuldners übersteigen. Ein Zugewinnausgleichsanspruch besteht somit meist nicht, da es am Zugewinn fehlt. Ausnahme ist lediglich der Zugewinn zwischen negativem Anfangsvermögen und negativem Endvermögen.

3. Ehevertragliche Unterhaltsvereinbarungen

a) Allgemeines

Unterhaltsvereinbarungen sind in verschiedener Art und Weise möglich. Sie können den gesetzlichen Unterhaltsanspruch lediglich ausgestalten oder einen eigenen Unterhaltsvertrag mit selbständiger Wirkung beinhalten.[656] Soweit der gesetzliche Unterhaltsanspruch nicht wesentlich verändert, sondern lediglich der Dauer und Höhe nach präzisiert wird, bleibt seine Eigenschaft als gesetzlicher Anspruch unberührt. Maßgeblich für die Qualifikation als gesetzlicher Anspruch ist dabei allein der vereinbarte Inhalt und nicht der Parteiwille.[657] Eine Forderung aufgrund eines gesetzlichen Anspruchs können Insolvenzgläubiger wie eine Schenkung anfechten.

Der Rang der Unterhaltsgläubiger im Mangelfall ist nach h.M. ebenfalls grundsätzlich disponibel, soweit eine solche Vereinbarung nicht zu Lasten des Sozialhilfeträgers oder eines nicht beteiligten, jedoch berech-

656 BGH, NJW 1979, S. 2046.
657 BGH, NJW 2009, S. 219, 220; BGH, FamRZ 1987, S. 1021.

tigten Dritten geht.[658] Es ist insoweit jedoch weiter zu differenzieren, welche Rangstellung von einer Vereinbarung betroffen sein soll. Die Stellung des im zweiten Rang stehenden Ehegatten, welcher minderjährige Kinder gemäß § 1615l BGB betreut, ist indisponibel und damit einer Rangänderung durch die Parteien nicht zugänglich. Hingegen ist die Rangstellung des im zweiten und dritten Rang stehenden Ehegatten (§ 1609 Nr. 2, 3 BGB) grundsätzlich einer Rangänderung durch Verzicht des Unterhaltsberechtigten im Rahmen der Rechtsprechung zur Inhaltskontrolle von Eheverträgen zulässig.[659] Hierdurch kommt die frei gewordene Verteilungsmasse jedoch nicht automatisch den nachrangigen Unterhaltsgläubigern zu, sondern vielmehr den von dem Verzichtenden Begünstigten (im Falle des § 1609 Nr. 2 BGB) bzw. den gleichrangigen Unterhaltsgläubigern.[660]

In der Praxis vereinbaren die Ehegatten häufig den Vorrang des Kindesunterhalts. Seit der Unterhaltsrechtsreform besteht insoweit nur noch ein Regelungsbedarf hinsichtlich verheirateter minderjähriger und volljähriger, nicht nach § 1603 Abs. 2 S. 2 BGB gleichgestellter Kinder, da minderjährige unverheiratete und ihnen gleichgestellte Kinder dem Ehegatten nunmehr automatisch vorgehen. Im Rahmen der Zwangsvollstreckung von Arbeitseinkommen gilt ebenfalls die Rangfolge der §§ 1582, 1609 BGB, vgl. § 95 Abs. 1 S. 1 FamFG.

Die Ehegatten können die ehevertraglichen Unterhaltsvereinbarungen zudem als abänderbar i.S.d. § 239 FamFG vereinbaren, so dass sich späte-

---

658 *MüKo/Maurer*, § 1582 Rn. 22; zur alten Regelung: *Göppinger/Börger/Kilger/Pfeil*, Vereinbarungen anlässlich der Ehescheidung, S. 354, Rn. 201; *Göppinger/Wax/Kodal*, Unterhaltsrecht, Rn. 1581; *Kalthoener/Büttner/Niepmann*, Die Rechtsprechung zur Höhe des Unterhalts, Rn. 110; *Eickelberg*, RNotZ 2009, S. 1, 9; *Schmitz*, RNotZ 2011, S. 265, 285;*Palandt/Brudermüller*, § 1609 Rn. 4, 5 mit Verweis auf BGH FamRZ 2005, S. 1154; von Münch, notar 2009, S. 286; 288.

659 *Eickmann,* RNotZ 2009, S. 1, 9; *Schwab*, FamRZ 2007, S. 1053, 1056.

660 *MüKo/Born*, § 1609 Rn. 25; *Eickmann,* RNotZ 2009, S. 1, 10.

re Änderungen in der Bonität des Unterhaltspflichtigen auf die Unterhaltspflichten unmittelbar auswirken.

b) Unterhaltsverstärkende Vereinbarungen

In der Praxis wird nicht selten freiwillig ein höherer Unterhalt für Kinder und/oder Ehegatten gezahlt als er gesetzlich geschuldet wäre. Insbesondere im Falle der Insolvenz erscheint es dem Insolvenzschuldner häufig sinnvoller, eher seinen Kindern einen erhöhten Unterhalt zukommen zu lassen, als den Gläubigern Zugriff auf dieses Vermögen zu ermöglichen. Aber auch das neue Unterhaltsrecht hat zu dem Bedürfnis geführt, dass die Ehegatten zunehmend unterhaltsverstärkende Vereinbarungen treffen. Häufig soll nunmehr die unterhaltsrechtliche Situation des Unterhaltsberechtigten über die gesetzliche Norm hinaus verbessert werden.[661]

Nach Einführung des § 1578b BGB durch die Unterhaltsrechtsreform können Unterhaltsansprüche nunmehr bereits auf Grund gesetzlicher Regelung zeitlich sowie der Höhe nach begrenzt werden. Dies kann grundsätzlich auch den Drittgläubigern des Unterhaltsschuldners zu Gute kommen, da auch diese von niedrigeren Unterhaltsansprüchen im Rahmen des Zugriffs auf das Arbeitseinkommen profitieren. Allerdings steht den Drittgläubigern kein Anspruch auf Kappung nach § 1578b BGB zu. Als Grenze für unterhaltsstärkende Vereinbarungen ist jedoch wiederum § 138 BGB beachtlich.[662] Vor Abschluss einer entsprechenden Vereinbarung ist die Leistungsfähigkeit des Unterhaltsverpflichteten genau zu untersuchen. Dem Unterhaltsverpflichteten muss zumindest das pfändungsfreie Existenzminimum verbleiben.

Ob ein erhöhter Unterhaltsanspruch als gesetzlicher Anspruch zu qualifizieren ist, kann nicht ohne Komplikationen beantwortet werden. Als

---

661 *Schmitz*, RNotZ 2011, S. 265, 274 konstatiert insbesondere bei Frauen der gehobenen Gesellschafts- und Bildungsschicht ein Bedürfnis, den gesetzlichen Unterhaltsanspruch aufzustocken; *Langenfeld*, NJW 2011, S. 966, 967.

662 BGH NJW 2009, S. 842 f.

unproblematisch ist insoweit nur der Fall einzustufen, in dem durch vertragliche Regelung eindeutig von den gesetzgeberisch festgelegten unterhaltsbegründenden Tatbestandsmerkmalen abgewichen wird. Beispielsweise verlängern oder erhöhen die Ehegatten den Basisunterhalt, insoweit ist der vereinbarte Anspruch nicht gesetzlicher Natur.

Anders ist der Fall gelagert, sollten die Ehegatten die Möglichkeit der individualvertraglichen Auslegung unbestimmter Rechtsbegriffe nutzen, um den Unterhalt zu erhöhen. So wird teilweise in der Literatur zumindest diese Nutzung der im Gesetz gegebenen Definitionsmöglichkeiten von unbestimmten Rechtsbegriffen im Rahmen der ehevertraglichen Gestaltung für eine faktische Erhöhung des Unterhaltsanspruchs nicht als unterhaltsverstärkende Regelung angesehen. Keine unterhaltsverstärkende Vereinbarung stellt danach u.A. die Definition der Angemessenheit einer Erwerbstätigkeit oder der Ehe von langer Dauer dar.[663] Die individuelle Definition sei demgemäß keine Verstärkung eines vom Gesetzgeber gegebenen Unterhaltsanspruchs, sondern vielmehr dessen originäre Ausgestaltung.[664]

Andere Stimmen in der Literatur stellen hingegen auf das faktische Ergebnis ab. Begünstigt die getroffene Vereinbarung den unterhaltsbedürftigen Ehegatten über den typisierten gesetzlichen Unterhaltsanspruch hinaus, so sei *via definitionem* eine faktische Unterhaltsverstärkung gegeben.[665]

Die Einordnung der unterhaltsverstärkenden Vereinbarung als gesetzlichen Anspruch ist für die Frage der Anfechtbarkeit desselben im Falle der Insolvenz entscheidend. Denn Unterhaltszahlungen ohne entsprechenden gesetzlichen Anspruch können im Rahmen der Insolvenz erleichtert ange-

---

663 Unbestimmte Rechtsbegriffe sind die Folgenden: die Betreuungskosten nach § 1570 Abs. 1 S. 2, 3, Abs. 2 BGB; die Angemessenheit der Erwerbstätigkeit nach §§ 1573, 1574 BGB; die Ehe von langer Dauer nach §§ 1570 Abs. 2, 1574 Abs. 2 S. 2, 1578b Abs. 1, 1609 Nr. 2 BGB.

664 So etwa *Münch*, Unterhaltsvereinbarungen nach der Reform, S. 110 ff., Rn. 284 ff., 289 ff., 291 ff., 295 ff.; *Herrler*, FPR 2009, S. 506, 507.

665 *Schmitz*, RNotZ 2011, S. 265, 275.

fochten werden. Hat der Unterhaltsgläubiger keinen entsprechenden gesetzlichen Anspruch, so könnte dieser als Schenkung nach § 134 InsO qualifiziert und angefochten werden. Erhöhen die Ehegatten den gesetzlichen Unterhaltsanspruch durch vertragliche Vereinbarung, so würde dies eine gemischte Schenkung darstellen, welche teilweise angefochten werden könnte. Der Teil des Unterhalts, auf den der Ehegatte einen gesetzlichen Anspruch hat, bleibt hingegen schenkungsanfechtungsfest.

Allerdings ist die Übernahme einer gesetzlich grundsätzlich nicht begründeten Unterhaltsverpflichtung nach der Scheidung im Einzelfall nicht *per se* als Schenkung zu qualifizieren. Die Unentgeltlichkeit kann zum Beispiel auch dann zu verneinen sein, wenn die Unterhaltsverpflichtung die Gegenleistung für das Mitwirken des anderen Ehegatten zu einer gütlichen und schnellen Scheidung darstellt.[666]

Die Regelungen hinsichtlich der Modifikation von Unterhaltsansprüchen lassen sich auch nicht durch die Vereinbarung einer *Novation* umgehen. Eine Novation stellt eine Schuldersetzung dar, bei der die Aufhebung des alten Schuldverhältnisses mit der Begründung eines neuen zusammenfällt.[667] Die Schaffung einer völlig neuen Verbindlichkeit, z.B. in Form einer Unterhaltsrente, lässt die Zugriffsmöglichkeit dritter Gläubiger nicht entfallen.

Verstärkende Unterhaltsvereinbarungen stellen zudem meist keinen Vertrag zu Lasten Dritter dar, da es insoweit an der unmittelbaren Belastung für einen nicht am Vertrag beteiligten Dritten fehlt. Eine rein wirtschaftliche Auswirkung genügt insoweit nicht, eine negative Drittwirkung ist erst gegeben, sofern unmittelbar Rechte oder Pflichten eines Dritten begründet oder eingeschränkt werden.[668]

---

666 RG DR 1941, S. 2611; BGH LM § 138 Cd. Nr. 4; BFH NJW 1967, S. 1535; BGH NJW 1968, S. 1543; *Beitzke*, MDR 1957, S. 26.

667 RGZ 134, S. 155; RGZ 162, S. 245; *Palandt/Grüneberg*, § 311 Rn. 8; weiterführend zur Novation in Form der Unterhaltsrente: *Herrler*, FPR 2009, S. 506, 507, 513.

668 BGHZ 54, 247; BAG ZIP 2004, 729, 731; *Palandt/Grüneberg*, Einf.. v. § 328 Rn. 10.

c) Vereinbarung eines (teilweisen) Unterhaltsverzichts

Eine Unterhaltsvereinbarung, welche den Unterhaltsschuldner besser stellt, als er nach gesetzlicher Regelung stünde, wird nach h.M.[669] als Erlassvertrag nach § 397 BGB qualifiziert. Nach anderer, in der Literatur vertretener Auffassung, wird die Unterhaltsverzichtsvereinbarung auch als Feststellungsvertrag, Vergleich, Verpflichtungsgeschäft oder als Vertrag *sui generis* qualifiziert.[670]

Ein solcher Erlassvertrag zwischen den Ehegatten ist nicht unbeschränkt möglich, es herrschen teilweise Verzichtsverbote. Trotz des relativ großen Vereinbarungsspielraums des § 1585c BGB, wonach beim nachehelichen Unterhalt Unterhaltsverzichtsvereinbarungen zulässig sind, wird Sittenwidrigkeit der Vereinbarung nach § 138 BGB angenommen, sollte diese den Familien- und Trennungsunterhalt ausschließen und dadurch das Risiko künftiger Unterhaltszahlungen auf den Träger der Sozialhilfe abwälzen.[671]

---

669 So der BGH und die herrschende Meinung: vgl. BGH FamRZ 1985, S. 787, allerdings ohne weitergehende Erläuterungen; *MüKo/Maurer*, § 1585c BGB, Rn. 22.

670 Pro Feststellungsvertrag: *Gernhuber/Coester/Waltjen*, Lehrbuch des Familienrechts, § 30 XII Rn. 6; contra: *Staudinger/Baumann* (12. Aufl.), § 1585c Rn. 126; pro Vergleich: *Staudinger/Marburger* (1997) § 779 Rn. 30; *MüKo/Habersack*, § 779, Rn. 1, 6; pro Verpflichtungsgeschäft: *Hess*, FamRZ 1996, S. 981, 984, *Staudinger/Baumann* (4. Aufl.), § 1585c Rn. 126; pro Vertrag sui generis: *MüKo/Maurer*, § 1585c Rn. 22, da nicht auf eine bereits bestehende Forderung verzichtet werde, sondern auf eine in der Zukunft entstehende, vgl. *Vortmann*, JA 1986, S. 401, 402; weiterführend hierzu auch vgl. *Hohenbleicher*, Der Unterhaltsverzicht im nachehelichen Unterhaltsrecht nach § 1585c BGB unter besonderer Berücksichtigung des Unterhaltsverzichts gegen Kapitalabfindeung, 2000, S. 37 f.; nach *Kölner Schrift/Kohte*, S. 795, Rn. 52. handelt es sich, wollte ein Ehegatte auf rückständigen Unterhalt verzichten, in aller Regel im Rahmen eines Erlassvertrages nach § 397 BGB, u.U. aber auch um eine Vergleichsvereinbarung.

671 Zur Sittenwidrigkeit BGH NotBZ 2009, S. 63; FamRZ 1983, S. 137; FamRZ 1991, S. 306, 307; FamRZ 1992, S. 1403, 1404; *Gitter*, DNotZ

Allerdings wird zwischen den verschiedenen Unterhaltsansprüchen mit Blick auf das öffentliche Interesse und die sittlichen Grundlagen der Unterhaltspflicht weiter differenziert. So ergibt sich ein Verzichtsverbot für Unterhaltsansprüche während der Trennung direkt aus §§ 1360a S. 3, 1614 BGB.

Für die Zeit nach der Scheidung unterliegen Unterhaltsansprüche grundsätzlich der Vertragsfreiheit, vgl. § 1585c BGB. Der Unterhaltsverzicht ist die in der Praxis am häufigsten vorkommende Regelung. Deren Grenze wiederum die Sittenwidrigkeit ist. Sowohl bei disparitätischen Parteien als auch bei einem Unterhaltsverzicht zu Lasten des Sozialhilfeträgers wird von einem Verstoß gegen Treu und Glauben ausgegangen.[672]

Neben ehevertraglichen Verzichtsvereinbarungen besteht zudem die Möglichkeit im Rahmen einer Vergleichsvereinbarung unentgeltliche Zuwendungen zu tätigen. Verzichtet der Insolvenzschuldner bei einem solchen Vergleich freiwillig, so ist dieser ebenso nach den Voraussetzungen des § 134 InsO anfechtbar, wie dies bei einer Schenkung der Fall wäre.[673] Die Ehegatten haben zwar *inter partes* die Möglichkeit, einen höheren Unterhalt festzusetzen, im Falle der Insolvenz unterliegen diese Regelungen jedoch dem Anfechtungsrecht des Insolvenzverwalters.

Das UÄndG hat zudem in § 1585c S. 2, 3 BGB einen Formzwang nach § 127a BGB für die vor Rechtskraft der Scheidung getroffenen ehevertraglichen Vereinbarungen über den nachehelichen Unterhalt eingeführt. Dies gilt allerdings nicht für nach Rechtskraft der Scheidung geschlossene nacheheliche Unterhaltsvereinbarungen. Damit sind Verein-

---

1984, S. 595, 610 ff; vgl. auch vertiefend *Hohenbleicher*, Der Unterhaltsverzicht im nachehelichen Unterhaltsrecht nach § 1585c BGB unter besonderer Berücksichtigung des Unterhaltsverzichts gegen Kapitalabfindung, 2000, S. 31 f., 58 ff.

672 *Bäumel*, FPR 2001, S. 111, 112 f.; vgl. auch BGH NJW 1991, S. 913 ff. zur früheren Rechtslage.

673 Vertiefend zur Anfechtbarkeit eines Vergleichs i.S.d. §§ 779 BGB, *Gerhardt*, KTS 2004, S. 195.

barungen über den Unterhalt Vereinbarungen über den Versorgungsausgleich gleichgesetzt.

Vor allem im Rahmen des nachehelichen Unterhalts soll verhindert werden, dass sich ein Unterhaltsbedürftiger willkürlich mittellos stellt und sich dadurch die Wahrscheinlichkeit erhöht, dass er der Allgemeinheit zur Last fällt. Es gilt das Prinzip der Nachrangigkeit der Sozialhilfe. Hat der Bedürftige einen Anspruch auf nachehelichen Unterhalt, so muss er diesen zunächst geltend machen und die daraus resultierenden Mittel vorrangig zur Deckung seines Lebensbedarfs geltend machen, bevor er Sozialhilfeleistungen in Anspruch nimmt.[674] Bei Unterhaltsverzichtsverträgen findet die Vertragsfreiheit somit ihre Grenzen, soweit sich die Verzichtsabreden zu Lasten der Allgemeinheit auswirken. Allerdings bleibt zu differenzieren: grundsätzlich bleibt es den Parteien unbenommen, im Rahmen ihrer Vertragsfreiheit Lebensrisiken eines Ehegatten aus der gemeinsamen Verantwortung der Ehegatten füreinander herauszunehmen, so zum Beispiel eine bereits zum Zeitpunkt der Eheschließung bestehende Krankheit. Eine bereits bestehende Sozialhilfebedürftigkeit kann folglich ehevertraglich auch als solche aufrecht erhalten bleiben, ohne dass diese Vereinbarung automatisch sittenwidrig ist. *De lege lata* ist eine Begünstigung des Sozialhilfeträgers im Scheidungsfall nicht vorgesehen.[675] Für den Fall der Gewährung von Sozialhilfe trotz bestehender Ansprüche auf Unterhalt geht dieser Anspruch im Wege der *cessio legis* nach §§ 93, 94 SGB XII auf den Sozialhilfeträger über. Dies bleibt auch neben der durch den BGH seit 2004 entwickelten Grundsätze der Inhaltskontrolle von Eheverträgen Maßstab der Überprüfung.[676]

---

674 *Hohenbleicher*, Der Unterhaltsverzicht im nachehelichen Unterhaltsrecht nach § 1585c BGB unter besonderer Berücksichtigung des Unterhaltsverzichts gegen Kapitalabfindeung, 2000, S. 37 f.

675 BGH DNotZ 2007, S. 128.

676 BGH Urt. v. 05.11.2008 – XII ZR 157/06, Rn. 36 ff. unter Verweis auf die Grundsatzentscheidung BGHZ, 86, S. 82; s. auch BGH NJW 1987, S. 1546.

Im Rahmen von Schuldenbereinigungsplänen, welche ja gerade die Leistungsfähigkeit wieder herstellen sollen, wird eine Sittenwidrigkeit allerdings regelmäßig nicht angenommen.[677] Hier besteht im Gegensatz zu Verzichtsverträgen vielmehr das langfristige Ziel, wieder Zahlungsfähigkeit zu erreichen. Sollte auf dem Weg dorthin eine Durststrecke zu überwinden sein, so besteht keine die Sittenwidrigkeit rechtfertigende niedere Schädigungsgesinnung, wie dies bei Vertragsgestaltungen zu Lasten der Sozialhilfe der Fall ist.

II. Zusammenfassung

Der insolvente zugewinnausgleichsberechtigte Ehegatte kann auf den ihm zustehenden Zugewinnausgleichsanspruch verzichten, indem er diesen faktisch nicht geltend macht und diesen damit dem Zugriff seiner Insolvenzgläubiger entzieht. Grundsätzlich ist der Zugewinnausgleichsanspruch zwar nach § 852 Abs. 1 ZPO pfändbar und fällt somit der Insolvenzmasse zu, allerdings muss er dafür geltend gemacht werden, durch Vertrag anerkannt oder rechtshängig geworden sein. Sollte der Zugewinnausgleichsberechtigte Ehegatte den Zugewinn daher nicht sofort geltend machen wollen, ist allerdings das zeitliche Fenster der Regelverjährung nach 3 Jahren zu beachten, welches jedoch von den Ehegatten durch einen vertraglichen Verzicht auf die Einrede der Verjährung im Rahmen des § 202 Abs. 2 BGB bis zu 30 Jahre erweitert werden kann.

Ehevertraglich vereinbarte überhöhte Unterhaltsansprüche der Ehegatten untereinander können durch den Insolvenzverwalter als gemischte Schenkungen nach § 134 InsO teilweise angefochten werden. Allerdings ist der Teil des Unterhalts, auf den der Ehegatte einen Anspruch hat, anfechtungsfest. Hingegen wird bereits Sittenwidrigkeit der Regelung von zu niedrigen Unterhaltsansprüchen bzw. einer vollkommenen Verzichts-

---

677 *Göppinger/Wax*, Unterhaltsrecht, Rn. 1770 ff.; *Kölner Schrift/Kohte*, S. 795, Rn. 52; Anwendbarkeit des § 138 BGB vgl. BGH NJW 1992, S. 3164, 3165; *Hess*, FamRZ 1996, S. 981, 986 ff.

vereinbarung angenommen, sofern das Risiko von Unterhaltszahlungen auf den Träger der Sozialhilfe abgewälzt wird.

§ 5 Zusammenfassung und Thesen

I.

Grenzen der Ehevertragsfreiheit: Als Ausfluss privatautonomer Gestaltungsfreiheit vermögen Ehegatten ihre güterrechtlichen Verhältnisse prinzipiell frei zu gestalten. Die damit zumeist einhergehenden Modifikationen der dispositiven Gesetzesregelungen durch die Ehegatten, die insbesondere das eheliche Güterrecht, den Unterhalt und Versorgungsausgleich betreffen, können in verschiedenen zeitlichen Phasen erfolgen, vor einer Eheschließung oder jederzeit während der Ehe, wobei die Wirkungen von Eheverträgen grundsätzlich bei Beendigung der Ehe eintreten. Die Gestaltungsfreiheit und damit zugleich die Dispositionsbefugnis der Ehegatten unterliegt jedoch Schranken. Zwingendes Recht dient dabei entweder dem Schutz der Vertragsparteien vor sich selbst oder dem Schutz vertragsfremder Dritter. Auch abseits zwingender gesetzlicher Regelungen bestehen Schranken der Gestaltungsfreiheit, die sich vor allem aus den Wertentscheidungen ergeben, die in den dispositiven Regelungen ihren Niederschlag gefunden haben. Das rechtstechnische Mittel zur Begrenzung dieser Gestaltungsfreiheit auf judikativer Ebene ist die Inhaltskontrolle, im Rahmen derer ehevertragliche Vereinbarungen am Gerechtigkeitsgehalt des dispositiven Rechts gemessen werden.

Keine sektorspezifische Regelung im Insolvenzrecht: Das Insolvenzrecht dient im Wesentlichen dem Schutz einer unbestimmten Vielzahl Dritter bei Vermögensverfall des Schuldners und statuiert prinzipiell aufgrund dieses intendierten Schutzes vertragsfremder Dritter zwingendes Recht. Das damit bestehende Spannungsfeld zwischen der Eröffnung eines privatautonomen Gestaltungsraums für die Ehegatten und dem zwingenden Schutzzweck bedarf der Austarierung, die im Bereich des Insolvenzrechts ohne sektorspezifische Regelungen für das Familienrecht erfolgt. Es gelten vielmehr die allgemeinen Regeln der Insolvenzordnung, insbesondere jene zur Massezugehörigkeit von Forderungen nach den §§ 35 ff. InsO und der Anfechtung nach den §§ 129 ff. InsO.

II.

Anfechtbarkeit unbenannter Zuwendungen: Die anfechtungsrechtliche Behandlung unbenannter Zuwendungen hängt im Kern von zwei Weichenstellungen ab. Zum einen (a) von ihrer Qualifikation als entgeltlich bzw. unentgeltlich, zum anderen (b) von der Beantwortung der Frage, ob ein Gleichlauf zwischen dem bürgerlich-rechtlichen Begriff der Unentgeltlichkeit und jenem der Insolvenzordnung (§134 InsO) herzustellen ist. Ausgangspunkt der Beurteilung der Entgeltlichkeit bzw. Unentgeltlichkeit unbenannter Zuwendungen im *inter partes* Verhältnis der Ehegatten zueinander sowie im Verhältnis zu Dritten hat der Befund zu sein, dass dieses gesetzlich nicht geregelte Institut in seiner richterrechtlichen Genese als Reaktion auf die für unbillig empfundenen schenkungsrechtlichen Ausgleichsmechanismen entwickelt wurde.

a) Entgegen der Rechtsprechung des BGH ist eine Behandlung der ehebedingten Zuwendungen als sowohl objektiv als auch subjektiv entgeltliche Rechtsgeschäfte zu befürworten. Die Entgeltlichkeit der unbenannten Zuwendung ist zwar nicht auf das Synallagma von materieller Leistung und Gegenleistung zurückzuführen, da es dafür meist bereits an der Abrede der Ehegatten fehlt. Entgeltliche Geschäfte sind jedoch nicht auf eine synallagmatische Verknüpfung von Leistung und Gegenleistung beschränkt. Vielmehr reicht auch eine kausale bzw. konditionale Verknüpfung aus, die in dem eheeigenen Zweck der Förderung und Verwirklichung der ehelichen Gemeinschaft der Zuwendung gesehen werden kann.

b) Für diesen richterrechtlichen Vertragstyp eigener Art sind im Wege der wertenden Zuordnung die für sachgerecht erachteten Rechtsfolgen zu bestimmen. Dabei ist es im Grundsatz durchaus methodisch tragfähig, bei dieser Zuordnung der Rechtsfolgen zwischen dem Innenverhältnis der Ehegatten zueinander und dem Außenverhältnis zu externen Dritten zu differenzieren; denn die jeweiligen sachlichen Begründungen, die etwa nach der Rechtsprechung im Innenverhältnis der Ehegatten zur Unanwendbarkeit der schenkungsrechtlichen Ausgleichsregelungen führen, müssen sich nicht mit jenen decken, die für die Beurteilung der Einstufung der Zuwendung als entgeltlich oder unentgeltlich im insolvenzrechtlichen Sinn maßgebend sind. Andererseits wäre es zu pauschal, wollte man stets eine Differenzierung zwischen Innen- und Außenverhältnis nach dem Muster Entgeltlichkeit/Unentgeltlichkeit vornehmen. Denn die wertenden Gesichtspunkte, die im Innenverhältnis für eine Unanwendbarkeit schenkungsrechtlicher Rechtfolgen und damit eine Qualifikation der Zuwendung als entgeltlich sprechen, können durchaus gleichlaufen mit jenen Begründungselementen, die auch im Außenverhältnis Geltung für sich beanspruchen. So kann es der Gedanke des Zugewinnausgleichs rechtfertigen, die im Wege der unbenannten Zuwendung etwa herbeigeführte hälftige Teilhabe am Familienheim, aufgrund derer der Ehegatte an einem für die Verwirklichung der Ehe zentralen Gegenstand partizipieren soll, als anfechtungsfeste entgeltliche Zuwendung einzuordnen.

c) Entgegen der Rechtsprechung des BGH sprechen zudem gute Gründe dafür, ehebedingte Zuwendungen auch im insolvenzrechtlichen Bereich als entgeltlich einzustufen und sie damit nicht § 134 InsO zu unterwerfen. Zwar ist die Notwendigkeit eines besonderen Gläubigerschutzes vor eheinternen Verschiebungen in Form von Schenkungen ein einleuchtender Zweck des Insolvenzrechts. Es sprechen jedoch die besseren Argumente gegen die Unentgeltlichkeit von unbenannten Zuwendungen.

aa) Vergleich Pflichtteilsberechtigte: Befürwortet wird zwar die Qualifikation unbenannter Zuwendungen als unentgeltlich, auf Grund des Vergleichs der Stellung von Insolvenzgläubigern mit der Stellung von Pflichtteilsberechtigten im Rahmen der Anfechtung nach §§ 2325,

2329 BGB bzw. der Stellung von Vertragserben nach § 2287 BGB. Allerdings bestehen bei den Pflichtteilsberechtigten und Vertragserben die Ansprüche gegen den Zuwendenden niemals schon im Zeitpunkt der Zuwendung. Sie entstehen vielmehr erst mit dem späteren Tod des Erblassers in der Zukunft. Der zuwendungsempfangende Ehegatte hat hingegen bereits einen gefestigten und vollzogenen Anspruch. Dies spricht dafür, dass Gläubigern eine geringere Schutzwürdigkeit vor Beeinträchtigungen des Schuldners zusteht als dem Pflichtteilsberechtigten bzw. Vertragserben, die lediglich über einen künftigen und ungewissen Anspruch verfügen.

bb) Vorweggenommener Zugewinnausgleich: Für die Unanfechtbarkeit des Rechtsinstituts der ehebedingten Zuwendung spricht der Gedanke eines vorweggenommenen Zugewinnausgleichs. Im Falle der Beendigung der Ehe werden unbenannte Zuwendungen im Rahmen des Zugewinnausgleichs nach § 1380 BGB angerechnet. Diese Anrechenbarkeit spricht für eine Qualifikation ehebedingter Zuwendungen als entgeltlich. Eine Einbeziehung der unbenannten Zuwendungen zu Gunsten der Gläubiger würde ansonsten von Zufälligkeiten abhängen, und zwar davon, ob sich das Ehepaar vor Eröffnung des Insolvenzverfahrens scheiden lässt oder nicht. Da der Differenzierung des BGH zwischen dem subjektiv entgeltlichen und objektiv unentgeltlichen Tatbestand der Zuwendung im Ergebnis nicht gefolgt werden kann, muss das konsequenterweise auch im Drittverhältnis so sein. Behandelt man unbenannte Zuwendungen als sowohl objektiv wie auch subjektiv entgeltlich, so bleibt kein Raum für eine Anfechtung nach § 134 InsO. § 134 InsO fordert die Unentgeltlichkeit einer Zuwendung. Der Zugewinn wird durch den ausgleichspflichtigen Ehegatten jedoch wegen des Anspruchs aus § 1378 Abs. 1 BGB geschuldet und stellt somit keine unentgeltliche Leistung dar. Damit aber ist der Zugewinnausgleichsanspruch im Rahmen einer ehevertraglichen Abbedingung bzw. Modifikation den Gläubigern gegenüber nach § 134 InsO anfechtungsfest bzw. die Anfechtungsfrist verkürzt sich nunmehr auf zwei Jahre.

cc) Keine Differenzierung bei unbenannten Zuwendungen mit oder ohne ehevertraglicher Legitimation: Da nach dem Ergebnis dieser Arbeit unbenannte Zuwendungen, ohne güterrechtliche Ausgleichsforderungen zu sein, anfechtungsfest gegenüber Dritten sein können, kommt es auf eine weitere Abgrenzung hier nicht an. Eine Kategorisierung unentgeltlicher Zuwendungen als anfechtbar, wenn die Ehegatten nicht den Weg der güterrechtlichen Ausgleichsforderung gewählt haben, und als unanfechtbar, wenn sie letztere Lösung wählen, erscheint zufällig und damit zur Abgrenzung untauglich.

dd) Alternativer Lösungsvorschlag de lege ferenda: Der Schutz der Gläubiger vor benachteiligenden innerehelichen Vermögensverschiebungen kann auch anders als durch die systemwidrige Qualifikation ehevertraglicher unbenannter Zuwendungen als unentgeltlich gegenüber Dritten bewirkt werden. Gläubigerschutz kann ebenso gut durch eine notarielle Beurkundung der unbenannten Zuwendung hergestellt werden, so dass dies kein geeignetes Argument für die Qualifikation der Zuwendungen als unentgeltlich und damit der Schenkungsanfechtbarkeit von unbenannten Zuwendungen ist. Dies gilt erst Recht bei Zuwendungen im Rahmen einer ehevertraglichen Vereinbarung. Nach § 1410 BGB muss der Ehevertrag notariell beurkundet werden, um formwirksam zu sein. Ein zeitliches Differenzierungskriterium zum Schutz der Gläubiger ist somit gegeben. Der Vereinbarungszeitpunkt des Ehevertrags ist aufgrund der neutralen notariellen Kontrolle der Parteien gewährt und kann nicht gläubigerbenachteiligend zeitlich verschoben werden.

Voraussetzung für die Anfechtbarkeit ist somit, dass die Ehegatten den ihnen zustehenden innerehelichen Beurteilungsspielraum missbraucht haben. Ansonsten sind die Anfechtungstatbestände teleologisch dahingehend zu reduzieren, dass eine haftungsmäßig günstige Organisation des Familienvermögens möglich und statthaft ist und im Verhältnis zu Gläubigern Vorrang hat. Das bedeutet, dass bei der Frage nach der Anfechtungsfestigkeit ehevertraglich vereinbarter unbenannter Zuwendungen das Familienrechtsstatut dem Insolvenzstatut und insbesondere den Gläubigerinteressen vorgeht, so dass ehevertragliche unentgeltliche Forderungen anfechtungsfest sind.

III.

Schlechterstellung von Ehepartnern auch nach Trennung: Die Qualifikation als „nahestehende Person" i.S.d. § 138 InsO hat für alle insolvenzrechtlichen Anfechtungstatbestände eine Beweislastumkehr zur Folge, der Insolvenzverwalter muss lediglich die objektive Gläubigerbenachteiligung beweisen und es besteht die gesetzliche Vermutung, dass die erforderliche Kenntnis auf Grund des innerehelichen Näheverhältnisses besteht. Der nahestehenden Person obliegt der Beweis des Gegenteils. Die besondere Nähebeziehung muss allerdings im Zeitpunkt der Vornahme des Rechtsgeschäfts bestanden haben. Bei Ehegatten wird diese Nähebeziehung bereits vor Eheschließung angenommen bzw. nach deren Trennung und Scheidung weiterhin vermutet. Ausreichend ist danach, dass die Ehe vor Schluss der letzten Tatsacheninstanz geschlossen wurde, es kommt nicht mehr auf den Zeitpunkt der Rechtshandlung an. Das Simultanitätsprinzip wird dadurch aus reinen Praktikabilitätserwägungen zu Gunsten der Gläubiger durchbrochen. Auch frühere Ehegatten des Schuldners werden als nahestehende Personen qualifiziert, sofern die Ehe nicht früher als ein Jahr vor der anfechtbaren Handlung aufgelöst wurde. Daneben findet auch bei nichtigen Ehen eine pauschale Wissenszurechnung statt. Diese Ausweitung des Anwendungsbereichs trägt den tatsächlichen Gegebenheiten und Vertrauensverhältnissen von getrennten Ehegatten und einer Ehescheidung allerdings kaum Rechnung. Wie kann auf der einen Seite eine Ehe gescheitert i.S.d. § 1565 Abs. 1 BGB, keine Lebensgemeinschaft mehr bestehen und auch nicht mehr herstllbar sein, während andererseits ein erhöhtes Vertrauensverhältnis bestehen soll, welches die Beweislastumkehr weiterhin rechtfertigt. Im Rahmen von Trennungen ist eine Vermutung, die Ehe sei automatisch mit einer besonderen Nähebeziehung verbunden, nicht (mehr) angebracht.

IV.

Anfechtbarkeit höchstpersönlicher Positionen: Die Verpflichtung des Schuldners zur unentgeltlichen Arbeit ist nicht Zugriffsobjekt für Gläubiger, da die Arbeit Ausfluss des Persönlichkeitsrechts des Schuldners ist. Dies gilt ebenso für die Ausschlagung einer Erbschaft oder eines Vermächtnisses sowie eines Erbverzichts. Auf Grund des höchstpersönlichen Charakters derartiger familienrechtlichen Positionen übt der Insolvenzverwalter das Verfügungs- und Verwaltungsrecht hierüber nicht aus, der Augleich des Zugewinns kann durch ihn nicht veranlasst werden.

V.

Kein Unterhalt nach § 100 InsO: Der Umstand, dass die Gläubigerversammlung nach freiem Ermessen entscheidet, ob Unterhalt geleistet wird, hat zur Folge, dass meist kein Unterhalt aus der Insolvenzmasse gezahlt wird. Hierzu sind die Gläubiger insbesondere nicht bereit, da die Masse bei der Verbraucherinsolvenz meist an sich bereits gering ist und im späteren Verlauf des Verfahrens die Restschuldbefreiung durchgeführt wird. Die Bestimmungen der §§ 850 ff. ZPO werden insoweit umgangen, obwohl § 36 InsO auf sie verweist. § 850f ZPO soll vermeiden, dass der dem Schuldner verbleibende Unterhalt unter das Sozialhilfeniveau sinkt. Dies muss auch im Falle der Insolvenz gewährleistet sein. Die Gläubigerversammlung kann allerdings nur über die Vermögensteile entscheiden, welche den Selbstbehalt gemäß §§ 850 ff. ZPO übersteigen. Lediglich das übersteigende Vermögen gehört zur Masse. Vollstreckungsgläubiger sollen ihre Interessen nicht zu Lasten der Allgemeinheit befriedigen, welche den Schuldner im Mangelfall durch Leistung von sozialen Ergänzungsleistungen auffangen muss. Das Recht, notwendigen Unterhalt nach § 100 S. 2 InsO zu zahlen, kann sich zu einer entsprechenden Pflicht verdichten. In der Praxis hat der Unterhaltsanspruch nach § 100 InsO allerdings nur eine geringe Bedeutung. Den Unterhaltsgläubigern verbleibt im Ergebnis nur noch der Zugriff auf den Differenzbetrag zwischen Pfändungsfreigrenze und Existenzminimum. Dies ist jedoch in der Regel kein ausreichender Unterhaltsbeitrag. Daraus folgt, dass für die Unterhaltsschuld das Sozialamt aufkommt, d.h. eine maximale Entschuldung zu Gunsten der Gläubiger des Unterhaltsschuldners von der Allgemeinheit getragen wird.

Lösungsalternative: Eine bessere Lösung wäre hingegen die Erhöhung der Pfändungsfreigrenze, um die Zugriffsspanne der Unterhaltsgläubiger zu erweitern. Die Unterhaltsgläubiger sollten dem verfassungsrechtlichen Rang entsprechend ihrer familienrechtlichen Ansprüche gegenüber den restlichen Gläubigern bevorzugt werden, statt nur durch das Restschuldbefreiungsverfahren erheblich beeinträchtigt.

VI.

Obliegenheit zur Einleitung eines Insolvenzverfahrens: Eine solche, den Unterhaltsgläubiger „begünstigende“ Obliegenheit des Schuldners zur Einleitung eines Insolvenzverfahrens besteht, nach Ansicht des BGH, bei Unterhaltsschulden gegenüber minderjährigen Kindern. Dieser Ansicht kann nicht gefolgt werden. Vielmehr sollte eine solche Obliegenheit nur in absoluten Ausnahmefällen bestehen. Dies sollte sich nach einer Einzelfallabwägung von Unterhaltsschulden und Drittschulden entscheiden. Hinzu kommt, dass die Vorteile eines Insolvenzverfahrens für den Unterhaltsgläubiger meist nicht gegeben sind, denn eindeutiger Nachteil des Insolvenzverfahrens ist dessen Kostenintensität. Die Kosten durch das Insolvenzverfahren selbst, die privilegiert zu befriedigen sind, lassen die nachrangige bzw. überhaupt eine Befriedigung der Unterhaltsforderungen nicht wahrscheinlicher werden. Zudem werden die aufgelaufenen Unterhaltsschulden im Ergebnis nur quotal befriedigt und die laufenden Unterhaltsschulden, die während der Wohlverhaltensphase des Insolvenzverfahrens entstehen, bleiben unberücksichtigt.

Keine Übertragbarkeit auf Unterhaltsschulden gegenüber Ehegatten: Die Einleitung eines Insolvenzverfahrens im Falle von Unterhaltsschulden gegenüber dem Ehegatten ist erst Recht nicht sinnvoll. Neben den Argumenten, die grundsätzlich gegen die Obliegenheit zur Einleitung eines Insolvenzverfahrens sprechen, ist die Unterhaltsverpflichtung gegenüber dem Ehegatten aufgrund ihrer abgeschwächten Intensität im Vergleich zu der Verpflichtung gegenüber dem minderjährigen Kind, nicht übertragbar.

Abschaffung der Stundungsmöglichkeit hinsichtlich Insolvenzverfahrenskosten: Der Regierungsentwurf des Gesetzes zur Entschuldung mittelloser Personen, zur Stärkung der Gläubigerrechte sowie zur Regelung der Insolvenzfestigkeit von Lizenzen[678] sollte einige Verschiebungen der jetzigen rechtlichen Rahmenbedingungen zur Folge haben. Laut Entwurfsbegründung bestand nahezu einhelliger Konsens, dass das Restschuldbefreiungsverfahren für mittellose Personen zu aufwändig sei, da diesem Verfahren zwingend ein Insolvenzverfahren vorzuschalten ist. Die Durchführung einer Gesamtvollstreckung ist jedoch meist nicht von dem Interesse der Gläubiger getragen und eine Befriedigung häufig unwahrscheinlich. Auch im Verbraucherinsolvenzverfahren sollten Änderungen vorgenommen werden, die das Verfahren flexibler und effektiver gestalten sollten. Vor allem zur Stärkung der Gläubigerrechte enthielt der Gesetzentwurf weitere Änderungen des Insolvenzverfahrens.

Der Regierungsentwurf wurde am 5. Dezember 2007 in den Bundestag eingebracht, der Bundesrat nahm hierzu am 12. Oktober 2007 Stellung[679] und es wurde eine zweite Sachverständigenanhörung am 23. April 2008 durchgeführt.

Allerdings stagniert das Gesetzgebungsverfahren seitdem. Eine Novellierung der Insolvenzordnung wurde in der 16. Legislaturperiode nicht beschlossen. Ein entsprechender Entwurf wurde in der jetzigen,

---

678 BT-Drucks. 16/7416 v. 05. Dezember 2007.
679 BR-Drucks. 600/07 vom 12.Oktober 2007.

17. Legislaturperiode noch nicht von neuem in den Bundestag eingebracht. Der Gesetzgeber hat diesen Ansatz bislang nicht weiter verfolgt.

Es bleibt somit abzuwarten, inwieweit eine Verschiebung zu Gunsten der Gläubigerrechte auch im Verhältnis zu familienrechtlichen Ansprüchen stattfinden wird. In jedem Fall ist zu erwarten, dass die Argumentation *pro* Obliegenheit der Einleitung des Insolvenzverfahrens durch den Unterhaltsgläubiger – sollte der Entwurf hinsichtlich der Abschaffung der Verfahrenskostenstundung nach § 4a InsO in der jetzigen Form als Gesetz in Kraft treten – der Boden entzogen wird. Daneben bleibt abzuwarten, ob sich der Gesetzgeber, wie von mehreren Stimmen gefordert, dazu durchringt die Wohlverhaltensperiode zu verkürzen. Zwar vermag die Länge der Wohlverhaltensperiode eine gewisse Abschreckungswirkung besitzen, allerdings birgt diese auch große Nachteile für die Familie des Schuldners, die nicht durch eine Befriedigung der Gläubiger aufgewogen wird; das durch den Insolvenzschuldner Erwirtschaftete wird meist mangels Masse durch die Kosten des Verfahrens aufgezehrt.

VII.

Faktischer Zugewinnverzicht zu Lasten der Gläubiger: Der insolvente zugewinnausgleichsberechtigte Ehegatte kann auf den ihm zustehenden Zugewinnausgleichsanspruch verzichten, indem er diesen faktisch nicht geltend macht. Der Insolvenzverwalter kann diesen nicht an Stelle des Schuldners geltend machen. Grundsätzlich ist der Zugewinnausgleichsanspruch zwar nach. § 852 Abs. 1 ZPO pfändbar und fällt somit der Insolvenzmasse zu, allerdings muss er dafür durch Vertrag zwischen den Ehegatten anerkannt oder rechtshängig geworden sein. Der Insolvenzverwalter kann den Zugewinnausgleichsanspruch somit nicht gegen den Willen des Berechtigten geltend gemacht.

Vereinbarung der Verjährungsverlängerung: Um einer Verjährung des Zugewinnausgleichsanspruchs innerhalb der sechsjährigen Wohlverhaltensperiode zu begegnen, müssen die Ehegatten nach der Verkürzung der

Verjährung familienrechtlicher Ansprüche auf die Regelverjährung von drei Jahren vertraglich einen Verzicht auf die Einrede der Verjährung, vereinbaren. Das Verjährungsrecht ist grundsätzlich dispositiv, eine entsprechende vertragliche Regelung unterliegt auch nicht der Anfechtung durch den Insolvenzverwalter, da die Regelung nicht unmittelbar drittbenachteiligend ist. Die Ehegatten können die Verjährung im Rahmen des § 202 Abs. 2 BGB bis zu 30 Jahre verlängern.

VIII.

Asset Protection durch Güterstandsschaukel: Nach der jüngeren Rechtsprechung des IX. Senats des BGH unterliegt ein güterrechtlicher Vertrag, den der Schuldner mit einer nahestehenden Person nicht früher als zwei Jahre vor Antrag auf Eröffnung des Insolvenzverfahrens geschlossen hat als entgeltlicher Vertrag nach § 133 Abs. 2 InsO, der Anfechtung. Der BGH begründet dies mit der insgesamt eintretenden Verschlechterung der Zugriffsmöglichkeiten der Gläubiger auf das Vermögen des ausgleichsverpflichteten Schuldners, infolge der im Zusammenhang mit der Aufhebung der Zugewinngemeinschaft vereinbarten Vermögensauseinandersetzung und deren dinglichem Vollzug. Unter Verweis auf die Schutzzwecke des Insolvenzrechts, insbesondere des Ziels einer gleichmäßigen Befriedigung der Insolvenzgläubiger, verwarf der BGH eine denkbare Privilegierung güterrechtlicher Verträge auf der Basis des § 1408 Abs. 1 BGB im Hinblick auf das Insolvenzanfechtungsrecht. Weil mit dieser Einordnung der Güterstandsschaukel nach den Prämissen des BGH die widerlegliche Vermutung des Gläubigerbenachteiligungsvorsatzes und der Kenntnis des anderen Teils hiervon einhergeht, hat sich das Risiko einer Anfechtung beträchtlich erhöht, womit fortan in der Praxis das Gestaltungsmittel der Güterstandsschaukel zur Ermöglichung der „*asset protection*" an Attraktivität verlieren wird.

Die Begründung des BGH überzeugt indes nicht. Im Ausgangspunkt gilt es zwischen der gütervertraglichen Umwandlung des Güterstands selbst und den mit ihnen zusammenhängenden Ausführungsverträgen und Erfüllungshandlungen zu differenzieren. Der Güterstandswechsel selbst erweist sich im Regelfall als Ausdruck der persönlichen Selbstbestimmung und stellt sich in diesem Sinne regelmäßig als neutrale Rechtshandlung dar. Dieser Grundsatz der Neutralität des Güterstandswechsels ist Resultat der in § 1408 BGB verbürgten Freiheit der Ehegatten jederzeit für die Zukunft ihre Güterverhältnisse zu ändern. Gegenüber dieser internen Freiheit der Ehegatten haben Dritte keinen Anspruch auf Aufrechterhaltung des bestehenden Güterstandsverhältnisses. Dieser Ausgangsbefund wird wohl auch in der erwähnten jüngsten Entscheidung des BGH nicht angetastet, führt er doch ausdrücklich auf, dass die güterrechtliche Vereinbarung der Ehegatten von der Anfechtung nicht erfasst werde und stellt als anfechtungsrelevante Rechtshandlung alleinig auf „die im Zusammenhang mit der Aufhebung der Zugewinngemeinschaft vereinbarte Regelung der Vermögensauseinandersetzung und deren dinglichen Vollzug“ ab.

Besteht aber aufgrund des Güterstandswechsels von der Zugewinngemeinschaft in einen anderen Güterstand, ein gesetzlicher Zugewinnausgleichsanspruch, erweist sich dessen Erfüllung dieser, wie ausgeführt, nicht anfechtbar erlangten Forderung, nicht nur – insoweit in Übereinstimmung mit dem BGH – als entgeltlich, sondern allenfalls als mittelbar gläubigerbenachteiligend. Der BGH übersieht bei seiner Qualifikation des von ihm sog. Ausführungsvertrages zum Zwecke der Erfüllung der Zugewinnausgleichsforderung, dass die Befreiung von einer unanfechtbaren Verbindlichkeit, die durch die anzufechtende Erfüllungshandlung erzielt wird, grundsätzlich einen vollwertigen wirtschaftlichen Ausgleich für das Ausscheiden der für die Erfüllung benötigten Mittel aus dem haftbaren Vermögen darstellt.[680] Geht aber mit der Erfüllung die Befreiung von einer Verbindlichkeit einher, die anfechtungsfest erworben wurde, scheidet nach den im Grundsatz allgemein anerkannten Prinzipien

---

680 Vgl. *Klühs*, NZI 2010, 921, 923.

eine vom BGH hier aber angenommene, unmittelbare Gläubigerbenachteiligung aus. Allein möglich ist insoweit, weil sich im Zuge der Erfüllungshandlung eine Minderung der Quote der anderen Gläubiger ergibt, alleinig eine mittelbare Gläubigerbenachteiligung, die nach § 133 Abs. 1 InsO zu behandeln wäre und sich entscheidend von dem durch den BGH angenommenen § 133 Abs. 2 InsO durch verringerte Beweiserleichterungen unterscheidet. Einzig im Hinblick auf Vermögensumverteilungen im Zuge der Güterstandsschaukel, die ihrem Umfang nach den gesetzlichen Ausgleichsanspruch übersteigen, läge in Ermangelung der damit erzielbaren Erfüllung einer unanfechtbar erlangten Verbindlichkeit eine unmittelbare Gläubigerbenachteiligung vor.

Anhang

Auszüge Gesetzesentwurf der Bundesregierung zur Entschuldung mittelloser Personen (BR-Drucks. 600/07)

Artikel 1[681]

Änderung der Insolvenzordnung

Die Insolvenzordnung vom 5. Oktober 1994 (BGBl I S. 2866), (..) wird wie folgt geändert:

1. § 4 wird wie folgt geändert:
   a) Der bisherige Wortlaut wird Absatz 1.
   b) Folgender Absatz 2 wird angefügt:

„(2) Hat der Schuldner die Restschuldbefreiung beantragt, wird ihm auf seinen Antrag ein zur Vertretung bereiter Rechtsanwalt seiner Wahl nur beigeordnet, wenn die Vertretung durch einen Rechtsanwalt trotz der dem Gericht obliegenden Fürsorge erforderlich erscheint. Dies ist insbesondere dann der Fall, wenn ein Gläubiger die Versagung der Restschuldbefreiung beantragt hat. Im Übrigen ist eine Bewilligung der Prozesskostenhilfe für diesen Schuldner ausgeschlossen."

2. Die §§ 4a bis 4d werden aufgehoben.

Zu Artikel 1 (Änderung der Insolvenzordnung)

Zu Nummer 1 (Änderung von § 4)

---

681 Entwurf des Gesetzes zur Entschuldung mittelloser Personen, zur Stärkung der Gläubigerrechte sowie zur Regelung der Insolvenzfestigkeit von Lizenzen, BT-Drucks. 16/7416 v. 05.12.2007.

Das Entschuldungsverfahren macht eine Stundung der Verfahrenskosten, aber auch die Gewährung von Prozesskostenhilfe entbehrlich. Allerdings kann es auch nach Aufhebung der Verfahrenskostenstundung geboten sein, dem Schuldner einen Rechtsanwalt beizuordnen, insbesondere dann, wenn er in einem quasikontradiktorischen Verfahren um eine Restschuldbefreiung kämpft. Um letzte Zweifel auszuräumen, wird in § 4 Abs. 2 S. 3 InsO-E klargestellt, dass über die Beiordnung hinaus dem Schuldner keine Prozesskostenhilfe gewährt wird. Diese Sonderregel für das Restschuldbefreiungsverfahren ist gerechtfertigt, weil dem Schuldner – beispielsweise durch Bestellung eines vorläufigen Treuhänders in voraussichtlich masselosen Fällen – bereits durch die Ausgestaltung des Verfahrens ausreichende Rechtsfürsorge zu Teil wird. Das bedeutet, dass der Schuldner in der Regel seinen Prozessbevollmächtigten selbst bezahlen muss.

Zu Nummer 2 (Aufhebung der §§ 4a bis 4d)

Mit Einführung eines Entschuldungsverfahrens steht auch mittellosen Personen, die nicht einmal die Verfahrenskosten eines Insolvenzverfahrens aufbringen können, eine Möglichkeit offen, über eine Entschuldung die Chance für einen wirtschaftlichen Neuanfang zu erlangen. Eine Stundung der Verfahrenskosten ist deshalb nicht mehr geboten. Sind die Verfahrenskosten nicht gedeckt, erfolgt nach § 26 InsO die Abweisung mangels Masse.

Literaturverzeichnis

Allolio, Hanno: Das Insolvenzrecht in der Praxis des Familienrechtlers, FF 2001, 9.

Apfelbacher, Gabriele: Ehebedingte Zuwendungen und Ehegatten-Eigenheimgesellschaft, Möglichkeiten zur Beeinträchtigung von Pflichtteilsansprüchen durch vorweggenommene Erbfolgen unter Ehegatten, 1993.

App, Michael: „Nahestehende Personen" i.S.d. neuen Insolvenzrechts und ihre Stellung im neuen Insolvenzrecht, FamRZ 1996, 1523.

Bähr, Peter: Besprechung des Urteils des BGH vom 20.10.1971 – VIII ZR 212/69, JR 1972, 293.

Bäumel, Dieter: Entscheidungsbesprechung, Aufsatz, Nacheheliche Unterhaltsansprüche - grenzenlose Vereinbarungen?, FPR 2001, 111.

Balz, Manfred/ Landfermann, Hans-Georg: Die neuen Insolvenzgesetze: mit Einleitung, Begründung des Regierungsentwurfs, Bericht des Rechtsausschusses des Deutschen Bundestages, insolvenzrechtliche Vergütungsverordnung mit Begründung, ergänzende Hinweise, Verweisungen und Sachverzeichnis, 1999.

Bamberger, Hans Georg/ Roth, Herbert: Kommentar zum Bürgerlichen Gesetzbuch, Bd. 2., §§ 611 - 1296, GG, ErbbauVO, WEG, 3. Aufl., 2012.

Bartels, Klaus: Der erbrechtliche Erwerb des Insolvenzschuldners, KTS 2003, 41.

Battes, Robert: Sinn und Grenzen des Zugewinnausgleichs, FuR 1990, 311.

ders.: Echte Wertsteigerung im Anfangsvermögen - immer Zugewinn?, FamRZ 2009, 261.

Baumbach, Adolf/ Lauterbach, Wolfgang/ Albers, Jan/ Hartmann, Peter: Zivilprozessordnung: mit FamFG, GVG und anderen Nebengesetzen, 70. Aufl., 2012.

Bauer, Joachim: Ungleichbehandlung der Gläubiger im geltenden Insolvenzrecht, DZWiR 2007, 188.

Baur, Fritz: Zwangsvollstreckungs- und konkursrechtliche Fragen zum Gleichberechtigungsgesetz, FamRZ 1958, 253.

Beitzke, Günther: Besprechung des Urteils des BGH vom 8.10.1955 – IV ZR 82/55 (OLG Celle), MDR 1957, 26.

Beitzke, Günther/ Lüderitz, Alexander: Familienrecht: ein Studienbuch, 2006.

Bergner, Ludwig: Der reformierte Versorgungsausgleich, NJW 2009, 1169.

Bergschneider, Ludwig: Zur unzulässigen Berufung auf das Verzichtsverbot beim Trennungsunterhalt, FamRZ 2000, 609.

ders.: Zur Inhaltskontrolle bei Eheverträgen, FamRZ 2001,1337.

ders.: Entscheidung des BGH, XII. ZS, Urteil vom 21.4.2004 (im Anschluss an Senatsurteil v. 11.12.2002 – XII ZR 27/00), FamRZ 2004, 1352.

ders.: Eheverträge und Scheidungsvereinbarungen, FamRZ 2004, 1757.

ders.: Zur Verjährungsfrist von Ansprüchen bei Vermögensauseinandersetzung der Ehegatten ausserhalb des Güterrechts, Perspektiven des Familienrechts, Festschrift für Dieter Schwab, 2005.

ders.: Verträge in Familiensachen: Eheverträge, Trennungs- und Scheidungsvereinbarungen, 2006.

ders.: Zum Formerfordernis nach der Neuregelung des § 1585 c BGB im Unterhaltsrechtsänderungsgesetz, DNotZ 2008, S. 95.

Berliner Kommentar, Kommentar der InsO und der InsVV mit Schriftsätzen und Mustern für die Insolvenzrechtspraxis, Jürgen Blersch, Hans-W. Goetsch, Ulrich Haas.

Biehl, Kristof: Verbraucherinsolvenz des Unterhaltschuldners, NJ W 2003, 269.

Blomeyer, Wolfgang: Die Inanspruchnahme des Rückkaufswertes eines widerruflichen Direktversicherungs-Bezugsrechts im Unternehmenskonkurs, DB 1988, 962.

ders.: Besprechung des Urteils des BAG vom 26.2.1991 – 3 AZR 213/90, ZIP 1991, 1295.

Blomeyer, Wolfgang /Kanz, Volkmar: Die Direktversicherung im Konkurs des Arbeitgebers, KTS 1985, 169.

Boennecke, Wolfgang: Zur Problematik des § 739 ZPO und des § 1362 BGB in der Fassung des Gleichbehandlungsgesetzes, NJW 1959, 1260.

Böhle-Stamschräder, Alois/ Kilger, Joachim: Kommentar zum Anfechtungsgesetz, 10. Aufl., 2006.

Böhnert, Hartmut: Vollstreckungsklausur: Der angefochtene Güterrechtsvertrag, JuS 1997, 1124.

Bötticher, Axel: Die Konkursmasse als Rechtsträger, ZZP Band 77, 1964, 66.

Boewer, Dietrich/ Bommermann, Ralf: Lohnpfändung und Lohnabtretung in Recht und Praxis, 1987.

Born, Winfried: Das neue Unterhaltsrecht, NJW 2008, 1.

Borth, Helmut: Zur Inhaltskontrolle von Eheverträgen, FamRZ 2004, 611.

ders.: Inhaltskontrolle von Eheverträgen – Neuere Rechtsprechung und offene Fragen, FamRB 2005, 177.

ders.: Der Gesetzesentwurf der Bundesregierung zur Reform des Unterhaltsrechts, FamRZ 2006, 815.

Bosch, Friedrich Wilhelm: Bemerkungen zum Gleichberechtigungsgesetz, FamRZ 1957, 194.

ders.:, Freiheit und Bindung im neuen Familienrecht, FamRZ 1958, 85.

ders.: Besprechung des Beschlusses des 1. Senats des BVerfG vom 10.6.1963 – 1 BvR 345/61, FamRZ 1963, 421.

ders.: Zur Vereinbarkeit der Benachteiligung der Ehegatten bei der Aussonderung im Konkurs (§ 45 KO) mit Art 6 Abs 1 GG, FamRZ 1968, 439.

Brambring, Günter: Abschied von der "ehebedingten Zuwendung" außerhalb des Scheidungsfalls und neue Lösungswege, ZEV 1996, 248.

ders.: Teil- oder Gesamtnichtigkeit beim Ehevertrag, NJW 2007, 865.

Braun, Eberhard: Kommentar der Insolvenzordnung, 2007.

ders.: Insolvenzordnung: Kommentar, hrsg. von Eberhard Braun und bearbeitet von Rüdiger Bauch, 2007.

Braun, Johann: Der Taschengeldanspruch des Ehegatten, AcP 195, 311.

ders.: Unterhalt für den Gläubiger des Ehegatten, NJW 2000, 97.

Breutigam, Axel/ Tanz, Matthias: Einzelprobleme des neuen Insolvenzanfechtungsrechts, ZIP 1998, 717.

Bruckmann, Ernst-Otto: Verbraucherinsolvenz in der Praxis, 1999.

Brudermüller, Gerd: Die Entwicklung des Familienrechts seit Mitte 2004, NJW 2005, 3187.

Bülow, Oskar: Dispositives Civilprozeßrecht und die verbindliche Kraft der Rechtsordnung, AcP 64 (1881), 1 ff.

Büte, Dieter: Zugewinnausgleich bei Ehescheidung, Bewertung, Berechnung, Sicherung, Verjährung, 2006.

Büttner, Helmut: Unterhalt und Zwangsvollstreckung, FamRZ 1994, 1433.

ders.: Grenzen ehevertraglicher Gestaltungsmöglichkeiten, FamRZ 1998, 1.

ders.: Die Härteklausel (§§ 1578b, 1579 BGB) im geplanten Unterhaltsrecht, FamRZ 2007, 773.

Büttner, Helmut/ Niepmann, Birgit: Die Entwicklung des Unterhaltsrechts seit Mitte 2002, NJW, 2003, 2498.

Cypionka, Bertram: Vereinbarungen über den Zugewinnausgleich in Eheverträgen und Scheidungsfolgenverträgen, MittRhNotK 1986, 157.

Cziupka, Johannes: Dispositives Vertragsrecht, 2010.

Dauner-Lieb, Barbara: Reichweite und Grenzen der Privatautonomie im Ehevertragsrecht, AcP 201 (2001) 295.

dies.: Richterliche Überprüfung von Eheverträgen nach dem Urteil des BGH vom 11-2-2004 - XII ZR 265/02, FF 2004, 65.

Deisenhofer, Ulrich: Zur Zulässigkeit eines Unterhaltsverzichts, FamRZ 2000, 1368.

Derleder, Peter: Die Pfändung des Taschengeldanspruchs einkommens- und vermögensloser Ehegatten, JurBüro 1994, 129.

Dethloff, Nina: Familienrecht: Ein Studienbuch, 29. Aufl., 2009, vormals Lüderitz/Dethloff.

Diederichsen, Uwe: Die allgemeinen Ehewirkungen nach dem 1. EheRG und

Ehevereinbarungen, NJW 1977, 217.
ders.: Teilhabegerechtigkeit in der Ehe, FamRZ 1992, 1.
Döbereiner, Stephan: Die Restschuldbefreiung nach der Insolvenzordnung, 1997.
Dölle, Hans: Die Gleichberechtigung von Mann und Frau im Familienrecht, JZ 1953, 353.
ders.: Familienrecht: Darstellung d. dt. Familienrechts mit rechtsvergleichenden Hinweisen, Band 1, 1964.
Dorn, Horst: Arbeitsteilung und Aufwendungsersatz, JZ 1964, 93.
Dorsel, Christoph: Zur Inhaltskontrolle von Eheverträgen BGH fördert Rechtssicherheit für Eheverträge, RNotZ 2004, 496.
Dose, Hans-Joachim: Erste Rechtsprechung des BGH zum Unterhaltsrechtreformgesetz, JAmt 2008, 557.
Eckert, Rainer: Sittenwidrigkeit und Wertungswandel, AcP 1999, 337.
ders.: Probleme der Bestimmung des für die Insolvenzanfechtung relevanten Zeitpunktes nach § 140 InsO, 2003.
Eichenhofer, Eberhard: Ausschluss des Versorgungsausgleichs durch Ehevertrag, DNotZ 1994, 213.
ders.: Drei Wege zum Versorgungsausgleich, FamRZ 2008, 950.
Eickelberg, Jan: Das Unterhaltsrecht – Hintergründe, ausgewählte Inhalte und Auswirkungen auf die notarielle Praxis, RNotZ 2009, 1.
Enderlein, Wolfgang: Rechtspaternalismus und Vertragsrecht, München 1996.
Eneccerus, Ludwig: Lehrbuch des bürgerlichen Rechts, Bd. 1, Allgemeiner Teil des bürgerlichen Rechts, Halbbd. 1 und 2, 1998.
Erman: Bürgerliches Gesetzbuch: Handkommentar mit EGBGB, ErbbauVO, HausratsVO, LPartG, ProdHaftG, UKlaG, VAHRG und WEG, hrsg. von Harm Peter Westermann. Bearb. von Lutz Aderhold, 2008.
Eschenbruch, Klaus: Der Unterhaltsprozess: Praxishandbuch des materiellen und prozessualen Unterhaltsrechts / hrsg. von Klaus Eschenbruch; Frank Klinkhammer, 2009.
Esser, Josef: Interpretation und Rechtsneubildung im Familienrecht, JZ 1953, 521.
ders.: Schuldrecht Besonderer Teil, Teilband 1/2, 5. Aufl. 1979.
Esser, Josef/Schmidt, Eike: Schuldrecht Allgemeiner Teil, 8. Aufl., 2000.
Fastrich, Lorenz: Richterliche Inhaltskontrolle im Privatrecht, München 1992.
Frank, Rainer: Zum Gesamtschuldnerausgleich zwischen Ehegatten nach Trennung, JZ 1983, 855.
ders.: Rechtsvergleichende Betrachtungen zur Entwicklung des Familienrechts, FamRZ 2004, 841.
Frankfurter Kommentar; Frankfurter Kommentar zur Insolvenzordnung / hrsg. von Klaus Wimmer. Bearb. von Martin Ahrens, 5. Aufl., 2009.

Find, Frank: Brauchen wir eine automatisierte Verwalterauswahl?, ZInsO 2001, 481.

Finger, Peter: Geplante Änderungen im ehelichen Güterrecht, FamRB 2008, 18.

Fischer, Gero: Der maßgebliche Zeitpunkt der anfechtbaren Rechtshandlung, ZIP 2004, 1679.

Foerste, Ulrich: Pfändbarkeit von Unterhaltsansprüchen trotz § 850 b, ZPO, NJW 2006, 2945.

Gageik, Astrid: Die aktuelle ober- und höchstrichterliche Rechtsprechung zur Inhaltskontrolle von Eheverträgen und ihre Auswirkungen auf die notarielle Praxis, RNotZ 2004, 295.

dies.: Wirksamkeits- und Ausübungskontrolle von Eheverträgen unter Berücksichtigung der aktuellen Rechtsprechung seit der Entscheidung des BGH vom 11.2.2004, FPR 2005, 122.

Geiß, Karlmann: 50 Jahre Bundesgerichtshof: Festschrift aus Anlass des fünfzigjährigen Bestehens von Bundesgerichtshof, Bundesanwaltschaft und Rechtsanwaltschaft beim Bundesgerichtshof, 2000.

Gerhardt, Peter: Handbuch des Fachanwalts Familienrecht, 5. Aufl., 2005.

ders.: Die ehelichen Lebensverhältnisse und der eheangemessene Selbstbehalt, FamRB 2006, 210.

ders.: Die Rechtsprechung des BGH zu arbeitsrechtlichen Abfindungen im Unterhaltsrecht und Zugewinnausgleich, FPR 2006, 354.

Gerhardt, Peter/Schulz, Werner: Die Rechtsprechung des BGH zu arbeitsrechtlichen Abfindungen im Unterhaltsrecht und Zugewinnausgleich, FamRZ 2005, 145.

dies.: Verbot der Doppelbewertung von Schulden beim Unterhalt und Zugewinn, FamRZ 2005, 317.

dies.: Die Berücksichtigung einseitig vermögensbildender Schulden beim Ehegattenunterhalt – Erwiderung zu den Beiträgen von Schmitz, FamRZ 2005, 1523.

Gerhardt, Walter: Forderungen aus Freigiebigkeit und unentgeltliche Verfügungen im Konkurs, ZIP 1991, 273.

ders.: Gedächtnisschrift Alexander Lüderitz, hrsg. von Haimo Schack unter Mitw. von Norbert Horn, 2000, 189.

ders.: Zur Insolvenzanfechtung eines Vergleichs, KTS 2004, 195.

Gernhuber, Joachim: Geld und Güter beim Zugewinnausgleich, FamRZ 1984, 1053.

ders.: Zur Frage der Anrechnung eines späteren privilegierten Erwerbs auf ein defizitäres Anfangsvermögen beim Zugewinnausgleich, JZ 1996, 47.

ders.: Der Gesamtschuldnerausgleich unter Ehegatten - Teil 1, JZ 1996, 696.

Gernhuber, Joachim/ Coester-Waltjen, Dagmar: Lehrbuch des Familienrechts, 2010.

Gessner, Volkmar: Die Praxis der Konkursabwicklung in der Bundesrepublik Deutschland: eine rechtssoziologische Untersuchung, Max-Planck Institut, 1978

Giers, Michael: Vollstreckung in Arbeitseinkommen und Unterhaltspflichten, FamRB 2006, 307.

Gitter, Wolfgang: Der Einfluss des Sozialrechts auf die Vertragsgestaltung, DNotZ 1984, 595.

Goebel, Joachim: In guten, nicht in schlechten Tagen?, FamRZ 2003, 1513.

Göppinger, Horst/ Börger, Ulrike: Vereinbarungen anlässlich der Ehescheidung, 8. Aufl. 2003.

Göppinger, Horst/ Wax, Peter: Unterhaltsrecht, begr. von Günter Brühl, fortgef. von Horst Göppinger, 2008.

Graf-Schlicker, Marie-Luise/Breitenbücher, Bettina: Kommentar zur Insolvenzordnung, 2007.

Grote, Hugo: Verbraucherinsolvenz nach einem halben Jahr - Plädoyer für die Abschaffung, ZInsO 1999, 383.

ders.: Die Änderung des Insolvenzrechts durch das Insolvenzänderungsgesetz, NJW 2001, 3665.

Grundlach, Ulf/ Frenzel, Volkhard/Schmidt, Nikolaus: Zum Begriff der Unentgeltlichkeit in § 134 InsO, InVo 2004, 485.

Grziwotz, Herbert: Möglichkeiten und Grenzen von Vereinbarungen unter Ehegatten, MDR 1998, 1075.

ders.: Doppelverwertungsverbot im Scheidungsfolgenrecht, MittBayNot 2005, 284.

ders.: Verbot der Doppelberücksichtigung von Schulden im Unterhaltsrecht und beim Zugewinnausgleich, FPR 2006, 485.

Günther, Robert: Die Insolvenzanfechtung der Deckung von Altverbindlichkeiten, 2006.

Gutjahr, Jens: Die Übergangsregelung zur Unterhaltsrechtsreform, NJW 2008, 1985.

Haarmeyer, Hans/ Wutzke, Wolfgang/ Förster, Karsten: Insolvenzrechtliche Vergütung: (InsVV) Kommentar, 4. Aufl., 2007.

Haegele, Karl/Hess, Harald/ Theobald, Günter: Konkurs, Vergleich, Gläubigeranfechtung: ein Handbuch für die Praxis in systematischer Darstellung, 1990.

Häsemeyer, Ludwig: Insolvenzrecht, 4. Aufl., 2007.

Hahne, Meo-Micaela: Grenzen ehevertraglicher Gestaltungsfreiheit, DNotZ 2004, 84.

dies., Scheidung, Trennung – Scheidungs- und Trennungsvereinbarungen, Symposium des Instituts für Notarrecht an der Universität Würzburg, S. 9.

Hamburger Kommentar: Hamburger Kommentar zum Insolvenzrecht: InsO, EuInsVO, Art. 102 EGInsO, InsVV, VbrInsVV, InsOBekV, Insolvenzstrafrecht, Hrsg. Schmidt, Andreas, 2007.

Hartl, Melanie: Die unbenannte Zuwendung und ihre Drittwirkung in der Vertragsgestaltung: Fallgruppenuntersuchung von Ehegattenzuwendungen im Hinblick auf kollidierende Interessen Dritter im Erb-, Schenkungsteuer- und Anfechtungsrecht, 2001.

Hassold, Gerhard: Zur Leistung im Dreipersonenverhältnis: Anweisung u. Vertrag zugunsten Dritter als Modell, 1981.

Haumer, Tobias: Taschengeld unter Ehegatten - Ein Anspruch ohne Grundlage, FamRZ 1996, 193.

Hauß, Jörn: Wege aus der Mangelfallberechnung - Verbraucherinsolvenz und Unterhalt, MDR 2002, 1163.

ders.: Zumutbarkeit eines Verbraucherinsolvenzverfahrens für den Unterhaltsschuldner, MDR 2003, 576.

ders.: Verbraucherinsolvenz und Unterhalt, FamRZ 2006, 306.

ders.: Unterhalt und Verbraucherinsolvenz, FamRZ 2006, 1496.

ders.: Sozialhilfe - Grundsicherung im Alter und bei Erwerbsminderung – Einkommenseinsatz, FamRZ 2008, 52.

Haußleiter, Otto/ Schulz, Werner: Vermögensauseinandersetzung bei Trennung und Scheidung, 4. Aufl., 2004.

Hayler, Peter: Rechtsfolgen ehebedingter Zuwendungen im Verhältnis zu Dritten, Diss., 1999.

Hayler, Saskia: Schuldenhaftung nach Scheidung oder Trennung einer Ehe bzw. nichtehelichen Lebensgemeinschaft, Diss., 1999.

Heidelberger Kommentar: Kommentar zur Insolvenzordnung v. Dieter Eickmann u.a., 4. Aufl., 2006.

Heinle, Joachim: Zwanzig Jahre „unbenannte Zuwendung“, FamRZ 1992, 1256.

Henckel, Wolfram: Zum Begriff der Unentgeltlichkeit und zu den subjektiven Voraussetzungen bei der Schenkungsanfechtung des Konkursverwalters, ZIP 1990, 137.

Henning, Kai: Die praktische Umsetzung des Verbraucherinsolvenzverfahrens, InVo 1996, 288.

Henssler, Martin: Das Berufsbild des Insolvenzverwalters im Wandel der Zeit, ZIP 2002, 1053.

Herrler, Sebastian: Verstärkende Unterhaltsvereinbarungen nach der Reform und deren Bestandskraft bei Änderung der wirtschaftlichen Rahmenbedingungen, FPR 2009, 506.

Hess, Burkhard: Nachehelicher Unterhalt zwischen Vertragsfreiheit und sozialrechtlichem Allgemeinvorbehalt, FamRZ 1996, 981.

Hess, Harald: Insolvenzrecht Großkommentar, Band II, 2007.

ders.: Nachehelicher Unterhalt zwischen Vertragsfreiheit und sozialrechtlichem Allgemeinvorbehalt, FamRZ 1996, 981.

Hess, Harald/ Obermüller, Manfred: Die Rechtsstellung der Verfahrensbeteiligten nach der Insolvenzordnung, 1995.

Hess, Harald/Weis, Michaela: Insolvenzrecht: Tipps und Taktik, 2005.

Hilbig, Katharina: Reformüberlegungen zum Zugewinnausgleich, Jura 2008, 922.

Hillgruber, Christian: Abschied von der Privatautonomie?, ZRP 1995, 6.

Höland, Armin/Sethe, Rolf/Notarkammer Sachsen-Anhalt: Eheverträge und Scheidungsfolgenvereinbarungen: Symposium am 29. März 2006 an der Universität Halle-Wittenberg, 2007.

Hörle, Dieter: Gewährung des notdürftigen Unterhalts an den Gemeinschuldner und seine Familie, LZ 1910, 348.

Holzapfel, Lothar: Ehegattenschenkungen und Gläubigerschutz: Geschichte, Rechtsvergleich u. Reform d. Schenkungsanfechtung innerhalb u. außerhalb d. Konkurses, Diss., 1979.

Holzhauer, Heinz: Schenkungen aus dem Vermögen Betreuter, FamRZ 2000, 1063.

Holzscheck, Knut/Hörmann, Günter/Daviter, Jürgen: Die Praxis des Konsumkredits in der Bundesrepublik Deutschland, hrsg. vom Bundesjustizministerium der Justiz, 1982.

dies.: Rechtstatsachen zum Konsumentenkredit, ZIP 1982, 1172.

Hoppenz, Rainer: Insolvenzordnung und Unterhaltsrecht, FF 2003, 158.

ders.: Zur Konkurrenz von Unterhalt und Zugewinnausgleich, FamRZ 2006, 1244.

ders.: Reformbedarf und Reformbestrebungen im Zugewinnausgleich, FamRZ 2008, 1889.

Huber, Michael: Anfechtungsgesetz: Gesetz über die Anfechtung von Rechtshandlungen eines Schuldners außerhalb des Insolvenzverfahrens, 2006.

Isensee, Wolfgang: Festschrift für Bernhard Großfeld zum 65. Geburtstag, hrsg. von Ulrich Hübner 1999, 485.

Jaeger, Ernst: Zur rechtlichen Deutung ehebezogener (sogenannter unbenannter) Zuwendungen und zu ihrer Rückabwicklung nach Scheitern der Ehe, DNotZ 1991, 431.

Jäger, Ulrich: Der Regierungsentwurf eines Gesetzes zur Entschuldung völlig mittelloser Personen - mehr als nur ein Silberstreif am Horizont, ZVI 2007, 507.

Jaeger, Ernst: Die Pfändbarkeit von Vergütungsansprüchen auf Grund der §§ 850c, 850 d ZPO, ZZP 1936/37 (Band 60), 87.

Jaeger, Ernst/Henckel, Wolfram: Kommentar zur Konkursordnung, Großkommentar, Bd. 2.2, §§ 207 – 244 KO, 1973; Bd. 2,1, §§ 71 – 206 KO, 1973; Bd. 1, §§ 1 – 70 KO, 1955 – 1958.

dies.: Kommentar zur Insolvenzordnung, Großkommentar, Bd. 1, §§ 1 – 55,

2004; Bd. 2, §§ 56 – 102, 2007, Bd. 4, §§ 129 – 147, 2008.

Jakobs, Michael: Die Doppelberücksichtigung bei finanziellen Ansprüchen des Familienrechts, FuR 2007, 450.

Jauernig, Othmar: Kommentar zum Bürgerlichen Gesetzbuch: mit Allgemeinem Gleichbehandlungsgesetz, 2007.

Jauernig, Othmar/Berger, Christian: Zwangsvollstreckungs- und Insolvenzrecht: ein Studienbuch, 2007.

Johannsen, Kurt Herbert: Vermögensrechtliche Auseinandersetzung unter Ehegatten nach Auflösung der Ehe beim Güterstand der Zugewinngemeinschaft, WM 1978, 502.

Johannsen, Kurt H. /Henrich, Dieter: Eherecht: Trennung, Scheidung, Folgen, bearb. Gerd Brudermüller, 4. Aufl., 2003.

Jülicher, Marc: Auswirklungen der neuen Insolvenzordnung auf die Vermögensnachfolge, ZEV 1998, 370.

Kalthoener, Elmar/Büttner, Helmut/Niepmann, Birgit: Die Rechtsprechung zur Höhe des Unterhalts, 10. Aufl., 2008.

Kath-Zuhorst, Linde: FS Ingrid Groß 2004, hrsg. Klaus Schnitzler S. 123

Keller, Ulrich: Der Unterhaltsanspruch als Insolvenzforderung und die Stellung des Unterhaltsgläubigers im Insolvenzverfahren, NZI 2007, 143.

Kilger, Joachim: Konkursordnung: mit Gesamtvollstreckung, 1993.

Kirchhof, Hans-Peter: Die Ziele des Insolvenzverfahrens in der Rechtsprechung des Bundesgerichtshofs, Festschrift für Walter Gerhardt, 2004.

Kirchner, Hildebert: Abkürzungsverzeichnis der Rechtsprache, bearbeitet von Cornelie Butz, 5. Augflage, 2003.

Kleinle, Friedrich: Die Ehegattenschuld bei Trennung und Scheidung, FamRZ 1997, 8.

Klinkhammer, Frank: Grundsicherung und Unterhalt, FamRZ 2003, 1793.

Klühs, Hannes: Vorsatzanfechtung von Güterstandsvereinbarungen im Lichte der Rechtsprechung des BGH, NZI 2010, 921.

Knur, Alexander: Zugewinngemeinschaft, Ehevertrag und Verfügungen von Todes wegen, DNotZ 1957, 471.

Koch, Elisabeth: Die Entwicklung der Rechtsprechung zum Zugewinnausgleich, FamRZ 2005, 845.

dies.: Die Entwicklung der Rechtsprechung zum Zugewinnausgleich, FamRZ 2006, 585.

dies.: Die geplante Neuregelung des Zugewinnausgleichs, FamRZ 2008, 1124.

Kögler, Hubert: Das defizitäre Anfangsvermögen beim Zugewinnausgleich, Diss., 1999.

Kölner Schrift: Kölner Schrift zur Insolvenzordnung: das neue Insolvenzrecht in der Praxis / Arbeitskreis für Insolvenz- und Schiedsgerichtswesen e.V., Gesamtred.: Karlhans Fuchs, 2000.

Kogel, Walter: Zur Bewertung einer gesellschaftsrechtlich ausgestalteten Mitarbeiterbeteiligung im Zugewinnausgleich, wenn die Parteien die daraus zu erwartenden laufenden Erträge in einem Unterhaltsvergleich bereits als unterhaltsrechtlich relevantes Einkommen berücksichtigt haben (Abgrenzung zum Senatsurteil, BGHZ 75, 195), FamRZ 2003, 1645.

ders.: Doppelberücksichtigung von Abfindungen und Schulden im Unterhalt und Zugewinnausgleich, FamRZ 2004, 1614

ders.: Besprechung des Beschluss des IV. ZS des OLG Hamburg vom 27.10.2004 – IV ZR 243/03, FamRZ 2005, 207.

ders.: Die Kapitalisierung von berufsständischen Versorgungsansprüchen, FamRZ 2005, 1785.

Kollhosser, Helmut: Ehebezogene Zuwendungen und Schenkungen unter Ehegatten, NJW 1994, 2313.

Kohte, Wolfhard: Alte Schulden - neue Verfahren?, ZInsO 2002, 53.

Kohte, Wolfhard/Ahrens, Martin/ Grote, Hugo: Verfahrenskostenstundung, Restschuldbefreiung und Verbraucherinsolvenz, 3. Aufl., 2006.

Kohte, Wolfhard/Kemper, Matthias: Kein Ausweg aus dem Schuldenturm, Blätter der Wohlfahrtspflege (Deutsche Zeitschrift für Sozialarbeit), 1981, 88.

Korczak, Dieter/Pfefferkorn, Gabriela: Studie der GP-Forschungsgruppe zur Überschuldungssituation und Schuldnerberatung in der Bundesrepublik Deutschland, 1990.

Kornexl, Thomas: Ehevertragsgestaltung als Störfallvorsorge, FamRZ 2004, 1609.

Krause, Lambert: Der Einfluss von Schulden und Kindesunterhalt auf den Erwerbstätigenbonus, FamRZ 2005, 8.

ders.: Unterhalt und Insolvenz, FamRZ 2005, 1725.

Krebs, Angelika: Arbeit und Liebe, Die philosophischen Grundlagen sozialer Gerechtigkeit, 2002.

Kuchinke, Kurt: Der Pflichtteilsanspruch als Gegenstand des Gläubigerzugriffs, NJW 1994, 1769.

Kübler, Bruno M./Prütting, Hanns: Das neue Insolvenzrecht, Bd. 1 und 2, EGInsO, 1994.

Kübler, Bruno M./Prütting, Hanns/Bork, Reinhard: Kommentar zum Insolvenzrecht, Loseblattsammlung, 6. Auflage, 2013.

Kühne, Gunther: Schenkungen unter Ehegatten, insbesondere ihre Rückabwicklung nach der Scheidung, FamRZ 1969, 371.

Kuhn, Georg/Uhlenbruck, Wilhelm: Kommentar zur Konkursordnung, 10. Aufl., 1985, 11. Aufl., 1994.

dies.: Kommentar zur Insolvenzordnung, 12. Aufl., 2002.

Lange, Prof. Dr. Hermann: Ehevertrag und Güterrechtsregister, FamRZ 1964, 547.

Langenfeld, Gerrit: BGH-Rechtsprechung aktuell: Der BGH-Schutzpatron der pflichtteilsberechtigten Abkömmlinge, NJW 1994, 2133.

ders.: Grundstückszuwendungen im Zivil- und Steuerrecht: Schenkung, Ausstattung, vorweggenommene Erbfolge, ehebedingte Zuwendung, Betriebsnachfolge, steuergünstige Gestaltungen, 4. Aufl., 1999.

ders.: Die Ehevertragsgestaltung auf dem Prüfstand der richterlichen Inhaltskontrolle, ZEV 2004, 311.

ders.: Handbuch der Eheverträge und Scheidungsvereinbarungen, 2005.

ders.: Wandlungen des Ehevertrags, NJW 2011, 966.

Langenfeld, Gerrit/ Lamberg -Lang, Heidi: Möglichkeiten und Grenzen notarieller Vertragsgestaltung bei Eheverträgen und Scheidungsvereinbarungen, DNotZ 1985, Sonderheft 167.

Larenz, Karl: Allgemeiner Teil des BGB, 9. Aufl. 2004

Leipold, Dieter: Insolvenzrecht im Umbruch: Analysen und Alternativen, Würzburger Arbeitstagung der Vereinigung der Zivilprozessrechtslehrer zum Referentenentwurf einer Insolvenzordnung, 1991.

ders.: Erbrechtlicher Erwerb und Zugewinnausgleich im Insolvenzverfahren und bei der Restschuldbefreiung, Festschrift Hans Friedhelm Gaul, S. 367, 1997.

Lenz, Nina: Vereinbarungen über den Anspruch auf Betreuungsunterhalt, MittBayNot 1999, 152.

Lieb, Manfred: Die Ehegattenmitarbeit im Spannungsfeld zwischen Rechtsgeschäft, Bereicherungsausgleich und gesetzlichem Güterstand, Zugleich e. Beitr. z. Rechtsfortbildung im Familienrecht, 1970.

Limmer, Peter/ Schwab, Dieter: Scheidung, Trennung – Scheidungs- und Trennungsvereinbarungen, 8. Wissenschaftliches Symposium des Instituts für Notarrecht an der Universität Würzburg, 2008, S. 68 ff.

Löhnig, Martin: Zum Ausgleich „unbenannter“ oder „ehebedingter“ Zuwendungen nach der Schuldrechtsmodernisierung, FamRZ 2003, 1521.

ders.: Die neuen Leitlinien des BGH für die Kontrolle von Eheverträgen, JA 2005, 344.

Luthin, Horst: Unterhaltsrecht – quo vadis? FPR 2004, 567.

Luthin, Horst/Koch, Elisabeth/Kamm, Michael: Handbuch des Unterhaltsrechts, begründet von Wolfgang Köhler, fortgef. von Horst Luthin, hrsg. von Elisabeth Koch, bearb. von Michael Kamm, 11. Aufl. (2010).

Mäusezahl, Uwe: Zur Anwendbarkeit der §§ 850 ff ZPO in der Verbraucherinsolvenz, ZInsO 2000, 193.

Maier, Winfried: Die gleiche Teilhabe der Ehegatten am gemeinsam Erwirtschafteten im Unterhaltsrecht, NJW 2002, 3359.

Melchers, Gunnar: Revolutioniert die Insolvenzordnung die Unterhaltsberechnung im Mangelfall? FamRZ 2001, 1509.

ders.: Die Insolvenzordnung wird die Unterhaltsberechnung im Mangelfall revo-

lutionieren!, ZVI 2002, 143.
ders.: Schuldenfrei trotz Trennung und Scheidung, FamRB 2002, 180.
ders.: Obliegenheit zur Privatinsolvenz in Mangellagen, FuR 2003, 145.
ders.: Besprechung des Beschlusses des OLG Naumburg, 8. ZS – 2. FamS. vom 5.3.2003 – 8 WF 202/02), FamRZ 2003, 1769.
ders.: Obliegenheit des Unterhaltsschuldners zur Einleitung eines Verbraucherinsolvenzverfahrens, NJW 2008, 806.
Melchers, Gunnar/ Hauß, Jörn: Unterhalt und Verbraucherinsolvenz, 2003.
Melullis, Klaus Jürgen: Das Verhältnis von Geschäftsführung ohne Auftrag und ungerechtfertigter Bereicherung, 1971.
Menne, Martin: Die Unterhaltsrechtsreform: Der Unterhalt des geschiedenen Ehegatten, FPR 2005, 323.
Messner, Olaf: Dissonanzen zwischen Insolvenz- und Erbrecht, ZVI 2004, 433.
Mohrbutter, Jürgen/ Mohrbutter, Harro: Handbuch der Konkurs- und Vergleichsverwaltung, 5. Aufl., 1985.
Mohrbutter, Harro/Ringstmeier, Andreas: Handbuch der Insolvenzverwaltung, 8. Aufl., 2007.
Morhard, Thilo: „Unbenannte Zuwendungen" zwischen Ehegatten – Rechtsfolge und Grenzen der Vertragsgestaltung, NJW 1987, 1734.
Münch, Christof: Inhaltskontrolle von Eheverträgen, ZNotP 2004, 122.
ders.: Die Ehegatteninnengesellschaft, FamRZ 2004, 233.
ders.: Inhaltskontrolle von Eheverträgen, DNotZ 2005, 819.
ders.: Unternehmensbewertung im Zugewinnausgleich und Doppelverwertungsverbot, NJW 2008, 1201.
ders.: Die Reform des Zugewinnausgleichsrechts, MittBayNot 2009, 261.
ders.: Unterhaltsvereinbarungen nach der Reform, 2009.
ders.: Unterhaltsverstärkende Vereinbarungen, notar 2009, 286.
Münchener Kommentar: Kommentar zum Bürgerlichen Gesetzbuch, Band 1/Teilband 1: Allgemeiner Teil (§§ 1-240), 6. Aufl., 2012, Band 2: Schuldrecht, allgemeiner Teil (§§ 241-432), 5. Aufl., 2007, Band 3: Schuldrecht, besonderer Teil I (§§ 433-610), 6. Aufl., 2012, Band 4: Schuldrecht, besonderer Teil II (§§ 611-704), Teilzeitbefristungsgesetz, Kündigungsschutzgesetz, 5. Aufl., 2009, Band 5: Schuldrecht, besonderer Teil III (§§ 705-853), Partnerschaftsgesellschaftsgesetz, Produkthaftungsgesetz, 5. Aufl., 2009, Band 6: Sachenrecht (§§ 854-1296), 5. Aufl., 2009, Band 7: Familienrecht I (§§ 1297-1588), VAHRG, VAÜG, HausratsVO, 5. Aufl., 2010, Band 8: Familienrecht II (§§ 1589-1921), SGB VIII. 5. Aufl., 2008 und Nachtrag zur 5. Aufl. §§ 1666-1667, Versorgungsausgleich, §§ 1587-1587p, Fassung vor dem 1. September 2009, 5. Aufl., 2009, Band 9: Erbrecht (§§ 1922-2385), §§ 27-35 Beurkundungsgesetz, 5. Aufl., 2009.
Münchener Kommentar InsO: Kommentar zur Insolvenzordnung, mit Gerichts-

verfassungsgesetz und Nebengesetzen, Band 1: §§ 1-102, Insolvenzrechtliche Vergütungsverordnung (InsVV), 2. Aufl., 2007; Band 2: §§ 103-269, 2. Aufl., 2008, Band 3: §§ 270-329, 2. Aufl., 2008.

Münchener Kommentar ZPO: Kommentar zur Zivilprozessordnung Band 1: §§ 1-510c, 3. Aufl., 2008, Band 2: §§ 511-945, 3. Aufl., 2007, Band 3: §§ 946-1086, EGZPO, GVG, EGGVG, UKlaG, IZPR, 3. Aufl., 2008.

Muscheler, Karlheinz: Wertänderungen des privilegierten Erwerbs in der Zugewinngemeinschaft, FamRZ 1998, 265.

Musielak, Hans-Joachim: Kommentar zur Zivilprozessordnung mit Gerichtsverfassungsgesetz, 6. Aufl. 2008.

Nerlich, Jörg/ Althaus, Christian: Münchener Anwaltshandbuch Sanierung und Insolvenz, 2006.

Nerlich, Jörg/Römermann, Volker: Kommentar zur Insolvenzordnung, 1999.

Niepmann, Birgit: Aktuelle Probleme des ehelichen Vermögensrechts, FF 2005, 131.

Nußbaum, Barbara: Unterhaltsvollstreckung - allgemeine Vollstreckungsvoraussetzungen, FamRB 2004, 305.

dies.: Die Unterhaltsvollstreckung in Arbeitseinkommen, FamRB 2004, 405.

Oertmann, Paul Ernst Wilhelm: Entgeltliche Geschäfte, 1912.

ders.: Mittelbare Zuwendungen, AcP 138, 56.

ders.: Zur Frage der Anfechtbarkeit des Fünfzehnhundert-Mark-Vertrages, Recht und Wirtschaft (RuW), 1914, 239.

Ortner, Korbinian: Familienrechtliche Unterhaltsleistungen im Verbraucherinsolvenzverfahren, ZFE 2005, 303.

Palandt: Bürgerliches Gesetzbuch: mit Einführungsgesetz (Auszug), Allgemeines Gleichbehandlungsgesetz (Auszug), BGB-Informationspflichten-Verordnung, Unterlassungsklagengesetz, Produkthaftungsgesetz, Erbbaurechtsverordnung, Wohnungseigentumsgesetz, Hausratsverordnung, Vormünder- und Betreuervergütungsgesetz, Lebenspartnerschaftsgesetz, Gewaltschutzgesetz (Auszug), bearbeitet: Bassenge, Peter, 71. Aufl. 2012.

Pape, Gerhard: Erforderlichkeit eines Eigenantrags des Schuldners im Fall des Antrags auf Restschuldbefreiung bei Anschließung bei einen Gläubigerantrag?, NZI 2002, 186.

ders.: Werkvertragsmäßige Mängelerfassung: Haftungsausschluss für nicht erkannte und verdeckte Mängel, ZIP 2002, 225.

ders.: Entwicklung des Regelinsolvenzverfahrens im Jahre 2001, NJW 2002, 1165.

ders.: Entwicklung des Verbraucherinsolvenzverfahrens, NJW 2007, 3474.

ders.: Die Familie des Schuldners: Mitgefangen - mitgehanden? Auswirkungen der privaten Insolvenz auf Ehegatten und Familien, AnwBl 2009, S. 582.

Pawlowski, Hans-Martin: Abschied von der „bürgerlichen Ehe“?, DEuFamR

2000, 2, 19-28.

Peschel-Gutzeit, Lore Maria: Die Entwicklung des Sorge- und Umgangsrechts (Teil I), NJ 2005, 193.

Prütting, Hanns: Insolvenzanfechtung wegen Unentgeltlichkeit bei Erfüllungshandlungen, KTS 2005, 253.

Prütting, Hanns/Helms, Tobias: Kommentar zu dem Gesetz über das Verfahren in Familiensachen und in den Angelegenheiten der freiwilligen Gerichtsbarkeit mit Gesetz über Gerichtskosten in Familiensachn, 2009.

Rauscher, Thomas: Grenzen der Vertragsfreiheit im Unterhaltsrecht - Konsequenzen aus der Rechtsprechung des BVerfG, DNotZ 2002, 751.

ders.: Ehevereinbarungen: Die Rückkehr der Rechtssicherheit, zu BGH v. 11. 2. 2004 - XII ZR 265/02, DNotZ 2004, 524.

Rehme, Eckhard: Verbot der Doppelverwertung/Doppelregelung im Verhältnis zwischen Zugewinn- und Versorgungsausgleich?, FuR 2006, 389.

Reinicke, Dietmar: Die Berechnung der Ausgleichsforderung im Güterstand der Zugewinngemeinschaft, BB 1957, 759.

RGRK: Das Bürgerliche Gesetzbuch: mit besonderer Berücksichtigung der Rechtsprechung des Reichsgerichts und des Bundesgerichtshofes, Band 1, 12. Aufl., 1982.

Röthel, Anne: Richterliche Inhaltskontrolle von Eheverträgen, NJW 2001, 1334.

Röwekamp, Hendrik: Der Taschengeldanspruch unter Ehegatten und seine Pfändbarkeit, Diss., 2003.

Rolland, Walter: Das neue Ehe- und Familienrecht, Kommentar, 2. Aufl., 1982.

Sandweg, Hans-Eberhard: Ehebedingte Zuwendungen und ihre Drittwirkung, NJW 1989, 1965.

Schellhorn, Walter/ Jirasek, Hans/ Seipp, Paul: Das Bundessozialhilfegesetz, Kommentar zur Ausbildung und Praxis, 14. Aufl., 1993.

Schmid, Stefan: Taschengeldansprüche der Ehegatten gegeneinander und ihre Pfändbarkeit, JurBüro 1988, 1105.

Schmidt, Bernd: Die "vergessenen" Unterhaltsgläubiger, InVo 2001, 8.

Schmidt, Karsten: Zur Haftung des Konkursverwalters gegenüber Vertragspartnern, ZIP 1988, 7.

Schmidt-Räntsch, Ruth: Das neue Verbraucherinsolvenzverfahren MDR 1994, 321.

Schmidt-Rimpler, Walter: Grundfragen einer Erneuerung des Vertragsrechts, AcP 147 (1941), 130 ff.

Schmitz, Hans Walter: Anmerkung zu dem Beitrag Verbot der Doppelbewertung von Schulden beim Unterhalt und Zugewinn von Gerhardt und Schulz, FamRZ 2005, 317 ff., FamRZ 2005, 1520.

Schmitz, Kall; Unterhaltsstärkende Vereinbarungen, RNotZ 2011, 265.

Schoch, Dietrich: Unterhaltspflicht und Grundsicherung, ZfF 2003, 1.

Schotten, Günther: Die ehebedingte Zuwendung – ein überflüssiges Rechtsinstitut?, NJW 1990, 2841.

Scholz, Harald: Der Kindesunterhalt nach dem Gesetz zur Änderung des Unterhaltsrechts, FamRZ 2007, 2021.

Schubert, Peter: Wirksamkeit von Unterhaltsverzichts- und –freistellungserklärungen, FamRZ 2001, 733.

Schürmann, Heinrich: Zur Frage der Zumutbarkeit der Verweisung des Unterhaltsschuldners auf ein Verbraucherinsolvenzverfahren bei nachhaltiger und dauerhafter Überschuldung, FamRZ 2003, 1030.

ders.: Obliegenheit zur Einleitung der Verbraucherinsolvenz zur Sicherstellung des Unterhalts minderjähriger Kinder FamRZ 2005, 887.

Schulin, Bertram: Anmerkung zu Gerhardt und Schulz: Verbot der Doppelbewertung von Schulden beim Unterhalt und Zugewinn, FamRZ 2005, 317 ff., FamRZ 2005, 1521.

Schulz, Werner: Zur Doppelberücksichtigung von Vermögenspositionen beim Unterhalt und Zugewinn, FamRZ 2006, 1237.

Schumann, Ekkehard: Einheit und Vielfalt des Rechts: Festschrift für Reinhold Geimer zum 65. Geburtstag / hrsg. von Schütze, Rolf A., 2002.

Schuschke, Winfried/ Walker, Wolf-Dietrich: Vollstreckung und vorläufiger Rechtsschutz, Kommentar zum achten und elften Buch der ZPO einschließlich der europarechtlichen Regelungen, 4. Aufl., 2008.

Schwab, Dieter: Neue Rechtsprechung zum Zugewinnausgleich, FamRZ 1984, 429.

ders.: From Status to Contract? – Aspekte der Vertragsfreiheit im Familienrecht im Lichte seiner Reformen, DNotZ Sonderheft 2001, 9.

ders.: Handbuch des Scheidungsrechts, 5. Aufl. 2004.

ders.: Zur Reform des Unterhaltsrechts, FamRZ 2005, 1417.

ders.: Familienrecht, 16. Aufl., 2008.

ders.: Zugewinnausgleich und Wirtschaftskrise, FamRZ 2009, 1445.

Schwarz, Annegret: Familienrechtliche Ansprüche im Insolvenzverfahren, ZVI 2006, 380.

Schwackenberg, Volker: Vereinbarungen zum Trennungsunterhalt, FPR 2001, 107.

Seier, Nicole/ Seier, Martin: Verbraucherinsolvenz und Restschuldbefreiung im Unterhaltsrecht ZFE 2003, 260.

Seif, Ulrike: Ehebezogene Zuwendungen als Schenkungen unter Ehegatten, FamRZ 2000, 1193.

Smid, Stefan: Insolvenzordnung mit Insolvenzrechtlicher Vergütungsverordnung, 2. Aufl. 2001.

Soergel: Kommentar zum Bürgerlichen Gesetzbuch mit Einführungsgesetz u. Nebengesetzen, 13. Aufl., 2002.

Soyka, Jürgen: Kindesunterhalt: Obliegenheit des leistungsunfähigen Schuldners zur Einleitung der Verbraucherinsolvenz zur Sicherung des Vorrangs des laufenden Unterhalts der minderjährigen Kinder Familienrecht Kompakt, 2005, 95.

ders.: Behandlung von Abfindungen. FuR 2005, 539.

Stach, Simone: Eheverträge, Gesetz und Rechtstatsachen, Diss., 1988.

Stapper, Florian: Neue Anforderungen an den Insolvenzverwalter, NJW 1999, 3441.

Staudinger: Kommentar zum Bürgerlichen Gesetzbuch mit Einführungsgesetz u. Nebengesetzen, Schenkungsrecht (§§ 516-534), Stand 2005, Geschäftsbesorgung (§§ 657-704), Stand 2006, Einleitung zum Familienrecht (§§ 1297-1362), Stand 2007, Eheliches Güterrecht (§§ 1363-1563), Stand 2007, Scheidung der Ehe (§§ 1564-1568), Stand 2007, Eltern - Kind - Verhältnis (§§ 1616-1625), Stand 2007.

Steder, Brigitte: Behandlung des Arbeitseinkommens und sonstige laufende Bezüge im eröffneten Insolvenzverfahren, ZIP 1999, 1874.

Stein, Friedrich: Der 1500 Mark Vertrag, ZZP 1944, 437.

Stein, Friedrich/ Jonas, Martin: Kommentar zur Zivilprozessordnung, 22. Aufl., 2002.

Stöber, Kurt: Forderungspfändung: Zwangsvollstreckung in Forderungen und anderen Vermögensrechte, 14. Aufl. 2005.

Struck, Gerhard: Gläubigerschutz und Familienschutz, AcP 187, 404.

Stumpe, Diana: Verbraucherinsolvenz als aktives Instrument familienrechtlicher Unterhaltsgestaltung, Diss., 2006.

Tiedtke, Klaus: Güterrechtlicher und schuldrechtlicher Ausgleich bei Scheidung der Ehe, DNotZ 1983, 161.

Uhlenbruck, Wilhelm: Insolvenzordnung, Kommentar, 12. Aufl., 2002.

ders.: Insolvenzrecht und Insolvenzpraxis für die Kreditwirtschaft, 1985.

ders.: Unterhaltsansprüche in einem Restschuldbefreiungsverfahren nach dem Entwurf einer Insolvenzordnung, FamRZ 1993, 1026.

ders.: Neues Insolvenzrecht, Wege aus dem modernen Schuldturm, Information für Gläubiger, Schuldner und GmbH Geschäftsführer, 1998.

ders.: Insolvenzrechtsreform - Flucht der Schuldner aus dem "Modernen Schuldturm" auf Kosten der Unterhaltsberechtigten?, FamRZ 1998, 1473.

ders.: Familienrechtliche Aspekte der Insolvenzordnung, KTS 1999, 413.

Vallender, Heinz: Die Vorschusspflicht des Ehegatten im Stundungsverfahren, ZVI 2003, 505.

Viefhues, Wolfram: Nach einer schweren Geburt - das neue Unterhaltsrecht ist endlich da!, ZNotP 2008, 17.

Viefhues, Wolfram/Kleinwegener, Jörg: Aktuelle Änderung der Rechtsprechung des BGH zum Mangelfall, ZFE 2003, 100.

von Campe, Moritz: Insolvenzanfechtung in Deutschland und Frankreich, 1996.

von Eichel, Susanne: Zum Entwurf eines Gesetzes zur Änderung des Zugewinnausgleichsrechts, ZFE 2008, 84.

von Heintschel-Heinegg, Bernd/Gerhardt, Peter: Materielles Scheidungsrecht, 9. Aufl., 2009.

von Koppenfels-Spies, Katharina: Unterhalt, Zugewinn, Versorgungsausgleich – Sind unsere familienrechtlichen Ausgleichssysteme noch zeitgemäß?, JZ, 2008, 801.

von Maydell, Bernd: Der Versorgungsausgleich, FamRZ 1977, 172.

von Oertzen, Christian/Engelmeier, Carolin: Namensrechtliche Regelungen in Eheverträgen und Scheidungsfolgenvereinbarungen, FamRZ 2008, 1133.

Vortmann, Jürgen: Zur Wirksamkeit des Unterhaltsverzichts von Ehegatten, JA 1986, 401.

Vossenkämper, Rudolf: Der Kindesunterhalt nach neuem Recht ab 1.1.2008, FamRZ 2008, 201.

Waas, Bernd: Neuere Entwicklungen in der Rechtsprechung des BGH zur „ehebezogenen Zuwendung“, DEuFamR (2000) 2, 171.

Wagenitz, Thomas/Bornhofen Heinrich: Familiennamensrechtsgesetz, Kommentar, 1994.

Waldner, Wolfram: Eheverträge, Scheidungs- und Partnerschaftsvereinbarungen für die notarielle und anwaltliche Praxis, 2. Aufl., 2004.

Wellenhofer, Marina: Strukturell ungleiche Verhandlungsmacht und Inhaltskontrolle von Verträgen, ZIP 1997, 774.

dies.: Diskriminierung im Unterhaltsrecht, 36. Kongress des Deutschen Juristinnenbundes vom 22. bis 25. September 2005, Aktuelle Informationen 2006, Heft 1, 1.

dies.: Unterhalt, Zugewinn- und Versorgungsausgleich – Sind unsere familienrechtlichen Ausgleichssysteme noch zeitgemäß?, JURA 2008, 647.

dies.: Das neue Familienrecht, JuS 2009, 673.

dies.: Familienrecht, 2009.

Wendl, Philipp: Das Unterhaltsrecht in der familienrichterlichen Praxis, 2004.

Weinreich, Gerd: Die aktuelle Rechtsprechung zum Güterrecht, FuR 2005, 395.

Weisbrodt, Franz: Praktische Gestaltung des Unterhaltsprozesses bei Insolvenz des Unterhaltspflichtigen, FamRZ 2003, 1240.

Werthmann, Frank: Die unbenannte Zuwendung im Privatrechtssystem, Diss., 1990.

Wever, Reinhardt: Die Entwicklung der Rechtsprechung zur Vermögensauseinandersetzung der Ehegatten außerhalb des Güterrechts im Jahre 2005, FamRZ 2006, 365.

ders.: Die Entwicklung der Rechtsprechung zur Vermögensauseinandersetzung der Ehegatten außerhalb des Güterrechts, FamRZ 2005, 485.

ders.: Vermögensauseinandersetzung der Ehegatten außerhalb des Güterrechts, FPR 2004, 185.

Windel, Peter A.: Der insolvenzrechtliche Gleichbehandlungsgrundsatz und seine Auswirkungen auf die Abwicklung schwebender Austauschverträge, KTS 1995, 367.

Wohlgemuth, Gisela: Obliegenheit zur "Flucht in die Insolvenz"?, FF 2004, 9.

dies.: Zur Frage der Obliegenheit des Unterhaltsschuldners zur Einleitung des Verbraucherinsolvenzverfahrens, FamRZ 2004, 296.

dies.: Anmerkung zum Urteil des BGH vom 2005-02-23, XII ZR 114/03, FF 2005, 255, FF 2005, 259.

dies.: Unterhalt und Insolvenz, FamRZ 2005, 2035.

Wussow, Hansjoachim: Schenkungsanfechtung in der Lebensversicherung, NJW 1964, 1259.

Zimmermann, Klaus: Pflichtteilsrecht und Zugewinnausgleich bei Unternehmer- und Gesellschafternachfolge, BB 1969, 965.

Zöller: Zivilprozessordnung: mit Gerichtsverfassungsgesetz und den Einführungsgesetzen, mit internationalem Zivilprozessrecht, EG-Verordnungen, Kostenanmerkungen: Kommentar / Zöller. Begr. von Richard Zöller. Bearb. von Reinhold Geimer, 29. Aufl. 2012.

FSC
www.fsc.org
MIX
Papier | Fördert gute Waldnutzung
FSC® C083411

Kolibri 360 GmbH
Ferdinand-Jühlke-Straße 7
99095 Erfurt, Deutschland
produktsicherheit@kolibri360.de